Sternstunden
statt dunkles Mittelalter

Die katholische Kirche und der Aufbau
der abendländischen Zivilisation

Thomas E. Woods jr.

Sternstunden statt dunkles Mittelalter

Die katholische Kirche und der Aufbau
der abendländischen Zivilisation

Original-Titel: How the Catholic Church Built Western Civilization
© 2005 Thomas E. Woods jr.
© 2005 Regnery Publishing, Inc., One Massachusetts Avenue, N.W.
Washington, D.C. 20001
© Übersetzung: Gabriele Stein
© 2006 MM Verlag, Aachen

Sternstunden statt dunkles Mittelalter
Die katholische Kirche und der Aufbau der abendländischen Zivilisation
Thomas E. Woods jr.
MM Verlag, Aachen
1. Auflage August 2006
ISBN 10: 3-928272-72-1
ISBN 13: 978-3-928272-72-8

Titelfoto: KNA
Umschlaggestaltung: Ursula Ronnenberg
Gesetzt aus der Garamond
Gesamtherstellung: RaabDruck GmbH, Trier
Printed in Germany

Unseren Töchtern Regina und Veronica

Als dieses Buch in Druck ging, erfuhren wir, daß
Papst Johannes Paul II.
nach einem Pontifikat von 27 Jahren in seine ewige Heimat
abberufen worden war.

Auch ihm soll dieses Buch gewidmet sein - zum Dank für
seinen heroischen Einsatz gegen Nazismus und
Kommunismus sowie für den Frieden und die Unantastbarkeit
des menschlichen Lebens.

Inhalt

Kapitel 1:
Die unentbehrliche Kirche
9

Kapitel 2:
Ein Licht in der Dunkelheit
19

Kapitel 3:
Die Mönche - Retter der Zivilisation
39

Kapitel 4:
Die Kirche und die Universität
67

Kapitel 5:
Die Kirche und die Wissenschaft
93

Kapitel 6:
Kunst, Architektur und die Kirche
155

Kapitel 7:
Die Ursprünge des internationalen Rechts
177

Kapitel 8:
Die Kirche und die Wirtschaft
201

Kapitel 9:
Katholische Nächstenliebe verändert die Welt
221

Kapitel 10:
Die Kirche und das westliche Recht
243

Kapitel 11:
Die Kirche und die westliche Moral
263

Schluß:
Eine Welt ohne Gott
279

Danksagungen
289

Stichwortverzeichnis
291

Kapitel 1:

Die unentbehrliche Kirche

Philip Jenkins, angesehener Professor für Geschichte und Religionswissenschaften an der Pennsylvania State University, hat den Anti-Katholizismus als das einzige noch verbleibende akzeptable Vorurteil bezeichnet. Seine Einschätzung ist schwer zu widerlegen. In den Medien und in der Massenkultur gibt es kaum noch eine Grenze, wenn es darum geht, die Kirche lächerlich zu machen oder zu parodieren. Meine eigenen Studenten – das heißt diejenigen unter ihnen, die überhaupt etwas über die Kirche wissen – sind typischerweise nur mit dem angeblichen „Niedergang" der Kirche vertraut, über den ihnen ihre Lehrer an der High School unablässig mehr oder weniger glaubwürdige Geschichten erzählt haben. Die Geschichte des Katholizismus ist, soweit sie sie kennen, eine Geschichte von Ignoranz, Unterdrückung und Stagnation. Daß die westliche Zivilisation der Kirche das Universitätssystem, die Wohltätigkeitsarbeit, das internationale Recht, die Wissenschaften, wichtige Grundgesetze und vieles mehr zu verdanken hat, hat man ihnen nicht unbedingt mit dem allergrößten Eifer beigebracht.

Kapitel 1

Die westliche Zivilisation verdankt der Kirche weit mehr, als den meisten Menschen – auch den Katholiken – bewußt ist. Tatsächlich hat die Kirche die westliche Zivilisation aufgebaut.

Natürlich ist die westliche Kultur nicht gänzlich aus dem Katholizismus hervorgegangen; es läßt sich nicht leugnen, daß die griechische und römische Antike oder die verschiedenen Germanenstämme, die im Westen die Nachfolge des römischen Imperiums angetreten hatten, unsere Zivilisation geprägt haben. Die Kirche hat keine dieser Traditionen zurückgewiesen, sondern die besten unter ihnen in sich aufgenommen und von ihnen gelernt. Dennoch ist es erstaunlich, wie relativ wenig dieser erhebliche – und wesentliche – Beitrag der Kirche von der breiten Bevölkerung zur Kenntnis genommen wird.

Kein Katholik würde ernsthaft behaupten, daß jede Entscheidung der Kirchenmänner richtig war. Katholiken vertrauen zwar, daß der Heilige Geist die Kirche bis ans Ende der Zeiten führt und makellos bewahrt, doch diese spirituelle Garantie beinhaltet keineswegs, daß alle Handlungen der Päpste oder des Episkopats über jeden Zweifel erhaben sind. Im Gegenteil, Katholiken unterscheiden zwischen der Heiligkeit der Kirche als einer vom Heiligen Geist gelenkten Institution und der unweigerlich sündigen Natur des Menschen – also auch der Menschen, die der Kirche dienen.

Nichtsdestotrotz hat die jüngere Forschung einige historische Begebenheiten, die traditionell als Beweis für die Niedertracht der Kirche angeführt werden, endgültig zugunsten der Kirche revidiert. So wissen wir beispielsweise heute, daß die Inquisition nicht annähernd so grausam war, wie sie früher dargestellt wurde, und daß die Anzahl der Menschen, die von ihr abgeurteilt worden sind, in ihrer Größenordnung weitaus unbedeutender war als die übertriebenen Zahlen, von denen man lange ausging. Und dies ist keineswegs die persönliche Meinung des Verfassers, sondern die eindeutige Schlußfolgerung der besten und neuesten wissenschaftlichen Arbeiten.[1]

Tatsache ist, daß es uns in unserem gegenwärtigen kulturellen Klima leichtfällt zu vergessen – oder gar nicht erst zu wissen –, wieviel die westliche Zivilisation der katholischen Kirche zu verdanken hat. Zwar wird der Einfluß der Kirche auf die Kunst, die Musik und die Architektur meist nicht bestritten. Doch Ziel des vorliegenden Buches ist es zu demonstrieren, daß der Einfluß der Kirche auf die westliche Zivilisation weit über diese Bereiche hinausgeht. Abgesehen von den Wissenschaftlern, die sich mit europäischer Mediävistik befassen, glauben die meisten Menschen, daß die tausend Jahre vor der Renaissance eine Zeit der Unwissenheit und intellektuellen Unterdrückung gewesen sei, in der es keine heftigen Debatten und keinen lebhaften intellektuellen Austausch gegeben habe, und daß die wissenschaftliche Gemeinschaft, soweit von einer solchen überhaupt die Rede sein könne, rigoros zur Konformität gezwungen worden sei. Daß meine Studenten das glauben, kann man ihnen kaum zum Vorwurf machen – es ist eben das, was man ihnen in der Schule und in der amerikanischen Populärkultur beigebracht hat.

Sogar einige Schriftsteller schenken dieser Sichtweise noch immer Glauben. Im Rahmen meiner Recherchen stieß ich auf ein 2001 erschienenes Buch mit dem Titel *Der zweite Messias* von Christopher Knight und Robert Lomas. Diese Autoren zeichnen ein Bild von der katholischen Kirche und ihrem Einfluß auf die westliche Zivilisation, das falscher nicht sein könnte. Und dank einer ausgeprägten Voreingenommenheit gegenüber dem Mittelalter sowie einer in der Öffentlichkeit weit verbreiteten Unkenntnis über diese Epoche kommen sie damit durch.

---

1 Vgl. z. B. Henry Kamen: The Spanish Inquisition: A Historical Revision, New Haven 1999; Edward M. Peters: Inquisition, Berkeley 1989.

Kapitel 1

Dort lesen wir beispielsweise: „Die Etablierung der römisch-christlichen Ära markiert den Beginn des dunklen Zeitalters – jener Periode in der Geschichte des Abendlandes, als alle Wissenschaft an Bedeutung verlor und der Aberglaube das Wissen ersetzte. Diese dunklen Zeiten währten so lange, bis die Macht der römisch-katholischen Kirche durch die Reformation in Frage gestellt wurde."[2] Und: „Alles, was gut und richtig war, wurde verteufelt, und alle Zweige menschlicher Errungenschaften wurden im Namen Jesu Christi ignoriert."[3]

Mir ist klar, daß viele meiner Leser genau das in der Schule gelernt haben, doch es gibt heutzutage kaum einen Historiker, der für solche Darstellungen mehr als ein leicht amüsiertes Schulterzucken übrig hätte. Die in *Der zweite Messias* getroffenen Aussagen gehen großzügig über die wissenschaftlichen Erkenntnisse eines ganzen Jahrhunderts hinweg, und Knight und Lomas, die von Haus aus keine Historiker sind, käuen treuherzig „alte Kamellen" wieder, die kein einziger Geschichtswissenschaftler mehr vertritt. Es muß frustrierend sein, sich als Historiker auf das mittelalterliche Europa spezialisiert zu haben: So hart sie auch arbeiten und so schlagend ihre Beweise auch sind – fast jeder ist noch immer davon überzeugt, daß die gesamte Epoche intellektuell und kulturell unergiebig gewesen sei und daß die Kirche dem Westen nichts als Unterdrückung gebracht habe.

Was Knight und Lomas nicht erwähnen, ist die Tatsache, daß in ebenjenem „Dunklen Zeitalter" das Universitätssystem, ein Geschenk der westlichen Zivilisation an die Welt, von der katholischen Kirche entwickelt worden ist. Es hat die Historiker in Erstaunen versetzt, wie frei und uneingeschränkt die intel-

---

[2] Christopher Knight und Robert Lomas: Der zweite Messias, München u. a. 1997, S. 117.
[3] Ebd., S. 118.

Die unentbehrliche Kirche

lektuelle Debatte an diesen Universitäten gewesen ist. Die Begeisterung für den menschlichen Verstand und seine Möglichkeiten, die Verpflichtung zu strenger und rationaler Diskussion, die Förderung der intellektuellen Forschung und des wissenschaftlichen Austauschs bildete den – von der Kirche gesponserten – Rahmen für eine wissenschaftliche Revolution, wie es sie nur in der westlichen Zivilisation gegeben hat.

In den letzten fünfzig Jahren sind praktisch alle Geschichtswissenschaftler – darunter A. C. Crombie, David Lindberg, Edward Grant, Stanley Jaki, Thomas Goldstein und J. L. Heilbron – zu dem Schluß gekommen, daß die wissenschaftliche Revolution der Kirche zu verdanken war. Dabei bestand der katholische Beitrag nicht nur in – auch theologischen – Ideen: Viele fähige praktische Wissenschaftler waren Priester. So wird Pater Nikolaus Steno, ein Lutheraner, der nach seiner Konversion katholischer Priester wurde, häufig als der Begründer der Geologie bezeichnet. Der Begründer der Ägyptologie war Pater Athanasius Kircher. Der erste Mensch, der die Beschleunigungsrate eines freifallenden Körpers gemessen hat, war ebenfalls ein Priester, Pater Giambattista Riccioli. Pater Roger Boscovich wird oft als der Begründer der modernen Atomtheorie betrachtet. In der Erdbebenforschung spielten die Jesuiten eine so dominierende Rolle, daß die Seismologie als „jesuitische Wissenschaft" bekanntgeworden ist.

Und das ist noch lange nicht alles. Obwohl an die 35 Krater auf dem Mond nach jesuitischen Wissenschaftlern und Mathematikern benannt sind, sind die Beiträge der Kirche zur Astronomie dem durchschnittlich gebildeten Amerikaner weitgehend unbekannt. J. L. Heilbron betont aber: „Die römisch-katholische Kirche hat über sechs Jahrhunderte lang, von der Wiederentdeckung des antiken Wissens über das Spätmittelalter bis hin zur Aufklärung, mehr in die finanzielle und gesellschaftliche Unterstützung der astronomischen Forschung investiert als je-

Kapitel 1

de andere Institution und vermutlich auch mehr als alle anderen Institutionen zusammen."⁴ Die wahre Bedeutung der Kirche für die Entwicklung der modernen Wissenschaft bleibt noch immer eines der am besten gewahrten Geheimnisse der neueren Geschichte.

Zwar findet die Rolle der klösterlichen Tradition in der landläufigen Darstellung der westlichen Geschichte bis zu einem gewissen Punkt Anerkennung – jedermann weiß, daß die Mönche nach dem Untergang Roms das literarische Erbe der Antike bewahrt haben, von der Lese- und Schreibfähigkeit an sich ganz zu schweigen –, doch in diesem Buch wird der Leser entdecken, daß der Beitrag der Mönche in Wirklichkeit noch viel größer gewesen ist. Man wird nur schwerlich eine bedeutende Errungenschaft der fortschreitenden Zivilisation des frühen Mittelalters finden, bei der die Mönche keine wichtige Rolle gespielt haben. Die Mönche bewirkten, so beschreibt es eine Untersuchung, „in ganz Europa das Entstehen eines Netzes von Muster-Bauernhöfen, von Zentren der Viehhaltung, von Brennpunkten höchster Kultur, des geistigen Eifers, der Lebenskunst, der Bereitschaft zum sozialen Handeln – mit einem Wort, ein Netz von Zentren hochentwickelter Zivilisation, die aus den bewegten Fluten der sie umgebenden Barbarei herausragten. Der hl. Benedikt [der wichtigste Begründer des westlichen Mönchtums] ist ohne jeden Zweifel der Vater Europas. Die Benediktiner, seine Söhne, sind die Väter der europäischen Zivilisation."⁵

Die Entwicklung der Idee des internationalen Rechts wird zwar zuweilen vorsichtig mit den antiken Stoikern in Verbin-

---

4   J. L. Heilbron: The Sun in the Church: Cathedrals as Solar Observatories, Cambridge 1999, S. 3.
5   Réginald Grégoire, Léo Moulin und Raymond Oursel: Die Kultur der Klöster, Stuttgart (u. a.) 1985, S. 280.

dung gebracht, ansonsten aber häufig den Denkern und Rechtstheoretikern des 17. und 18. Jahrhunderts zugeschrieben. Tatsächlich findet sich dieser Gedanke jedoch zum ersten Mal an den spanischen Universitäten des 16. Jahrhunderts, und es war Francisco de Vitoria, ein katholischer Priester und Professor, dem die Ehre gebührt, das internationale Recht erfunden zu haben. Angesichts der Mißhandlungen, die die Eingeborenen der Neuen Welt von den Spaniern zu erdulden hatten, begannen de Vitoria und andere katholische Philosophen und Theologen über die Menschenrechte und darüber zu spekulieren, wie die richtigen Beziehungen zwischen den Nationen auszusehen hätten. Diese katholischen Denker begründeten die Idee des internationalen Rechts, wie wir es heute kennen.

Auch das westliche Gesetz selbst ist zu großen Teilen der Kirche zu verdanken. Das kanonische Recht war das erste moderne Gesetzessystem in Europa und der Beweis dafür, daß es möglich war, aus dem Wirrwarr oft widersprüchlicher Vorschriften, Traditionen, lokaler Gebräuche und dergleichen mehr, mit dem Kirche und Staat es im Mittelalter zu tun hatten, ein ausgeklügeltes und in sich stimmiges Gesetzeswerk zusammenzustellen. Dem Rechtswissenschaftler Harold Berman zufolge war es die Kirche, „die den westlichen Menschen als erste gelehrt hat, was ein modernes Rechtssystem ist. Die Kirche lehrte als erste, daß gegensätzliche Gebräuche, Vorschriften, Fälle und Grundsätze durch Analyse und Synthese miteinander versöhnt werden können."[6]

Ebenfalls aus der westlichen Zivilisation stammt die Idee formulierter „Rechte". Genauer gesagt, stammt sie nicht – wie viele vielleicht annehmen – von John Locke und Thomas Jef-

---

6 Harold J. Berman: The Interaction of Law and Religion, Nashville (Tenn.) 1974, S. 59.

ferson, sondern aus dem kanonischen Recht der katholischen Kirche. Auch andere wichtige Rechtsprinzipien, die mit der westlichen Zivilisation in Verbindung gebracht werden, lassen sich auf den Einfluß der Kirche zurückführen, denn es versuchten Männer der Kirche, die auf abergläubischen Vorstellungen basierenden Gottesurteile der germanischen Rechtsordnung durch rationale Gerichtsverfahren und ausgearbeitete Gesetzentwürfe zu ersetzen.

Alten wirtschaftshistorischen Darstellungen zufolge geht das moderne Wirtschaftssystem auf Adam Smith und andere Wirtschaftstheoretiker des 18. Jahrhunderts zurück. Neuere Untersuchungen betonen jedoch die Bedeutung des wirtschaftstheoretischen Denkens der Spätscholastik und insbesondere der spanischen katholischen Theologen des 15. und 16. Jahrhunderts. Einige große Wirtschaftswissenschaftler des 20. Jahrhunderts, etwa Joseph Schumpeter, gehen sogar so weit, diese katholischen Denker als die Begründer der modernen Wirtschaftswissenschaften zu bezeichnen.

Die karitative Arbeit der katholischen Kirche ist den meisten Menschen ein Begriff – oft wissen sie aber nicht, wie einzigartig das Engagement der Kirche in diesem Bereich gewesen ist. Zwar bietet die Antike uns einige Beispiele von Freigebigkeit gegenüber den Armen, doch es ist eine Freigebigkeit, die Ruhm und Anerkennung für den Gebenden sucht und eher wahllos als wirklich auf die Bedürftigen ausgerichtet ist. Die Armen wurden allzuoft mit Verachtung behandelt, und der Gedanke, den Mittellosen zu helfen, ohne eine Gegenleistung oder einen persönlichen Vorteil zu erhoffen, war den Menschen fremd. Sogar W. E. H. Lecky, ein Historiker des 19. Jahrhunderts, der der Kirche sehr kritisch gegenüberstand, mußte zugeben, daß das kirchliche Engagement für die Armen – nicht nur von der zugrundeliegenden Geisteshaltung, sondern auch von der Umsetzung her – in der westlichen Welt etwas Neues und, verglichen mit den Gepflogenheiten des klassischen Altertums, eine fühlbare Verbesserung darstellte.

In all diesen Bereichen hat die Kirche das Wesen der europäischen Zivilisation unauslöschlich geprägt und sich als eine höchst bedeutende Kraft zum Guten erwiesen. Eine kürzlich erschienene einbändige Geschichte der katholischen Kirche trägt den Titel *Triumph* – ein ganz und gar angemessener Titel für die Geschichte einer Institution, die so viele heroische Frauen und Männer und so viele historische Errungenschaften hervorgebracht hat. Doch davon findet sich verhältnismäßig wenig in den Lehrbüchern der westlichen Zivilisation, die der Durchschnittsstudent an der High School oder am College liest. Und das ist im großen und ganzen der Grund dafür, daß dieses Buch geschrieben worden ist. Die katholische Kirche hat das, was wir sind, und die Zivilisation, in der wir leben, auf weitaus vielfältigere Weise geformt, als es den Menschen heute bewußt ist. Obwohl das typische College-Lehrbuch etwas anderes sagt, war die katholische Kirche eine unentbehrliche Baumeisterin der westlichen Zivilisation. Sie hat nicht nur darauf hingearbeitet, die moralisch abstoßenden Aspekte der antiken Welt – wie Kindermord und Gladiatorenkämpfe – zu überwinden: Nach dem Untergang Roms war es die Kirche, die die Zivilisation wiederhergestellt und vorangebracht hat. Als erstes kultivierte sie die Barbaren – und den Barbaren wollen auch wir uns nun zuwenden.

Kapitel 2:

Ein Licht in der Dunkelheit

Der Begriff „Dunkles Zeitalter" wurde früher für das gesamte Jahrtausend verwendet, das die Epoche der Spätantike von der Renaissance trennte. Heutzutage sind die Errungenschaften des Hochmittelalters dagegen weithin anerkannt. David Knowles weist darauf hin, daß die Wissenschaftler das „Dunkle Zeitalter" immer weiter zurückverlegen und das 8., 9. und 10. Jahrhundert inzwischen von diesem fragwürdigen Etikett befreit haben.

Dennoch kann nur wenig Zweifel daran bestehen, daß das 6. und 7. Jahrhundert, was Indikatoren wie Bildung oder literarische Produktion betrifft, eine Epoche des kulturellen und intellektuellen Rückschritts gewesen ist. War das aber die Schuld der Kirche? Der Historiker Will Durant, selbst ein Agnostiker, hat die Kirche schon vor Jahrzehnten gegen diesen Vorwurf verteidigt und nicht ihr – die vielmehr alles in ihrer Macht Stehende tat, um die Entwicklung umzukehren –, sondern den Barbareninvasionen der Spätantike den Niedergang angelastet. „Der Hauptgrund des kulturellen Rückschritts", so Durant, „war nicht das Christentum, sondern das Barbarentum, nicht die

Kapitel 2

Religion, sondern der Krieg. Die Menschenfluten bedeuteten für Städte, Klöster, Bibliotheken und Schulen Zerstörung oder Verarmung und machten das Leben eines Gelehrten oder Wissenschaftlers unmöglich. Vielleicht wäre die Zerstörung weitergegangen, wenn die Kirche nicht in einer zusammenbrechenden Zivilisation noch eine gewisse Ordnung aufrechterhalten hätte."[1]

Im späten 2. Jahrhundert hatte ein Konglomerat germanischer Stämme, das sich im Zuge der sogenannten Völkerwanderung von Mitteleuropa aus nach Westen bewegte, begonnen, gegen die Grenzen von Rhein und Donau vorzurücken. Da sich die römischen Generäle zunehmend darin gefielen, Kaiser auszurufen und wieder abzusetzen, statt die Grenzen zu bewachen, taten sich Lücken in der Verteidigung auf, durch die die Stammesverbände einströmen konnten. Diese Invasionen beschleunigten den Zusammenbruch Roms und stellten die Kirche vor eine unerwartete Herausforderung.

Die Konsequenzen, die diese Barbareneinfälle für Rom hatten, waren von Stamm zu Stamm unterschiedlich. Die Vandalen gingen mit größter Zielstrebigkeit vor: Sie überzogen Nordafrika mit gewaltsamen Eroberungen und plünderten Mitte des 5. Jahrhunderts die Stadt Rom. Andere Völker waren weniger feindselig und hatten nicht selten große Achtung vor Rom und der klassischen Kultur. Selbst Alarich, der Gote, der Rom im Jahr 410 plündern sollte, bestand nach der Eroberung Athens darauf, einen Tag mit der Besichtigung der berühmten Stadt zu verbringen, ihre Monumente zu bewundern, das Theater zu besuchen und sich Platons *Timaios* vorlesen zu lassen.[2] Die Goten wurden 376 in das Reich aufgenommen, als sie vor den alles

---

1 Will Durant: Das Zeitalter des Glaubens, Bern ²1956, S. 98.
2 Henri Daniel-Rops: Die Kirche im Frühmittelalter, Innsbruck 1953, S. 80.

verwüstenden Hunnen flohen. 378 erhoben sie sich gegen die römische Autorität, weil die örtlichen Behörden sie geradezu erbärmlich behandelt hatten. Ein Jahrhundert später wurde Rom von den Goten regiert.

Angesichts dieser Situation – einer ringsum massiv erschütterten politischen Ordnung und eines weströmischen Reichs, das nun endgültig zu einem Flickenteppich aus barbarischen Königtümern geworden war – machten sich die Bischöfe, Priester und Ordensleute daran, in diesem unsäglichen Gebilde die Grundlagen der Zivilisation wiederherzustellen. Selbst der Mann, den wir als den Vater Europas betrachten, Karl der Große, war nicht gänzlich frei von den Resten des barbarischen Einflusses, doch andererseits war er so von der Schönheit, Wahrheit und Überlegenheit der katholischen Religion überzeugt, daß er alles in seiner Macht Stehende tat, um das neue, poströmische Europa auf das Fundament des Katholizismus zu stellen.

Die Barbarenvölker

Die Barbaren waren ländliche oder nomadische Völker ohne schriftlich tradierte Literatur und mit einer politischen Organisation, die eigentlich nur in der Loyalität gegenüber einem Häuptling bestand. Manche Etymologen glauben, daß die Römer oder die Griechen von den unterschiedlichen Sprachen dieser Völker nur „bar, bar, bar" verstanden hätten – und daß so das Wort „Barbar" entstanden sei.

Eine der großen Errungenschaften des antiken Rom war die Entwicklung eines ausgeklügelten Rechtssystems, das Europa viele Jahrhunderte lang beeinflussen sollte. In der Sichtweise der Barbaren ging es bei der Rechtsprechung nicht so sehr um Gerechtigkeit als vielmehr darum, einen Kampf zu beenden

Kapitel 2

und Ordnung zu schaffen. So kam es vor, daß jemand, der eines Verbrechens angeklagt war, sich der sogenannten Wasserprobe unterziehen und mit der Hand einen Stein aus einem Topf mit kochendem Wasser holen mußte. Anschließend wurden seine Arme verbunden. Nach drei Tagen nahm man die Verbände wieder ab: Wenn der Heilungsprozeß eingesetzt hatte oder bereits Verschorfungen zu sehen waren, wurde der Angeklagte für unschuldig erklärt; wenn nicht, galt seine Schuld als erwiesen. Daneben gab es die Wasserprobe mit kaltem Wasser, die darin bestand, daß man dem Angeklagten Hände und Füße fesselte und ihn in einen Fluß warf. Wenn er nicht unterging, wurde er für schuldig erklärt, denn das im Wasser wirksame göttliche Prinzip wies ihn augenscheinlich zurück.

Die Barbaren waren kriegerische Völker, deren Gebräuche und Verhaltensweisen den Römern wild erschienen; oder, wie Christopher Dawson es formuliert: „Die Kirche sah sich vor die Aufgabe gestellt, das Gesetz des Evangeliums und die Ethik der Bergpredigt bei Völkern einzuführen, die Mord für die ehrenwerteste Beschäftigung und Rache für Gerechtigkeit hielten."

Als die Westgoten im Jahr 410 die Stadt Rom plünderten, äußerte sich der heilige Hieronymus voller Entsetzen und Trauer: „Ein furchtbares Gerücht erreicht uns aus dem Westen. Rom wird belagert; die Bürger haben sich ihr Leben mit Gold erkauft. Doch nach der Plünderung werden sie erneut umzingelt und da sie ihren Reichtum schon verloren haben, verlieren sie jetzt auch noch ihr Leben. Ich kann nicht weitersprechen, und mein Diktat wird von Schluchzen unterbrochen. Die Stadt, die einst die ganze Welt erobert hat, wird nun selbst erobert."[3] „Sieh doch, wie plötzlich der Tod auf der ganzen Welt lastet",

---

3   J. N. Hillgarth (Hg.): Christianity and Paganism, 350-750: The Conversion of Western Europe, Philadelphia 1986, S. 69.

Ein Licht in der Dunkelheit

schreibt Orientius angesichts der Invasion der Gallier in der ersten Dekade des 5. Jahrhunderts, „wie viele Völker von der Gewalt des Krieges niedergestreckt sind. Weder dichte und wilde Wälder noch hohe Berge noch Flüsse, die in Stromschnellen zu Tal rauschen, noch Zitadellen auf entlegenen Höhen noch Städte, die von ihren Mauern geschützt sind, nicht das Hindernis des Meeres und nicht die traurige Einsamkeit der Wüste, weder Löcher im Boden noch Höhlen unter schroffen Klippen können den Angriffen der Barbaren entgehen."[4]

Die Franken, die in Gallien (im Gebiet des heutigen Frankreich) gesiedelt hatten, waren das bedeutendste dieser Barbarenvölker. Anders als viele der anderen Barbarengruppen waren die Franken nicht zum Arianismus (der Irrlehre, die die Gottheit Christi leugnete) bekehrt worden, und deshalb warf die Kirche ein Auge auf sie. Es ist eine missionshistorische Tatsache, daß es für die Kirche ungleich leichter war, Menschen direkt zu bekehren, solange sie noch dem primitiven Heidentum oder Animismus anhingen, als sie zu überzeugen, wenn sie bereits einen anderen Glauben wie den Arianismus oder den Islam angenommen hatten. Als 481 ein Mann namens Chlodwig König der Franken wurde, witterten die Kirchenmänner ihre Chance. Der heilige Remigius sandte dem neuen König ein Gratulationsschreiben, das ihn daran erinnerte, wie vorteilhaft es für ihn wäre, mit dem Episkopat zusammenzuarbeiten. „Erweise deinen Bischöfen Respekt", schrieb der heilige Remigius kühn, „frage sie stets um Rat. Und dein Land wird blühen, wenn du mit ihnen im Einklang bist."

Historiker haben spekuliert, ob Chlodwigs Hochzeit mit der schönen, frommen und katholischen Chrodechilde von den Bischöfen angeregt und arrangiert worden sei, die die Absicht verfolgten, auf diese Weise bald auch ihren königlichen Gemahl

---

4 Ebd., S. 70.

Kapitel 2

zum Glauben zu bekehren. Obwohl politische Erwägungen zweifellos eine Rolle gespielt haben dürften, war Chlodwig von vielem, was er über das Leben Christi erfuhr, doch auch aufrichtig ergriffen. Als man ihm die Geschichte der Kreuzigung erzählte, soll er ausgerufen haben: „O wäre ich doch nur da gewesen mit meinen Franken!" Es dauerte eine Reihe von Jahren, bis auch Chlodwig sich letztlich taufen ließ. (Das Datum ist unsicher, doch man geht traditionell vom Jahr 496 aus, und Frankreich beging 1996 die 1500-Jahr-Feier der Taufe Chlodwigs.) Es sollte noch weitere vierhundert Jahre dauern, bis alle Barbarenvölker Westeuropas bekehrt waren, doch die Anfänge waren verheißungsvoll.

Der heilige Avitus, ein bedeutender gallischer Bischof, war sich der Tragweite von Chlodwigs Bekehrung bewußt, und er schrieb dem fränkischen König: „Dank deiner erstrahlt dieser Winkel der Welt in hellem Schein, und das Licht eines neuen Sterns erglänzt im Westen! Du hast deine Wahl für alle getroffen! Dein Glaube ist unser Sieg!"

Da sich die Barbarenvölker stark mit ihren Königen identifizierten, genügte es in der Regel, den Monarchen zu bekehren – das Volk würde ihm letztlich folgen. Dieser Prozeß ging jedoch nicht immer leicht oder reibungslos vonstatten; in den Jahrhunderten nach der Taufe Chlodwigs lasen katholische Priester fränkischer Abstammung zwar die heilige Messe – doch sie brachten auch weiterhin den alten Naturgottheiten Opfer dar.

Aus diesem Grund reichte es nicht aus, die Barbaren einfach zu bekehren; die Kirche mußte sie auch weiterhin lenken: zum einen, um zu gewährleisten, daß die Bekehrung tatsächlich von Dauer war, zum anderen, um sicherzustellen, daß der Glaube allmählich auch zu einer Veränderung ihrer Regierung und ihrer Lebensweise führte. Es ist die Meinung vertreten worden, daß sich die *Geschichte der Franken*, die der heilige Gregor von Tours im 6. Jahrhundert verfaßt hat, und die aus dem 8. Jahrhundert stammende *Kirchengeschichte des englischen Volkes* von Beda Venerabilis in der jeweiligen Gewichtung dieser beiden Aspekte – Bekehrung und weiterführende Lenkung – unterscheiden. Der heilige Bonifatius, der große Missionar, wurde beiden Aufgaben gerecht. Er bemühte sich nicht nur um die Bekehrung der Germanen, sondern er begann auch in den 40er Jahren des 8. Jahrhunderts mit der längst überfälligen Reform der fränkischen Kirche.

Während des 6. und 7. Jahrhunderts verlor die Dynastie der merowingischen Könige, der Chlodwig angehörte, an Kraft. Die Merowinger dieser Zeit waren unfähige Herrscher, die sich gegenseitig bekämpften – und das nicht selten mit großer Brutalität: Andere Familienmitglieder bei lebendigem Leib zu verbrennen war nicht unüblich. Im Zuge ihrer vielfältigen Thronstreitigkeiten bezahlten sie die Unterstützung fränkischer Adliger mit Macht und Land und wurden auf diese Weise selbst immer schwächer. Dieser Prozeß setzte sich im 7. Jahrhundert mit noch größerer Geschwindigkeit fort – der Historiker Norman Cantor beschreibt die merowingischen Könige dieser Zeit als eine Abfolge von Schwächlingen, Kindern und Geisteskranken.

Unglücklicherweise war auch die Kirche von dieser Degeneration der Merowinger betroffen. Sie hatte den furchtbaren Fehler begangen, sich so eng an die Herrschaftsfamilie zu binden, daß es ihr zu dem Zeitpunkt, als der Zerfall einsetzte, nicht mehr möglich war, sich vor seinen Folgen in Sicherheit zu bringen. „Zum Dank für die Erhebung", so erklärt ein Kenner der Epoche, „die die katholische Kirche den Merowingern schuldete, hatte sie sich fast ganz dem Königtum ausgeliefert."[5] Im

---

5   Gustav Schnürer: Kirche und Kultur im Mittelalter, Bd. 1, Paderborn ²1927, S. 215.

Kapitel 2

7. Jahrhundert war die fränkische Priesterschaft so verdorben und unmoralisch, daß ihre Situation immer verzweifelter wurde. Der Zustand des Episkopats war kaum besser, denn die Männer wetteiferten miteinander darum, die Bistümer, die für sie nur weltliche Macht und Reichtum bedeuteten, unter ihre Kontrolle zu bringen. Die fränkische Kirche sollte letztlich von außen durch irische und angelsächsische Missionare reformiert werden, die ihrerseits vom Kontinent aus zum katholischen Glauben bekehrt worden waren. Nun waren es die katholischen Missionare, die dem Land der Franken die dringend benötigte Dosis an Glauben, Ordnung und Zivilisation verabreichten.

Im 8. Jahrhundert jedoch sollte sich das Papsttum auf der Suche nach Schutz und nach einem Partner bei der Wiederherstellung der christlichen Zivilisation erneut den Franken zuwenden. Die Päpste hatten zu den späteren römischen Kaisern besondere Beziehungen unterhalten, und diese bestanden auch nach dem Zusammenbruch des weströmischen Reiches weiter, als die einzige verbleibende „römische" Autorität durch den oströmischen Kaiser in Konstantinopel (das dem Ansturm der Barbaren nie erlegen war) repräsentiert wurde. Doch in diesen Beziehungen kam es nun zu Spannungen. Zum einen kämpfte das Ostreich im 7. Jahrhundert gegen die Araber und Perser um sein Leben und konnte nur schwerlich als der starke Beschützer und Verteidiger dienen, den das Papsttum sich wünschte. Noch schlimmer war jedoch, daß die Kaiser – und das wurde später im Osten zur gängigen Praxis – ganz selbstverständlich in Bereiche des kirchlichen Lebens eingriffen, die eindeutig nicht in die staatliche Zuständigkeit fielen.

Einige Kirchenmänner gelangten zu der Ansicht, daß es nun an der Zeit war, sich anderswo umzusehen, die traditionelle Bindung der Kirche an den Kaiser hinter sich zu lassen und eine neue politische Kraft zu finden, mit der man ein fruchtbares Bündnis schmieden konnte.

Die karolingische Renaissance

Also traf die Kirche die denkwürdige Entscheidung, sich in ihrem Bedürfnis nach Schutz und Kooperation von den Kaisern in Konstantinopel ab- und den noch halbbarbarischen Franken zuzuwenden, die sich ohne den vorherigen Umweg über den Arianismus zum Katholizismus bekehrt hatten. Im 8. Jahrhundert ging die Macht offiziell und mit dem Segen der Kirche von der merowingischen Dynastie auf die Familie der Karolinger über – der Familie von Karl Martell, der 732 die Muslime bei Tours so glorreich geschlagen hatte, und letztlich auch der Familie von Karl dem Großen oder Charlemagne, der später als der Vater Europas bekannt werden sollte.

Die Karolinger hatten vom Niedergang der Merowinger profitiert. Sie hatten die Position des Hausmeiers inne, die in etwa der Rolle eines Premierministers entsprach und schließlich erblich wurde. Weit geschickter und klüger als die Könige selbst waren sie immer mehr für die Tagesgeschäfte des fränkischen Königreichs verantwortlich. Um die Mitte des 8. Jahrhunderts strebten die Karolinger, die zunehmend im Besitz der von den Königen ausgeübten *Macht* waren, danach, nun auch den *Titel* des Königs ihr eigen zu nennen. Pippin der Kurze, der 751 Hausmeier war, schrieb an Papst Zacharias I. und fragte ihn, ob es gut sei, daß ein Mann ohne Macht König genannt, einem Mann mit Macht dieser Titel jedoch vorenthalten werde. Der Papst, der sehr genau wußte, worauf Pippin hinauswollte, antwortete, daß dies keine gute Lage sei und daß die Namen der Dinge der Wirklichkeit entsprechen sollten. Er tat dies auf der Grundlage seiner anerkannten geistlichen Autorität und erteilte damit dem Dynastiewechsel im Königreich der Franken seinen Segen. In aller Stille zog sich der letzte merowingische König in ein Kloster zurück.

Kapitel 2

Auf diese Weise erleichterte die Kirche den friedlichen Machtwechsel von den ausgedienten Merowingern zu den Karolingern, mit denen der Klerus in den darauffolgenden Jahren eng zusammenarbeitete, um das zivilisierte Leben wiederherzustellen. Unter dem Einfluß der Kirche wurden diese Barbaren zu den Begründern einer neuen Zivilisation. Karl der Große (768-814), vielleicht der größte aller Franken, verkörperte dieses Ideal. (Einschließlich der unter Karl dem Großen hinzugekommenen Gebiete erstreckte sich das fränkische Reich in der damaligen Zeit von der sogenannten Spanischen Mark im Westen über das heutige Frankreich, Norditalien, die Schweiz und große Teile Deutschlands.) Obwohl selbst des Schreibens unkundig – auch wenn eine beliebte und mit Sicherheit apokryphe Legende erzählt, daß er in den letzten Jahren seines Lebens Bibelübersetzungen korrigiert habe –, tat Karl der Große sehr viel für die Bildung und die Künste und forderte die Bischöfe dazu auf, um ihre Kathedralen herum Schulen einzurichten. Der Historiker Joseph Lynch erklärt: „Das Schreiben und Kopieren von Büchern, das künstlerische und architektonische Schaffen und das Denken der in den Dom- und Klosterschulen ausgebildeten Männer führte zu einem Wandel in der Qualität und Quantität des intellektuellen Lebens."[6]

Das Ergebnis dieser Förderung der Bildung und der Künste ist als die karolingische Renaissance bekannt, die mit der Regierungszeit Karls des Großen und auch noch mit der seines Sohnes Ludwig des Frommen (814-840) zusammenfiel. Die vielleicht wichtigste intellektuelle Gestalt der karolingischen Renaissance war Alkuin, ein Angelsachse, der in York von einem Schüler des großen Heiligen und Kirchenhistorikers Beda Venerabilis erzogen worden war, eines der größten Intellektuellen

---

6   Joseph H. Lynch: The Medieval Church: A Brief History, London 1992, S. 89.

seiner Zeit. Alkuin war Leiter der Domschule in York und Diakon und wurde später Abt des Klosters Saint Martin in Tours. Alkuin war eine Entdeckung Karls des Großen selbst, dem er während seiner kurzen Italienreise begegnete. Von seinen Kenntnissen in den unterschiedlichsten Bereichen abgesehen, war Alkuin auch ein hervorragender Lateinlehrer, der die erfolgreichen Techniken seiner irischen und angelsächsischen Vorgänger förmlich in sich aufgesogen hatte. Das Ziel, die Germanenvölker grammatisch korrektes Latein zu lehren – eine schwierige Aufgabe in den unruhigen Zeiten des 6. und 7. Jahrhunderts –, bildete ein wesentliches Element der karolingischen Renaissance. Lateinkenntnisse waren die Voraussetzung für das Studium der lateinischen Kirchenväter und der klassischen römischen Antike. Die ältesten noch existierenden Abschriften der frühesten literarischen Texte aus dem antiken Rom stammen aus dem 9. Jahrhundert und wurden von karolingischen Gelehrten vor dem Vergessen bewahrt. „Wir machen uns meistens nicht klar", schreibt Kenneth Clark, „daß es nur noch drei oder vier originale antike Handschriften der lateinischen Autoren gibt: Unsere ganze Kenntnis der antiken Literatur verdanken wir dem Sammeln und Abschreiben, das unter Karl dem Großen begann, und fast alle klassischen Texte, die im 8. Jahrhundert bekannt waren, sind bis heute erhalten geblieben."[7]

Bei der Festlegung der wesentlichen Inhalte der karolingischen Bildung orientierten sich die Gelehrten an antiken römischen Vorbildern und entdeckten die sieben freien Künste. Diese bestanden aus dem *Quadrivium* Astronomie, Musik, Arithmetik und Geometrie und dem *Trivium* Logik, Grammatik und Rhetorik. Da vor allem die literarische Bildung not tat, wurde das *Quadrivium* in den Anfangsjahren dieser Erneuerung des

---

7   Ebd., S. 95; Kenneth Clark: Zivilisation, Reinbek bei Hamburg 1970, S. 32.

Kapitel 2

Schulwesens nur oberflächlich behandelt. Dennoch war dies das Grundgerüst, auf dem der künftige intellektuelle Fortschritt aufbaute.

Eine andere Errungenschaft der karolingischen Renaissance war eine wichtige Neuerung in der Schrift, die sogenannte „karolingische Minuskel". Die geographische Isolation hatte dazu geführt, daß im ganzen westlichen Europa eine Vielfalt von Schriften entstanden war und die Menschen schließlich kaum mehr entziffern konnten, was ihre Diskussionspartner andernorts zu sagen hatten.[8] Nur mit Mühe waren die verschiedenen Schriften, die vor der Einführung der karolingischen Minuskel in Gebrauch waren, zu lesen und mit großem Zeitaufwand zu schreiben; es gab keine Kleinbuchstaben, keine Zeichensetzung und keine Zwischenräume zwischen den Wörtern.

Fridugisus, der Nachfolger Alkuins als Abt von Saint Martin, spielte bei der Entwicklung und Einführung der karolingischen Minuskel eine entscheidende Rolle. Nun besaß Westeuropa eine Schrift, die verhältnismäßig leicht gelesen und geschrieben werden konnte. Die Einführung von Kleinbuchstaben, Wortzwischenräumen und andere Maßnahmen zur Verbesserung der Lesbarkeit ermöglichten ein schnelleres Lesen und Schreiben. Zwei neuere Forscher beschreiben die „unübertreffliche Anmut und Klarheit" der Schrift, „mit der sie eine enorme Wirkung auf das Überleben der klassischen Literatur gehabt haben muß, weil sie sie in eine Form brachte, die alle sowohl mit Leichtigkeit als auch mit Vergnügen lesen konnten."[9] „Es wäre keine Übertreibung", schreibt Philippe Wolff, „diese Entwicklung gemeinsam mit der Erfindung des Buchdrucks als die beiden entscheidenden Schritte hin zur Entstehung einer Zivilisation zu bezeichnen, deren Grundlage das geschriebene Wort

---

8   Lynch, a. a. O., S. 95.
9   L. D. Reynolds und N. G. Wilson: Scribes and Scholars: A Guide to the Transmission of Greek and Latin Literature, Oxford ³1991, S. 95.

gewesen ist."¹⁰ Die – von den Mönchen der katholischen Kirche entwickelte – karolingische Minuskel war eine wesentliche Voraussetzung für die Alphabetisierung der westlichen Zivilisation.

Musikhistoriker sprechen oft von der „Einflußangst", unter der Komponisten leiden, wenn sie das Unglück hatten, unmittelbar nach einem Genie oder Ausnahmetalent geboren worden zu sein. Ein ähnliches Phänomen läßt sich auch während des kurzlebigen Aktivitätsschubs der karolingischen Renaissance beobachten. So nimmt sich Einhard, der Biograph Karls des Großen, unverkennbar Suetons *Leben der Cäsaren* zum Vorbild und schreibt sogar ganze Passagen aus dem Werk des alten Römers ab. Denn wie konnte er, ein Barbar, es sich anmaßen, die Eleganz und das Können einer so reichen und ausgereiften Zivilisation ausstechen zu wollen?

Und doch sahen die Katholiken der Zeit Karls des Großen trotz ihrer augenscheinlichen Unfähigkeit der Geburt einer Zivilisation entgegen, die die der griechisch-römischen Antike noch übertreffen sollte. Denn, so macht der große Gelehrte Alkuin deutlich, die Menschen des 8. und 9. Jahrhunderts hatten dem Altertum etwas voraus: den katholischen Glauben. Sie nahmen sich das antike Athen zum Vorbild und waren doch davon überzeugt, daß das ihre ein noch größeres Athen werden würde, weil sie die kostbare Perle besaßen, die ihre griechischen Vorgänger mit all ihren Errungenschaften doch nicht für sich hatten beanspruchen können. Alkuin war von dieser Vorstellung so begeistert, daß er Karl dem Großen diese in Reichweite geglaubte Zivilisation in den prächtigsten Farben schilderte:

---

10 Philippe Wolff: The Awakening of Europe, New York 1968, S. 57 (Frz. Originalausgabe: L'éveil intellectuel de l'Europe, Paris 1971).

Kapitel 2

> Wenn viele sich von deinen Zielen anstecken lassen, dann wird in Franken ein neues Athen geschaffen werden, sogar ein viel herrlicheres. Denn Franken, geadelt, weil es den Herrn Christus als Meister hat, übertrifft alle in der Akademie geübte Weisheit. Athen, bloß in den platonischen Lehren unterwiesen, glänzte in den sieben freien Künsten; Franken, darüber hinaus durch die siebenfache Fülle des Heiligen Geistes bereichert, überragt auch die würdigste Weisheit der heidnischen Philosophie.[11]

Obwohl die karolingische Renaissance von der Hand der einfallenden Wikinger, Magyaren und Muslime im 9. und 10. Jahrhundert schwere Schläge erlitt, lebte ihr Geist doch weiter. Selbst in den dunkelsten Tagen dieser Invasionen blieb die Gelehrsamkeit in den Klöstern lebendig genug, um einer Wiedergeburt in ruhigeren Zeiten entgegenzusehen. Ebensowichtig für die intellektuelle Entwicklung der westlichen Kultur war der Beitrag des großen Alkuin. Alkuin, so schreibt David Knowles, der „betonte, wie wichtig es war, gute Abschriften der besten und vorbildlichsten Lehrbücher anzufertigen, und der selbst an vielen Orten hervorragende Schreibstuben eingerichtet hatte", gab „der Vervielfältigung von Manuskripten und ihrer Technik neue Impulse; diese wurde in sehr vielen Klöstern methodischer und in einem größeren Rahmen als zuvor unvermindert fortgesetzt; und mit der sogenannten karolingischen Minuskel, die tatsächlich der Schrift von Irland und Northumbrien vieles zu verdanken hatte, besaß sie ein mächtiges Werkzeug. Mit Alkuin begann das große Zeitalter der Abschrift lateinischer Manuskripte sowohl der patristischen als auch der klassischen Literatur, und diese schrittweise Anhäufung von lesbar (und weniger fehlerhaft) geschriebenen Büchern war von unschätzbarem Wert, als zwei Jahrhunderte später die umfassendere Neubelebung einsetzte."[12]

---

11   Ebd., S. 77.
12   David Knowles: The Evolution of Medieval Thought, London ²1988, S. 69.

Nach dem Tod Karls des Großen fiel die Aufgabe, für die Verbreitung der Bildung zu sorgen, mehr und mehr der Kirche zu. Örtliche Konzile wie eine Synode in Bayern (798) und die Konzilien von Châlons (813) und Aix (816) forderten die Einrichtung von Schulen.[13] Alkuins Freund Theodulf, der Bischof von Orléans und Abt von Fleury war, sprach sich ebenfalls für eine breitere Bildung aus: „In den Dörfern und Städten sollen die Priester Schulen eröffnen. Wenn Gläubige ihnen ihre Kinder anvertrauen, damit sie sie die Buchstaben lehren, dann sollen sie es nicht ablehnen, diese Kinder in aller Liebe zu unterrichten. … [W]enn die Priester diese Aufgabe übernehmen, sollen sie keine Bezahlung verlangen, und wenn sie etwas erhalten, dann sollen es nur kleine Geschenke sein, die die Eltern ihnen machen."[14]

Die Kirche als Lehrerin Europas war das einzige Licht, das die wiederholten Invasionen der Barbaren überdauerte. Die Barbareneinfälle des 4. und 5. Jahrhunderts hatten in all jenen Bereichen zu einem schwerwiegenden Verfall geführt, die wir mit der eigentlichen Idee der Zivilisation in Verbindung bringen: kulturelle Errungenschaften, städtisches Leben und Geistesleben. Im 9. und 10. Jahrhundert sollte das westliche Europa weiteren zerstörerischen Angriffswellen zum Opfer fallen – diesmal von Seiten der Wikinger, Magyaren und Muslime. (Wenn man weiß, daß einer der bekannteren Wikingerkrieger den Namen Thorfinn Schädelspalter trug, kann man sich ungefähr ausmalen, wie es bei diesen Invasionen zugegangen sein mag.) Der unbeirrbare Weitblick und die Entschlossenheit katholischer Bischöfe, Mönche, Priester, Gelehrter und Zivilverwalter retteten Europa vor einem zweiten Zusammenbruch.[15]

---

13 Wolff, a. a. O., S. 48f.
14 Knowles, a. a. O., S. 66.
15 Wolff, a. a. O., S. 153ff.

Kapitel 2

Die von Alkuin gesäte Bildungssaat keimte in der Kirche, die erneut ihren belebenden Einfluß auf die Zivilisation ausübte. Ein Wissenschaftler schreibt: „Es gab nur eine Tradition, die für ihre Zwecke geeignet war, und die kam aus den Schulen der damaligen Zeit, die Alkuin angeregt hatte."[16]

Nach dem Zerfall des karolingischen Reichs ging dem Historiker Christopher Dawson zufolge die Erneuerung der Bildung vom Mönchtum aus:

> Nach dem Zusammenbruch des Reiches blieben die großen Klöster, besonders die süddeutschen: St. Gallen, Reichenau und Tegernsee als Inseln des geistigen Lebens inmitten der wiederkehrenden Flut des Barbarentums, die die ganze abendländische Christenheit von neuem zu überschwemmen drohte, erhalten. Es mag zunächst so scheinen, als ob das Mönchtum schlecht geeignet sei, der materiellen Zerstörung einer Zeit voller Gesetzlosigkeit und Krieg zu widerstehen, aber es erwies sich als eine Einrichtung, die ungewöhnliche Regenerationskräfte besaß.[17]

Diese Regenerationskraft der Klöster beruhte darauf, daß sie schnell und effektiv arbeiten konnten, um die Verwüstungen der Invasion und des politischen Zusammenbruchs zu beseitigen.

> *Mochten auch 99 von 100 Klöstern verbrannt und die Mönche getötet oder vertrieben werden, so genügte ein einziger Überlebender,* um die ganze Überlieferung wiederherzustellen. Die verlassenen Ansiedlungen bevölkerten sich rasch wieder mit neuen Mönchen, die alsbald die abgebrochene Tradition wiederaufnahmen, dieselbe Regel befolgten, dieselbe Liturgie sangen, die gleichen Bücher lasen und die gleichen Gedanken

---

16 Andrew Fleming West: Alcuin and the Rise of Western Culture, New York 1991, S. 66.
17 Christopher Dawson: Die Religion im Aufbau der abendländischen Kultur, Düsseldorf 1953, S. 96.

dachten wie ihre Vorfahren. So kehrten das Mönchtum und die klösterliche Kultur nach einem Jahrhundert der Zerstörung von außen in der Zeit des heiligen Dunstan nach England und in die Normandie aus Fleury und Gent zurück. Das Ergebnis war, daß bereits ein Jahrhundert später die normannischen und englischen Klöster wieder zu den führenden Mächten der abendländischen Kultur gehörten.[18]

Diese Bewahrung sowohl des klassischen Erbes der westlichen Welt als auch der Errungenschaften der karolingischen Renaissance war kein leichtes Unterfangen. Einfallende Horden hatten so manches Kloster geplündert und Bibliotheken in Brand gesteckt, deren Bestände für die intellektuelle Gemeinschaft zu jener Zeit weitaus wertvoller waren, als es sich der moderne Leser vorstellen kann, der daran gewöhnt ist, für wenig Geld im Überfluß mit Büchern versorgt zu werden. Wie Dawson richtig bemerkt, waren es die Mönche, die das Licht der Bildung vor dem Erlöschen bewahrten.

Einer der hellsten Sterne am Himmel der frühen Erneuerungsphase war Gerbert von Aurillac, der spätere Papst Silvester II. (999-1003). Gerbert war zweifellos der gebildetste Mann im Europa seiner Zeit. Er war berühmt für sein breites Wissen, das Astronomie, lateinische Literatur, Mathematik, Musik, Philosophie und Theologie umfaßte. Seine Leidenschaft für alte Handschriften erinnert an die Begeisterung des 15. Jahrhunderts, als die Kirche humanistischen Gelehrten für die Entdeckung antiker Texte Belohnungen zahlte.

Gerberts Biographie ist nicht in allen Einzelheiten bekannt; einige wichtige Ereignisse lassen sich aber aus seinen Briefen und auch aus der allerdings zuweilen unzuverlässigen biographischen Skizze entnehmen, die Richer, ein Mönch vom Orden des heiligen Remigius und einer von Gerberts besten Studenten, verfaßt

---

18 Ebd., S. 96 (Hervorhebungen wurden hinzugefügt).

hat. Sicher ist, daß er seit den 70er Jahren des 10. Jahrhunderts der bischöflichen Schule in Reims vorstand – an der er selbst höhere Logik studiert hatte –, wo er sich ganz der Forschung und Lehre widmen konnte. „Der Gerechte lebt aus dem Glauben", würde er später sagen, „aber es ist gut, wenn er das Wissen hinzufügt."[19] Gerbert legte großen Wert darauf, die Denkfähigkeit der Menschen zu kultivieren, die Gott ihnen nicht umsonst gegeben hatte. „Gott hat den Menschen ein großes Geschenk gemacht, als er ihnen den Glauben gab und das Wissen nicht vorenthielt", schrieb Gerbert. „Diejenigen, die es [das Wissen] nicht besitzen, werden Toren genannt."[20]

997 bat der germanische König und Kaiser Otto III. schriftlich um die Hilfe des gefeierten Gerbert. In seinem dringenden Wunsch nach Wissen wandte er sich an den zukünftigen Papst. „Ich bin unwissend", so gestand er, „und meine Erziehung ist sehr vernachlässigt worden. Komm und hilf mir. Verbessere das, was schlecht gemacht worden ist, und berate mich, damit ich das Reich gut regiere. Befreie mich von meiner sächsischen Ungeschliffenheit und bestärke mich in dem, was ich von meinen griechischen Vorfahren geerbt habe. Erkläre mir das Arithmetikbuch, das du mir geschickt hast." Gerbert ging gerne auf die Bitte des Königs ein. „Griechisch von Geburt und römisch durch den Kaisertitel", so versicherte er ihm, „könnt ihr die Schätze der griechischen und römischen Weisheit gleichsam durch Erbrecht für euch beanspruchen. Ist daran nicht etwas Göttliches?"[21]

Gerberts Engagement für die Bildung und sein Einfluß auf spätere Lehrer und Denker waren sinnbildlich dafür, daß Europa sich nach mehr als einem Jahrhundert der Invasionen zu

---

19 Daniel-Rops, a. a. O., S. 691.
20 Wolff, a. a. O., S. 183.
21 Ebd., S. 177f.

Ein Licht in der Dunkelheit

erholen begann – eine Erholung, die ohne das richtungweisende Licht der Kirche nicht möglich gewesen wäre. Die reichsten Früchte trugen die Werke und Absichten der Kirche bei der Entwicklung des Universitätssystems, ein Thema, das ein eigenes Kapitel verdient – doch zunächst wollen wir uns mit der von den Klöstern ausgebrachten Saat der Bildung befassen.

Kapitel 3:

Die Mönche – Retter der Zivilisation

Die Mönche spielten bei der Entwicklung der westlichen Zivilisation eine entscheidende Rolle. Von der Praxis des frühen katholischen Mönchtums hätte man jedoch kaum darauf schließen können, wie gewaltig sein Einfluß auf die Außenwelt einmal sein würde. Weniger überraschend ist diese historische Tatsache jedoch, wenn wir uns die Worte Christi ins Gedächtnis rufen: „Suchet zuerst das Reich Gottes, und alles andere wird euch dazugegeben werden." Das ist, kurz gesagt, die Geschichte der Mönche.

Frühe Formen des mönchischen Lebens sind bereits aus dem 3. Jahrhundert bekannt. In dieser Zeit verschrieben sich einzelne katholische Frauen als geweihte Jungfrauen einem Leben des Gebets und des Opfers und kümmerten sich um die Armen und Kranken.[1] Aus diesen frühen Traditionen entstanden die späteren Nonnenklöster.

---

1 Philip Hughes: A History of the Church, Bd. 1, überarb. Ausg., London 1948, S. 138f.

Kapitel 3

Eine andere Quelle des christlichen Mönchtums geht auf den heiligen Paulos von Theben und den noch berühmteren heiligen Antonius von Ägypten zurück (auch bekannt als Antonius der Einsiedler), der von der Mitte des 3. bis in die Mitte des 4. Jahrhunderts lebte. Die Schwester des heiligen Antonius wohnte in einer Gemeinschaft geweihter Jungfrauen. Er zog sich zu seiner geistlichen Vervollkommnung als Eremit in die ägyptische Wüste zurück, wo sich die Menschen jedoch, fasziniert von seinem vorbildlichen Leben, zu Tausenden um ihn scharten.

Das charakteristische Kennzeichen eines Eremiten war, daß er sich in eine abgelegene, einsame Gegend zurückzog, um auf weltliche Dinge zu verzichten und sich intensiv auf sein spirituelles Leben zu konzentrieren. Eremiten lebten typischerweise alleine oder in Gruppen zu zweit oder zu dritt, suchten Zuflucht in Höhlen oder einfachen Hütten und unterstützten sich gegenseitig mit dem, was sie auf ihren kleinen Äckern oder durch Arbeiten wie Korbflechten erwirtschaften konnten. Das Fehlen einer Autorität, die über ihre geistliche Lebensführung wachte, führte dazu, daß einige von ihnen ungewöhnliche spirituelle Übungen und Bußpraktiken entwickelten. So schreibt Monsignore Philip Hughes, ein versierter Kenner der katholischen Kirchengeschichte: „Es gab Eremiten, die kaum jemals aßen oder schliefen, andere, die wochenlang aufrecht standen, ohne sich zu bewegen, oder die sich selbst in Gräber eingeschlossen hatten, wo sie jahrelang blieben und nur durch Spalten im Mauerwerk ein Mindestmaß an Nahrung zu sich nahmen."[2]

Das zönobitische Mönchtum (also das Zusammenleben der Mönche in Klostergemeinschaften), das den meisten Menschen eher vertraut ist, entwickelte sich zum Teil als Reaktion auf das

---

2 Ebd., S. 140.

Leben der Eremiten und in Anerkennung der Tatsache, daß Menschen in einer Gemeinschaft leben sollten. Das war der Standpunkt des heiligen Basilius des Großen, der in der Entwicklung des östlichen Mönchtums eine wichtige Rolle spielte. Dennoch starb das Eremitenleben niemals gänzlich aus; noch rund tausend Jahre nach Paulos von Theben wurde ein Eremit zum Papst gewählt und nahm den Namen Cölestin V. an.

Das östliche Mönchtum beeinflußte den Westen auf mehreren Wegen: durch die Reisen des heiligen Athanasius beispielsweise und auch durch die Schriften des heiligen Johannes Cassian – der selbst aus dem Westen stammte, die östliche Praxis jedoch sehr genau kannte. Doch das meiste hat das westliche Mönchtum einem Mann aus seinen eigenen Reihen zu verdanken: Benedikt von Nursia. Der heilige Benedikt siedelte in Subiaco, 38 Meilen von Rom entfernt, zwölf kleine Mönchsgemeinschaften an, ehe er sich 50 Meilen weiter nach Süden begab, um Monte Cassino zu gründen, das große Kloster, das man noch heute mit seinem Namen in Verbindung bringt. Hier verfaßte er um das Jahr 529 die berühmte Regel des heiligen Benedikt, die so herausragend war, daß sie in den darauffolgenden Jahrhunderten fast überall in Westeuropa übernommen wurde.

Die Mäßigung der benediktinischen Regel und ihre klare Ordnung und Struktur erleichterten ihre Verbreitung in Europa. Anders als die irischen Klöster, die für ihre extreme Selbstverleugnung bekannt waren (und dennoch eine beträchtliche Zahl von Menschen anzogen), gingen die Benediktinerklöster davon aus, daß der Mönch ausreichend Nahrung und Schlaf erhalten müsse, auch wenn seine Lebensweise während der Bußzeiten von größerer Enthaltsamkeit gekennzeichnet sein sollte. Der Lebensstandard eines typischen Benediktinermönchs war mit dem eines italienischen Kleinbauern der damaligen Zeit vergleichbar.

Kapitel 3

Die benediktinischen Häuser waren voneinander unabhängig, und jedes hatte einen Abt, der über seine Angelegenheiten wachte und die Ordnung aufrechterhielt. Ursprünglich hatte es den Mönchen freigestanden, von einem Ort zum anderen zu ziehen, doch Benedikt sah einen mönchischen Lebensstil vor, in dem jeder an sein eigenes Kloster gebunden bleiben sollte.[3]

Der heilige Benedikt fragte auch nicht nach dem weltlichen Stand des künftigen Mönchs und danach, ob er sein bisheriges Leben in Wohlstand oder elender Knechtschaft verbracht hatte, denn in Christus waren alle gleich. Der benediktinische Abt „soll zwischen den Personen im Kloster keinen Unterschied machen… Ein frei geborener Mann soll einem, der aus der Sklaverei kommt, nicht vorgezogen werden, es sei denn, es gäbe einen anderen, vernünftigen Grund dafür. Denn ob wir nun gebunden sind oder frei, wir sind alle eins in Christus… Gott sieht nicht auf die Person."

Ein Mönch zog sich in ein Kloster zurück, um ein geregelteres spirituelles Leben zu führen und, konkreter, um in einer Umgebung und Lebensweise, die diesem Zweck entsprachen, seine Erlösung zu vollenden. Dies sollte sich in seiner Bedeutung für die westliche Zivilisation als wesentlich erweisen. Die Mönche hatten gar nicht die Absicht, einen großen Beitrag zur europäischen Zivilisation zu leisten, doch im Lauf der Zeit lernten sie diese Aufgabe zu schätzen, zu der sie aufgrund der besonderen Umstände offenbar berufen waren.

In einer Zeit großer Umwälzungen blieb die benediktinische Tradition bestehen, und die Benediktinerklöster waren Oasen

---

3 Im frühen 10. Jahrhundert fand mit der Gründung des Klosters von Cluny eine gewisse Zentralisierung Eingang in die benediktinische Tradition. Der Abt von Cluny besaß Autorität über alle mit diesem ehrwürdigen Haus verbundenen Klöster und ernannte Prioren, die dort die Tagesgeschäfte leiteten.

Die Mönche - Retter der Zivilisation

der Ordnung und des Friedens. Diese Beständigkeit, so ist einmal gesagt worden, spiegelt sich in der Geschichte von Monte Cassino, dem Mutterhaus des Ordens, wider. 589 wurde es von den barbarischen Langobarden und 1799 von französischen Truppen geplündert, 884 von den Sarazenen und 1349 von einem Erdbeben zerstört und schließlich 1944 von den Bomben des Zweiten Weltkriegs schwer getroffen – und doch weigerte sich Monte Cassino unterzugehen: Jedesmal kehrten die Mönche zurück, um es wiederaufzubauen.[4]

Mit rein statistischen Angaben kann man der Leistung der Benediktiner kaum gerecht werden, doch zu Beginn des 14. Jahrhunderts hatte der Orden der Kirche 24 Päpste, 200 Kardinäle, 7.000 Erzbischöfe, 15.000 Bischöfe und 1.500 kanonisierte Heilige geschenkt. In seiner Blütezeit konnte der Benediktinerorden 37.000 Klöster vorweisen. Und nicht nur sein innerkirchlicher Einfluß läßt sich aus der Statistik herauslesen: Das mönchische Ideal war in der Gesellschaft zu so hohem Ansehen gelangt, daß der Orden bis zum 14. Jahrhundert an die 20 Kaiser, 10 Kaiserinnen, 47 Könige und 50 Königinnen hervorgebracht hatte.[5] Viele unter den Mächtigsten Europas kannten das demütige Leben und die Spiritualität des Benediktinerordens. Selbst die unterschiedlichen barbarischen Volksgruppen waren vom mönchischen Leben fasziniert, und einige von ihnen, wie der Franke Karlmann und der Langobarde Ratchis, traten schließlich selbst dem Orden bei.[6]

---

4 Durant, a. a. O., S. 557.
5 G. Cyprian Alston, Art. „The Benedictine Order", in: Catholic Encyclopedia, ²1913.
6 Alexander Clarence Flick: The Rise of the Mediaeval Church, New York 1909, S. 216.

Kapitel 3

Die praktischen Künste

Zwar sehen die meisten gebildeten Menschen den Beitrag der mittelalterlichen Klöster zur westlichen Zivilisation vor allem in ihren wissenschaftlichen und kulturellen Errungenschaften, doch dürfen wir nicht übersehen, daß die Mönche auch in jenem Bereich Wichtiges geleistet haben, den man vielleicht als den der praktischen Künste bezeichnen kann. Ein besonders bedeutendes Beispiel hierfür ist die Landwirtschaft. Im frühen 20. Jahrhundert rühmte Henry Goodell, der Präsident des damaligen *Massachusetts Agricultural College*, „die Arbeit dieser großen alten Mönche über eine Zeit von 1.500 Jahren hinweg. Sie retteten die Landwirtschaft, als niemand sonst sie retten konnte. Sie praktizierten sie inmitten neuer Lebensumstände, als niemand sonst sich an dieses Unterfangen heranwagte."[7] Dies ist weithin anerkannt. „Wir haben den Mönchen den landwirtschaftlichen Wiederaufbau eines großen Teils von Europa zu verdanken", bemerkt ein anderer Experte. „Wohin sie auch kamen", fügt ein weiterer hinzu, „verwandelten sie die Wildnis in kultiviertes Land; sie betrieben Viehzucht und Ackerbau, arbeiteten mit ihren eigenen Händen, legten Sümpfe trocken und rodeten Wälder. Durch sie wurde Deutschland zu einem fruchtbaren Land." Wieder ein anderer Historiker weist darauf hin, daß „jedes Benediktinerkloster eine Landwirtschaftsschule für die gesamte umgebende Region gewesen ist."[8] Und selbst der französische Staatsmann und Historiker des 19. Jahrhunderts François Guizot, der der katholischen Kirche keine besondere

---

[7] Henry H. Goodell: „The Influence of the Monks in Agriculture", Ansprache vor dem Landwirtschaftsausschuß des Staates Massachusetts vom 23. August 1901, S. 22. Eine Abschrift befindet sich in den „Goodell Papers" der Universität Massachusetts.
[8] Flick, a. a. O., S. 223.

Sympathie entgegenbrachte, stellt fest: „Die Benediktinermönche waren die Landwirte Europas; sie machten das Land in großem Stil urbar und verbanden die Landwirtschaft mit ihrer Predigertätigkeit."[9]

Körperliche Arbeit, die in der Regel des heiligen Benedikt ausdrücklich gefordert wird, spielte im mönchischen Leben eine zentrale Rolle. Obwohl die Regel für ihre Mäßigung und ihre Ablehnung übertriebener Bußpraktiken bekannt war, nahmen die Mönche häufig aus freien Stücken schwierige und undankbare Arbeiten an, denn solche Aufgaben waren für sie Wege zur Gnade und Gelegenheiten, ihr Fleisch abzutöten. Das galt insbesondere für das Erschließen und Urbarmachen von Land. So betrachtete man Sümpfe gemeinhin als vollkommen wertlos und Brutstätten von Seuchen. Doch die Mönche waren an solchen Orten in ihrem Element und stellten sich den damit verbundenen Herausforderungen. Binnen kurzem gelang es ihnen, den Sumpf mit Hilfe von Abflußgräben trockenzulegen und das, was einst eine Quelle von Krankheit und Schmutz gewesen war, in fruchtbares Ackerland zu verwandeln.[10]

Montalembert, der große Historiker des Mönchtums aus dem 19. Jahrhundert, zollt ihrer großartigen landwirtschaftlichen Arbeit Tribut. „Es ist unmöglich", so schreibt er, „den Nutzen zu vergessen, den sie aus den vielen weiten Landstrichen zogen (da sie ja ein Fünftel des gesamten englischen Landes besaßen), die zuvor unbebaut und unbewohnt, von Wäldern bedeckt oder von Sümpfen umgeben gewesen waren." Tatsächlich trifft diese Beschreibung für große Teile des von den Mönchen in Besitz genommenen Landes zu – zum einen, weil sie die entlegensten und unzugänglichsten Gegenden wähl-

---

9 Vgl. John Henry Kardinal Newman: Essays and Sketches, Bd. 3, hg. von Charles Frederick Harold, New York 1948, S. 264f.
10 Goodell, a. a. O., S. 7f.

Kapitel 3

ten, um die gemeinschaftliche Abgeschiedenheit ihrer Lebensführung zu verstärken, und zum anderen, weil es sich hierbei um Gebiete handelte, die ihre weltlichen Wohltäter noch am leichtesten an die Mönche abtreten konnten.[11] Und obwohl sie Wälder rodeten, die der menschlichen Besiedlung und landwirtschaftlichen Nutzung im Wege standen, waren sie doch andererseits auch darauf bedacht, neue Bäume zu pflanzen und die Wälder, wenn möglich, zu bewahren.[12]

Ein besonders eindrucksvolles Beispiel für den heilsamen Einfluß der Mönche auf ihre natürliche Umgebung kommt aus dem sumpfigen Gebiet von Southampton in England. Ein Experte beschreibt, wie diese Gegend im 7. Jahrhundert vor der Gründung von Thorney Abbey ausgesehen haben muß:

> Da war nichts als weites Moorland. Im 7. Jahrhundert ähnelten die Sümpfe vermutlich den Wäldern an der Mississippi-Mündung oder den Sumpfgebieten von South und North Carolina. Es war ein Labyrinth von schwarzen, wandernden Bächen; breite Lagunen, morastige Ebenen, die bei jeder Flut überschwemmt wurden; weite Flächen von Riedgras, Schilf und Farn; weite Wälder von Weiden, Erlen und Silberpappeln, wurzelnd im brodelnden Torf, der langsam emporquoll, alles verschlingend und doch alles bewahrend, die Wälder von Tanne und Eiche, Esche und Pappel, Haselnuß und Eibe, die einst in diesem flachen, üppigen Boden gewachsen waren. Von der Flut oder dem Sturm umgerissene Bäume trieben umher, verhedderten sich zu Flößen, die das Wasser bis zum Land zurückstauten. Verwirrt änderten die Bäche in den Wäldern ihren Lauf und mischten Schlick und Sand unter die schwarze Torferde. Die sich selbst überlassene Natur geriet mehr und mehr in Aufruhr und wildes Chaos, bis aus dem ganzen Gebiet ein einziger, finsterer Sumpf geworden war.[13]

---

11 Ebd., S. 6.
12 Charles Montalembert: Die Mönche des Abendlandes vom h. Benedikt bis zum h. Bernhard, Bd. 6, Regensburg 1878, S. 285.
13 Goodell, a. a. O., S. 7f.

Wilhelm von Malmesbury (ca. 1096-1143) beschreibt, wie dasselbe Gebiet fünf Jahrhunderte später aussah:

> Es ist ein paradiesisches Bild, allwo die Süßigkeit und Reinheit des Himmels bereits sich abzuspiegeln scheint. Inmitten von Sümpfen erheben sich eine Menge von Bäumen, deren gerader und glatter Stamm bis in den Himmel ragen zu wollen scheint; das entzückte Auge schweift über ein Meer von Grün hin; der Fuß, welcher diese endlosen Wiesen durcheilt, stößt nirgends auf einen Widerstand. Kein Fußbreit Erde ist da unbebaut. Hier sieht man den Boden nicht vor Fruchtbäumen; dort ist er bedeckt mit Reben, welche bald auf dem Boden hinkriechen, bald an Pfählen hinaufranken. Natur und Kunst wetteifern miteinander und die eine ergänzt, was die andere hervorzubringen vergaß. ... O süße und tiefe Einsamkeit, du bist von Gott den Mönchen geschenkt, damit ihr sterbliches Leben sie täglich dem Himmel näherbringe![14]

Wohin sie auch kamen, überall führten die Mönche Ernte-, Verarbeitungs- oder Produktionsmethoden ein, mit denen die Menschen zuvor nicht vertraut gewesen waren. Hier waren es Vieh- und Pferdezucht, dort die Bierbrauerei, die Bienenzucht oder der Obstanbau. In Schweden verdankt der Kornhandel den Mönchen seine Existenz, in Parma die Käseherstellung, in Irland die Lachsfischerei – und an vielen, vielen Orten wurden die ersten Weinberge von Mönchen angelegt. Sie sammelten Quellwasservorräte, um sie in Zeiten der Dürre zu verteilen. Die Klosterbrüder von Saint Laurent und Saint Martin leiteten Quellwasser nach Paris, das zuvor nutzlos in den Wiesen von Saint Gervais und Belleville versickert war. Die Bauern der Lombardei übernahmen das Bewässerungssystem von den Mönchen, die auf diese Weise entscheidend dazu beitrugen, daß diese Gegend später in ganz Europa für ihre Fruchtbarkeit

---

14 Zitiert nach Montalembert, a. a. O., S. 288f.; vgl. auch Goodell, a. a. O., S. 8.

Kapitel 3

und ihren Reichtum bekannt wurde. Und die Mönche waren es auch, die als erste versuchten, die Ergebnisse der Viehzucht zu verbessern und diesen Prozeß nicht wie bisher dem Zufall zu überlassen.[15]

In vielen Fällen war das gute Beispiel der Mönche – vor allem ihr großer Respekt und ihre Ehrfurcht vor der körperlichen Arbeit im allgemeinen und der Landwirtschaft im besonderen – auch für andere eine Inspiration. „Die Landwirtschaft war auf ein tiefes Niveau gesunken", schreibt ein Wissenschaftler. „Einst fruchtbare Felder waren von Sümpfen bedeckt, und die Männer, die das Land eigentlich bestellen sollten, verachteten den Pflug als erniedrigend." Doch als die Mönche ihre Zellen verließen, um Gräben auszuheben und Felder zu pflügen, „war die Wirkung geradezu magisch. Von neuem wandten sich die Menschen einer edlen, doch verachteten Arbeit zu."[16] Der heilige Papst Gregor der Große (590-604) erzählt eine bezeichnende Geschichte von Abt Equitius, einem Missionar aus dem 6. Jahrhundert, der berühmt war für seine Sprachgewalt. Eines Tages kam ein päpstlicher Gesandter, um ihn zu besuchen, und begab sich unverzüglich in die Schreibstube, weil er erwartete, ihn unter den Kopisten zu finden. Doch der Abt war nicht da. Die Schreiber konnten dem Gesandten jedoch weiterhelfen: „Er ist unten im Tal und macht Heu", so ihre einfache Erklärung.[17]

Auch bei der Herstellung von Wein, den sie sowohl für die Feier der heiligen Messe als auch für den von der Regel des heiligen Benedikt ausdrücklich erlaubten alltäglichen Gebrauch verwendeten, leisteten die Mönche Pionierarbeit. Zudem läßt sich die Entdeckung des Champagners auf Dom Pérignon von der Abtei Saint Pierre in Hautvilliers-sur-Marne zurückführen.

---

15   Goodell, a. a. O., S. 8, S. 9.
16   Ebd., S. 10.
17   Montalembert, a. a. O., S. 273.

Er war 1688 zum Kellermeister der Abtei ernannt worden und entwickelte den Champagner durch Experimente, bei denen er unterschiedliche Weine miteinander mischte. Die grundlegenden Prinzipien, die er dabei aufstellte, werden noch heute bei der Champagnerproduktion berücksichtigt.[18]

Diese entscheidenden Leistungen mögen zwar vielleicht nicht ganz so brillant gewesen sein wie einige der intellektuellen Beiträge der Mönche, waren aber für den Aufbau und Erhalt der westlichen Zivilisation kaum weniger wichtig. Es wäre schwierig, irgendwo in der Welt eine beliebige Gruppe zu finden, deren Errungenschaften in einer Zeit allgemeiner Unruhe und Verzweiflung ebenso vielfältig, ebenso bedeutsam und ebenso unverzichtbar gewesen sind wie die der Mönche.

Überdies waren die Mönche wichtige Ingenieure. Die Zisterzienser, ein 1098 in Cîteaux gegründeter benediktinischer Reformorden, sind besonders bekannt für ihre hochentwickelten technischen Kenntnisse. Dank eines weitgespannten Kommunikationsnetzwerks zwischen den verschiedenen Klöstern konnten sich technische Informationen rasch ausbreiten. So finden wir ganz ähnliche Wasserkraftsysteme in Klöstern, die weit, manchmal sogar mehrere tausend Meilen, voneinander entfernt sind.[19] „Diese Klöster", so schreibt ein Wissenschaftler, „waren die effizientesten Wirtschaftsbetriebe, die bis zu diesem Zeitpunkt in Europa oder vielleicht sogar auf der ganzen Welt existiert hatten."[20]

Das Zisterzienserkloster von Clairvaux in Frankreich liefert uns einen Bericht über die Nutzung von Wasserkraft aus dem

---

18 John B. O'Connor: Monasticism and Civilization, New York 1921, S. 35f.
19 Jean Gimpel: Die industrielle Revolution des Mittelalters, Zürich und München 1980, S. 10.
20 Randall Collins: Weberian Sociological Theory, Cambridge 1986, S. 53f.

12. Jahrhundert, der enthüllt, in welchem überraschenden Ausmaß das europäische Leben bereits von Maschinen geprägt war. Eine zisterziensische Mönchsgemeinschaft betrieb im allgemeinen ihre eigene Fabrik. Die Mönche benutzten Wasserkraft zum Mahlen von Weizen, zum Sieben von Mehl, zum Walken von Tuch und zum Gerben.[21] Und Jean Gimpel weist in seinem Buch *Die industrielle Revolution des Mittelalters* darauf hin, daß dieser Bericht aus dem 12. Jahrhundert 742mal hätte geschrieben werden können, denn so viele Zisterzienserklöster gab es im 12. Jahrhundert in Europa, und technologisch waren sie de facto alle auf demselben Stand.[22]

Auch wenn das klassische Altertum keine nennenswerte Mechanisierung zu industriellen Zwecken betrieben hatte, tat die mittelalterliche Welt dies in beträchtlichem Umfang; diese Tatsache spiegelt sich auf anschauliche Weise in der Nutzung der Wasserkraft durch die Zisterzienser wider. In einer Quelle aus dem 12. Jahrhundert ist zu lesen:

> Unter dem Grenzwall hindurch, der ihn wie ein Torwächter passieren läßt, gelangt der Fluß auf das Gebiet der Abtei, und das Wasser stürzt sich zuerst auf die Mühle, wo es sehr willkommen ist. Um das Getreide mit der Masse der Mühlsteine zu zerstoßen, um mit dem Sieb die Kleie vom Mehl zu sondern, setzt das Wasser seine Kraft ein. Und dann ist es schon im nächsten Gebäude, wo es den großen Kessel füllt und sich vom Feuer kochen läßt, damit die Brüder auch dann ihre Tranksame haben, wenn die Weinlese keinen rechten Ertrag abwerfen sollte. Dann kann der Gersten- an die Stelle des Traubensaftes treten. Aber damit ist das Wasser seiner Aufgaben noch nicht ledig. Neben den Mühlen liegen die Walken, und die fordern jetzt vom Wasser ihren Tribut. War es vorher für die Ernährung der Mönche tätig, so jetzt für ihre Kleidung, und es verweigert nichts, was man von ihm verlangt. Abwechselnd hebt und senkt es jene Schlegel oder besser Hämmer

---

21 Gimpel, a. a. O., S. 11.
22 Ebd., S. 10.

und befreit so die Walker von harter Arbeit... Denn wie viele Pferderücken und Männerarme würde die Mühsal zerschlagen, von der uns der Fluß großzügig und ganz ohne unser Zutun enthebt? Wie könnten wir ohne ihn unsere Kleidung verfertigen, unsere Nahrung bereiten? Für all die Arbeit, die er für uns leistet, erwartet er keinen anderen Lohn, als daß wir ihn danach wieder frei ziehen lassen.

Nachdem er so viele Räder in rasche Bewegung versetzt hat, fließt er weg, schäumend, als wäre er selbst gestampft und weicher geworden. Dann wird er von der Gerberei aufgenommen, wo er sich denen, die das Schuhwerk der Brüder herstellen, willig zur Verfügung stellt. Nachdem es sich dann in viele kleine Wasserläufe aufgeteilt hat, forscht das Wasser eifrig nach Tätigkeiten, für die es vonnöten sein könnte. Ob es ums Kochen oder Sieben, Schütteln oder Zerstoßen, das Bewässern, Waschen, Mahlen, Erweichen geht, immer leiht es seine Dienste ohne Widerspruch. Schließlich und um sein Werk zu vollenden, schwemmt es allen Schmutz mit sich fort und hinterläßt alles sauber und rein.[23]

Mönche als technische Berater

Bekannt waren die Zisterzienser überdies für ihr Geschick in der Metallverarbeitung. Jean Gimpel zufolge verbreiteten sich „die neuen technischen Errungenschaften... in ganz Europa", und zwar „auch durch die Zisterzienser, die auf dem Gebiet der gewerblichen Technik ebenso bewandert waren wie in der Landwirtschaft." Jedes Kloster besaß eine Modellfabrik, die oft so groß wie die Kirche und nur wenige Fuß von dieser entfernt war, und die Maschinen der verschiedenen Gewerbe, die dort

---

[23] Descriptio positionis seu situationis Monasterii Claraevallensis, Migne, Patrologia latina 185, col. 570A-571B, zitiert nach Gimpel, a. a. O., S. 11f.; vgl. auch David Luckhurst: „Monastic Watermills", in: Society for the Protection of Ancient Buildings, Nr. 8, London (undatiert), S. 6.

Kapitel 3

angesiedelt waren, wurden durch Wasserkraft betrieben.[24] Manchmal wurden den Mönchen zusammen mit den Eisenerzvorkommen auch die für die Eisengewinnung nötigen Schmelzöfen geschenkt, manchmal kauften sie beides, die Vorkommen und die Öfen. Obwohl sie das Eisen für den Eigenbedarf brauchten, nutzten die Klöster die Gunst der Stunde, um ihren Überschuß auch zum Verkauf anzubieten – mit dem Ergebnis, daß die Zisterzienser von der Mitte des 13. bis zum 17. Jahrhundert die führenden Eisenhersteller in der französischen Champagne waren. Immer bestrebt, die Effizienz ihrer Klöster zu erhöhen, benutzten die Zisterzienser die phosphathaltige Schlacke aus ihren Schmelzöfen außerdem als Straßenbelag.[25]

Diese Leistungen und technologischen Errungenschaften der Mönche waren Teil eines breiteren Phänomens. Wie Gimpel bemerkt, hat Europa „im Mittelalter mehr als jede andere Kultur den Einsatz von Maschinen vorangetrieben."[26] Und einer anderen Untersuchung zufolge lieferten die Mönche, „ohne Gegenleistung zu verlangen, eine wirksame technische Entwicklungshilfe für die Dritte Welt jener Zeit, d. h. für das Europa nach dem Einfall der Barbaren."[27] Weiter heißt es dort:

> Tatsächlich gibt es keine Tätigkeit – Ausbeutung von Salzlagern, Blei-, Eisen-, Alaun-, Kalkgruben, Hüttenwesen, Marmorbrüche, Messerschmieden, Glashütten… usw. –, in denen die Mönche nicht eine schöpferische Aktivität und einen fruchtbaren Forschungsgeist entfaltet hätten. Sie setzten Arbeitskräfte ein, die sie ausbildeten und perfektionierten. Das klösterliche know how verbreitete sich bald über ganz Europa.[28]

---

24 Gimpel, a. a. O., S. 43f.
25 Ebd., S. 44.
26 Ebd., S. 9.
27 Grégoire/Moulin/Oursel, a. a. O., S. 275.
28 Ebd., S. 279.

Die Leistungen der Mönche reichten von interessanten Kuriositäten bis hin zu ausgesprochen praktischen Dingen. So flog im frühen 11. Jahrhundert ein Mönch namens Eilmer mit einem Gleiter über 600 Fuß weit; eine Großtat, an die sich die Menschen noch nach dreihundert Jahren erinnern sollten.[29] Jahrhunderte später befaßte sich Pater Francesco Lana-Terzi, kein Mönch, sondern ein Jesuitenpriester, systematischer mit dem Thema des Fliegens und verdiente sich damit den ehrenvollen Titel des Begründers der Luftfahrt. Sein 1670 veröffentlichtes Buch *Prodromo alla Arte Maestra* beinhaltet die früheste Darstellung der geometrischen und physikalischen Eigenschaften eines Luftschiffs.[30]

Auch geschickte Uhrmacher hatten die Mönche in ihren Reihen. Die erste Uhr, von deren Existenz wir wissen, wurde um das Jahr 996 vom späteren Papst Silvester II. für die deutsche Stadt Magdeburg angefertigt. Spätere Mönche schufen sehr viel ausgeklügeltere Zeitmesser. So baute Peter Lightfoot, ein Mönch des 14. Jahrhunderts aus Glastonbury, eine der ältesten noch existierenden Uhren, die sich heute in ausgezeichneter Verfassung im Londoner Wissenschaftsmuseum befindet.

Richard von Wallingford (einer der Begründer der westlichen Trigonometrie), der im 14. Jahrhundert Abt der Benediktinerabtei Saint Albans war, ist durch die große astronomische Uhr berühmt geworden, die er für dieses Kloster entwarf. Eine technologisch ähnlich hochentwickelte Uhr, so heißt es, habe es danach mindestens zwei Jahrhunderte lang nicht mehr gegeben. Diese großartige Uhr, die zu ihrer Zeit ein wahres Wunderwerk

---

[29] Stanley L. Jaki: Patterns or Principles and Other Essays, Bryn Mawr (Pa.) 1995, S. 81; vgl. auch Lynn White Jr.: „Eilmer of Malmesbury, an Eleventh-Century Aviator: A Case Study of Technological Innovation, its Context and Tradition", in: Technology and Culture 2 (1961), S. 97-111.
[30] Joseph MacDonnell S. J.: Jesuit Geometers, St. Louis 1989, S. 21-22.

Kapitel 3

gewesen sein muß, existiert nicht mehr. Vielleicht ist sie den unter Heinrich VIII. im 16. Jahrhundert durchgeführten Beschlagnahmungen von Klostereigentum zum Opfer gefallen. Richards Aufzeichnungen über die Baupläne der Uhr haben es späteren Wissenschaftlern jedoch ermöglicht, ein Modell und eine Nachbildung in Originalgröße zu bauen. Diese Uhr gab nicht nur die Zeit an – man konnte von ihr auch ablesen, wann die nächste Mondfinsternis sein würde.

Noch immer sind die Archäologen damit beschäftigt, das ganze Ausmaß der Fähigkeiten und des technologischen Wissens und Könnens der Mönche zu entdecken. Ende der 90er Jahre stieß ein Archäometallurge der Universität Bradford, Gerry McDonnell, in der Nähe der Abtei Rievaulx in North Yorkshire in England auf Beweise für technologische Standards, die bereits die industrielle Revolution des 17. Jahrhunderts ahnen ließen. (Die Abtei von Rievaulx war eines der Klöster, die in den 30er Jahren des 16. Jahrhunderts im Zuge der Beschlagnahmung von Kircheneigentum auf Anordnung von König Heinrich VIII. geschlossen wurden.) Als McDonnell die Ruinen von Rievaulx und Laskill (einer etwa vier Meilen vom Kloster entfernten Dependance) untersuchte, fand er heraus, daß die Mönche einen Schmelzofen gebaut hatten, mit dessen Hilfe sie aus Erz Eisen gewannen.

Im Vergleich zu seinem antiken Vorgänger hatte sich der typische Ofen des 16. Jahrhunderts verhältnismäßig wenig weiterentwickelt und war nach modernen Maßstäben eher ineffizient. Die Schlacke oder das Nebenprodukt dieser einfachen Öfen enthielt noch einen beträchtlichen Eisenanteil, weil die Öfen nicht auf die Temperatur gebracht werden konnten, die erforderlich ist, um das gesamte Eisen aus dem Erz herauszuziehen. Jedoch enthielt die Schlacke, die McDonnell in Laskill entdeckte, nur wenig Eisen und ähnelte in ihrer Zusammensetzung der Schlacke aus modernen Hochöfen.

McDonnell glaubt, daß die Mönche kurz davorstanden, Öfen zu bauen, mit denen sie in der Lage gewesen wären – und das war vielleicht die entscheidende Voraussetzung für den Beginn des Industriezeitalters –, Gußeisen in großem Stil zu produzieren; der Ofen in Laskill sei ein Prototyp gewesen. „Eine der entscheidenden Tatsachen ist die, daß die Äbte der Zisterzienser sich regelmäßig jedes Jahr trafen und die Möglichkeit hatten, technologische Fortschritte europaweit miteinander zu teilen." „Mit der Auflösung der Klöster löste sich auch dieses Netzwerk des Technologietransfers auf." Die Mönche „hatten das Potential, Hochöfen zu entwickeln, die reines Gußeisen produzierten. Sie waren im Begriff, dies im großen Maßstab zu tun, doch indem er das virtuelle Monopol aufhob, machte Heinrich VIII. gleichzeitig auch dieses Potential zunichte."[31]

Ohne die Unterdrückung der englischen Klöster durch einen raffgierigen Monarchen wären, so scheint es, die Mönche also auf dem besten Weg gewesen, das industrielle Zeitalter und die damit verbundene explosionsartige Entwicklung des Wohlstands, der Lebenserwartung und der Bevölkerungszahlen herbeizuführen. So jedoch ließ diese Entwicklung noch zweieinhalb Jahrhunderte auf sich warten.

Karitative Werke

Mit den karitativen Werken der Kirche werden wir uns in einem eigenen Kapitel noch ausführlicher beschäftigen. Für

---

31 David Derbyshire, „Henry ,Stamped Out Industrial Revolution'", in: „Telegraph (UK)", 12. Juni 2002; vgl. auch „Henry's Big Mistake", in: „Discover", Februar 1999.

den Moment soll der Hinweis genügen, daß die benediktinische Regel die Mönche dazu aufforderte, Almosen zu verteilen und Gastfreundschaft zu üben. Getreu dem Grundsatz: „Alle Gäste, die kommen, sollen empfangen werden, als wären sie Christus selbst", dienten die Klöster als kostenlose Herbergen und waren ein sicherer und friedlicher Ruheplatz für fremde Reisende, Pilger und Arme. Ein alter Historiker der normannischen Abtei von Bec schreibt: „Man frage einen Spanier oder Burgunder oder was immer für einen Ausländer, wie er zu Bec aufgenommen worden sei. Jeder wird antworten, daß die Klosterpforte stets allen geöffnet sei und das Kloster mit jedem sein Brot teile."[32] Hier war der Geist Christi am Werk und gab allen Fremden Obdach und Trost.

Es sind sogar Fälle bekannt, in denen die Mönche keine Mühe scheuen, um einsame Wanderer aufzuspüren, die sich in der Dunkelheit verirrt hatten und eine Notunterkunft brauchten. So läutete in Aubrac, wo im späten 16. Jahrhundert mitten in den Bergen der Rouergue ein Mönchsspital eingerichtet worden war, jede Nacht eine besondere Glocke, um die Reisenden und alle anderen zu rufen, die von der beängstigenden Dunkelheit der Wälder überrascht worden waren. Die Menschen in der Umgebung nannten sie „die Verirrtenglocke".[33]

Aus derselben Geisteshaltung heraus war es für Mönche, die in der Nähe des Meeres lebten, nichts Ungewöhnliches, daß sie Vorrichtungen schufen, um Seeleute vor gefährlichen Hindernissen zu warnen oder andere Klöster in der Umgebung zu informieren, damit sie Schiffbrüchigen Unterschlupf gewährten. Auch die Anfänge der Stadt Kopenhagen sollen sich auf ein von Bischof Absalon gegründetes Kloster zurückführen lassen,

---

32 Montalembert, a. a. O., S. 310.
33 Ebd., S. 312.

das sich um in Not geratene Schiffbrüchige kümmerte. Im schottischen Arbroath befestigten die Äbte eine schwimmende Glocke an einem berüchtigten, tückischen Felsen an der Küste von Forfarshire. Je nach Gezeiten war der Felsen kaum zu sehen, und viele Seeleute fürchteten sich davor, auf ihn aufzulaufen. Doch das durch die Wellenbewegung ausgelöste Läuten der Glocke warnte sie vor der drohenden Gefahr. Seit dieser Zeit ist der Felsen als „Glockenfelsen" bekannt.[34] Solche Beispiele sind nur ein kleiner Teil der Fürsorge, die die Mönche den Menschen in ihrer Umgebung erwiesen; sie trugen außerdem dazu bei, Brücken, Straßen und andere Elemente der mittelalterlichen Infrastruktur zu bauen oder wieder instand zu setzen.

Die meisten Menschen wissen, daß die Mönche sich um das Abschreiben von Manuskripten sowohl sakralen als auch weltlichen Inhalts verdient gemacht haben. Diese Leistung und diejenigen, die sie vollbracht haben, sind schon immer besonders gewürdigt worden. Ein Kartäuserprior schreibt: „Sich sorgfältig um diese Arbeit zu bemühen sollte das besondere Werk der kontemplativen Kartäuser sein. ... Diese Arbeit ist in gewissem Sinne eine unsterbliche Arbeit, wenn man so sagen darf, die nicht vergeht, sondern immer bleibt; gewissermaßen eine Arbeit, die keine Arbeit ist; eine Arbeit, die sich mehr als alle anderen für gebildete Ordensleute eignet."[35]

---

34 Ebd., S. 312f. Montalembert irrt sich in der Schreibung von Bischof Absalons Namen.
35 O'Connor, a. a. O., S. 118.

Kapitel 3

Das geschriebene Wort

Die Aufgabe der Kopisten war nicht nur ehrenhaft, sondern auch schwierig und anspruchsvoll. Auf dem Manuskript eines Mönchs findet sich die Inschrift: „Wer nicht schreiben kann, denkt, es ist keine Arbeit; doch obwohl es nur drei Finger sind, die den Stift halten, wird doch der ganze Körper müde." Oft mußten die Mönche in der bittersten Kälte arbeiten. Ein Schreibmönch, dem wir eine Abschrift des Kommentars des heiligen Hieronymus zum Buch Daniel zu verdanken haben, bittet uns mit folgenden Worten um unsere Anteilnahme: „Gute Leser, die ihr euch dieser Arbeit bedient, vergeßt nicht, ich bitte euch, desjenigen, welcher sie abgeschrieben hat: Es war ein armer Bruder namens Ludwig, und während er das aus einem fremden Lande hergebrachte Buch abschrieb, fror er, und was er bei Tageslicht nicht abschreiben konnte, mußte er bei Nacht vollenden. Du aber, o Herr, wirst ihm sein herrlicher Lohn für seine Arbeit sein."[36]

Im 6. Jahrhundert hatte Cassiodor, ein römischer Senator im Ruhestand, eine frühe Vorahnung von der kulturellen Bedeutung, die die Klöster einst erlangen sollten. Um die Mitte des Jahrhunderts gründete er das Kloster Vivarium im südlichen Italien, stattete es mit einer sehr guten Bibliothek aus – tatsächlich die einzige der Wissenschaft heute bekannte Bibliothek des 6. Jahrhunderts – und gab dem Kopieren von Manuskripten hohe Priorität. Einige wichtige christliche Handschriften scheinen ihren Weg von Vivarium in die Lateranbibliothek und damit in den Besitz der Päpste gefunden zu haben.[37]

---

36 Montalembert, a. a. O., S. 210.
37 L. D. Reynolds und N. G. Wilson: Scribes and Scholars: A Guide to the Transmission of Greek and Latin Literature, Oxford ³1991, S. 83.

Die große Masse der antiken lateinischen Literatur, die bis heute überlebt hat, verdanken wir jedoch überraschenderweise nicht dem Kloster Vivarium, sondern anderen Klosterbibliotheken und Skriptorien (den Schreibstuben, in denen die Kopien der Texte angefertigt wurden). Alle diese Werke wurden entweder von Mönchen abgeschrieben und aufbewahrt oder überlebten in den Bibliotheken und Schulen, die den großen mittelalterlichen Kathedralen angeschlossen waren.[38] Überall dort, wo sie nichts Eigenes beitrug, sorgte die Kirche somit dafür, daß Bücher und Schriftstücke erhalten blieben, die für die Zivilisation, die es zu retten galt, von grundlegender Bedeutung waren.

Der große Alkuin – der polyglotte Theologe, der eng mit Karl dem Großen zusammenarbeitete, um die Forschung und Wissenschaft im westlichen Mitteleuropa wieder aufleben zu lassen – erwähnt unter den Beständen seiner Bibliothek in York Werke von Aristoteles, Cicero, Lukan, Plinius, Statius, Pompeius Trogus und Vergil. In seinen Briefen zitiert er weitere Autoren, darunter Ovid, Horaz und Terenz.[39] Und Alkuin stand mit seiner Kenntnis und Wertschätzung der antiken Schriftsteller bei weitem nicht allein da. Lupus (ca. 805-862), der Abt von Ferrières, zitierte Cicero, Horaz, Martial, Sueton und Vergil. Abbo von Fleury (ca. 950-1004), der Abt des Klosters von Fleury, zeigte besondere Vertrautheit mit Horaz, Sallust, Terenz und Vergil. Desiderius, der spätere selige Viktor III., der nach dem heiligen Benedikt als der größte Abt von Monte Cassino gilt und 1086 zum Papst gewählt wurde, überwachte vor allem die Transkription von Horaz und Seneca sowie von Ciceros *De Natura Deorum* und Ovids *Fasten*.[40] Seinem Freund, dem Erz-

---

38 Ebd., S. 81f.
39 Montalembert, a. a. O., S. 200.
40 Ebd., S. 201; Raymund Webster, Art. „Pope Blessed Victor III", in: Catholic Encyclopedia, ²1913.

Kapitel 3

bischof Alfano, der ebenfalls als Mönch in Monte Cassino gelebt hatte, waren die Werke der antiken Schriftsteller ähnlich geläufig: Er zitierte häufig Apuleius, Aristoteles, Cicero, Plato, Varro und Vergil und dichtete selbst Verse im Stil der römischen Dichter Ovid und Horaz. Als Abt des Klosters in Bec empfahl der heilige Anselm seinen Studenten Vergil und andere klassische Autoren, legte ihnen allerdings nahe, moralisch nicht ganz einwandfreie Passagen auszulassen.[41]

Der große Gerbert von Aurillac, der spätere Papst Silvester II., begnügte sich nicht damit, seine Studenten in Logik zu unterrichten – sie lernten bei ihm auch Horaz, Juvenal, Lukan, Persius, Terenz, Statius und Vergil schätzen. Wir wissen von Lesungen klassischer Autoren an Stätten wie Saint Albans und Paderborn. Vom heiligen Hildebert ist eine Schulübung erhalten, in der er Auszüge aus Cicero, Horaz, Juvenal, Persius, Seneca, Terenz und anderen Schriftstellern zusammengestellt hat; der große Kardinal des 19. Jahrhunderts, John Henry Newman, der vom Anglikanismus zum Katholizismus konvertierte und selbst ein fähiger Historiker war, vermutet, daß der heilige Hildebert Horaz praktisch auswendig gekannt haben muß.[42] Tatsache ist jedenfalls, daß die Kirche die Werke des Altertums hegte, bewahrte, studierte und lehrte und daß diese ohne sie verlorengegangen wären.

Bestimmte Klöster sind bekannt für ihre Leistungen in speziellen Wissensbereichen. So hielten die Mönche von Saint Bénigne in Dijon Vorlesungen in Medizin, das Kloster Sankt Gallen hatte eine Schule für Malerei und Steinmetzarbeiten, und in manchen deutschen Klöstern konnte man Griechisch, Hebräisch und Arabisch lernen.[43]

---

41 Montalembert, a. a. O., S. 201. Zu diesem allgegenwärtigen Thema vgl. auch Newman, a. a. O., S. 320f.
42 Newman, a. a. O., S. 316f.
43 Ebd., S. 319.

Die Mönche bildeten sich oft weiter, indem sie eine oder mehrere der während und nach der karolingischen Renaissance errichteten Ordensschulen besuchten. Abbo von Fleury ging, nachdem er alle Fächer absolviert hatte, die in seinem eigenen Kloster unterrichtet wurden, nach Paris und Reims, um dort Philosophie und Astronomie zu studieren. Ähnliches wissen wir von dem Mainzer Erzbischof Hrabanus Maurus, dem heiligen Wolfgang und Gerbert (Papst Silvester II.).[44]

Im 11. Jahrhundert erlebte das Mutterkloster der benediktinischen Tradition, Monte Cassino, eine kulturelle Wiedergeburt, die als „das dramatischste Einzelereignis in der Geschichte der lateinischen Gelehrsamkeit des 11. Jahrhunderts" bezeichnet worden ist.[45] Neben zahlreichen anderen künstlerischen und intellektuellen Impulsen erneuerte Monte Cassino sein Interesse an den Texten der klassischen Antike:

> Mit einem Schlag wurde eine ganze Anzahl von Texten wiederentdeckt, die sonst für immer verloren gewesen wären; wir haben diesem einen Kloster in dieser einen Epoche die Rettung von Teilen der *Annalen* und der *Historien* (Tafel XIV) des Tacitus zu verdanken, ferner den *Goldenen Esel* des Apuleius, die *Dialoge* Senecas, Varros *De lingua latina*, Frontinus' *De aquis* und dreißig und ein paar Zeilen aus der sechsten Satire des Juvenal, die in keiner anderen Handschrift enthalten sind.[46]

Die Mönche sorgten nicht nur dafür, daß die Werke des klassischen Altertums und der Kirchenväter, die beide für die westliche Kultur von wesentlicher Bedeutung sind, erhalten blieben, sie vollbrachten mit ihren Fähigkeiten als Kopisten noch eine weitere Leistung von unschätzbarem Wert: die Rettung der

---

44 Ebd., S. 317ff.
45 Reynolds/Wilson, a. a. O., S. 109.
46 Ebd., S. 109f.

Bibel.⁴⁷ Wenn sie sich dieser bedeutenden Aufgabe nicht mit solcher Hingabe gewidmet und so zahlreiche Abschriften angefertigt hätten, dann hätte die Bibel den Ansturm der Barbaren vielleicht nicht überlebt. Oft verschönerten die Mönche das Evangelium zudem mit kunstvollen Verzierungen wie in den berühmten Evangeliaren von Lindau und Lindisfarne, die Werke der Kunst und zugleich auch des Glaubens sind.

In der gesamten Geschichte des Mönchtums finden wir Beweise im Überfluß für die Liebe der Mönche zu ihren Büchern. Der heilige Benedikt Biscop beispielsweise, der das Kloster von Wermouth in England gegründet hat, suchte überall nach Büchern für seine Klosterbibliothek und unternahm zu diesem Zweck allein fünf Seereisen (von denen er jedesmal mit einer beträchtlichen Ladung zurückkam).⁴⁸ Lupus bat einen anderen Abt um eine Gelegenheit, Suetons *Leben der Cäsaren* abzuschreiben, und flehte einen Freund an, ihm Sallusts Bücher über die catilinarische Verschwörung und den jugurthinischen Krieg, Ciceros *Reden gegen Verres* und jeden beliebigen anderen Band zu beschaffen, der ihm interessant erscheine. Einen anderen Freund bat er, ihm Ciceros *De Rhetorica* auszuleihen, und den Papst ersuchte er um eine Abschrift von Ciceros *De Oratore*, Quintilians *Institutiones* und weiteren Texten. Gerbert war ähnlich bücherbegeistert und bot einem anderen Abt an, ihn bei der Ergänzung unvollständiger Abschriften von Werken Ciceros und des Redners Demosthenes sowie bei der Suche nach Abschriften von Ciceros *Reden gegen Verres* und *De re publica* zu unterstützen.⁴⁹ Wir wissen, daß der heilige Majolus von Cluny, wenn er zu Pferd unterwegs war, stets ein Buch in der Hand hielt, weil er so gerne las; Halinard, der Abt von Saint Bénigne

---

47 O'Connor, a. a. O., S. 115.
48 Montalembert, a. a. O., S. 191f.
49 Newman, a. a. O., S. 321.

in Dijon und spätere Erzbischof von Lyon, hielt es genauso und erwähnte immer wieder seine besondere Leidenschaft für die antiken Philosophen.[50] „Ohne Studium und ohne Bücher", so sagte ein Mönch aus Muri, „ist das Leben eines Mönchs nichts wert." Der heilige Hugo von Lincoln äußerte sich ähnlich, als er noch Prior von Witham, dem ersten Kartäuserkloster Englands, war: „Unsere Bücher sind unsere Wonne und unser Reichtum in Zeiten des Friedens, unsere Angriffs- und Verteidigungswaffen in Zeiten des Krieges, unsere Speise im Hunger, unsere Arznei in Krankheit."[51] Die westliche Zivilisation kann heute das geschriebene Wort und das klassische Altertum bewundern, weil die katholische Kirche beides gerettet hat.

Mönche waren zudem als Lehrer tätig, wenn auch im Lauf der Jahrhunderte in unterschiedlichem Umfang. So berichtet der heilige Johannes Chrysostomos, daß es unter den Einwohnern von Antiochia schon zu seiner Zeit (ca. 347-407) üblich war, ihre Söhne von Mönchen erziehen zu lassen. Der heilige Benedikt unterrichtete die Söhne römischer Adliger.[52] Der heilige Bonifatius richtete in jedem Kloster, das er in Deutschland gründete, eine Schule ein, und der heilige Augustinus von Canterbury und seine Mönche eröffneten Schulen, wohin immer sie kamen.[53] Dem heiligen Patrick gebührt die Ehre, die irische Gelehrsamkeit gefördert zu haben; die irischen Klöster wurden zu wichtigen Zentren der Bildung, an denen nicht nur Mönche, sondern auch Laien Unterricht erhielten.[54]

Wer keine Ordensgelübde ablegen wollte, besuchte jedoch in der Regel andere Bildungseinrichtungen wie beispielsweise die

---

50 Montalembert, a. a. O., S. 197f.
51 Ebd., S. 96.
52 Ebd., S. 163.
53 Alston, a. a. O.
54 Thomas Cahill: How the Irish Saved Civilization, New York 1995, S. 150, S. 158.

unter Karl dem Großen gegründeten Domschulen. Doch selbst wenn der Bildungsbeitrag der Mönche nur darin bestanden hätte, ihre Standesgenossen Lesen und Schreiben zu lehren, wäre dies keine geringe Leistung gewesen. Im 12. Jahrhundert v. Chr. wurden die mykenischen Griechen von einer Katastrophe – Experten vermuten eine dorische Invasion – heimgesucht. Das Ergebnis waren drei Jahrhunderte vollständigen Analphabetismus, die als das griechische dunkle Zeitalter bekanntgeworden sind. Die Fähigkeit zu schreiben verschwand einfach inmitten von Chaos und Unordnung. Doch das Engagement der Mönche in den Bereichen des Lesens, Schreibens und Unterrichtens verhinderte, daß die Europäer nach dem Untergang des römischen Reichs dasselbe furchtbare Schicksal erlitten wie die mykenischen Griechen. Es ist den Mönchen zu verdanken, daß die Fähigkeit des Lesens und Schreibens in dieser Epoche den politischen und gesellschaftlichen Zusammenbruch überlebte.

Doch die Mönche begnügten sich nicht damit, den herrschenden Stand der Alphabetisierung einfach nur aufrechtzuerhalten. Selbst ein eher kritischer Wissenschaftler schreibt über die mönchische Erziehung: „Sie studieren... die Gesänge heidnischer Poeten und die Schriftwerke der Geschichtsschreiber und Philosophen. Klöster und Klosterschulen erblühen, und eine jede Ansiedelung ist zugleich ein Mittelpunkt des religiösen Lebens und der Bildung im Lande."[55] Und ein anderer, nicht weniger kritisch eingestellter Chronist schreibt über die Mönche: „Sie richteten nicht nur Schulen ein, in denen sie als Schulmeister tätig waren, sondern legten auch den Grundstein für die Universitäten. Sie waren die maßgeblichen Denker und Philosophen ihrer Zeit und prägten die politische und religiöse De-

---

55 Adolf Harnack: Das Mönchtum, Giessen 1882, S. 38.

batte. Ihnen als einzelnen wie in der Gesamtheit ist die Kontinuität des Denkens und der Zivilisation zu verdanken, die das Altertum mit dem Mittelalter und der Moderne verbindet."[56]

Diese Darstellung der Leistungen der Mönche berührt allenfalls die Oberfläche eines unermeßlich großen Themas. Als der Comte de Montalembert in den 60er und 70er Jahren des 19. Jahrhunderts seine sechsbändige Geschichte des westlichen Mönchtums verfaßte, beklagte er sich zuweilen darüber, daß er lediglich einen flüchtigen Überblick über die großen Gestalten und Taten geben könne und seine Leser sich ansonsten mit den Verweisen in seinen Fußnoten trösten müßten.

Der Beitrag der Mönche zur westlichen Kultur ist, wie wir gesehen haben, immens. Neben vielen anderen Dingen lehrten die Mönche Metallverarbeitung, führten neue Arten von Feldfrüchten ein, kopierten antike Texte, bewahrten die Fähigkeit des Lesens und Schreibens, leisteten Bahnbrechendes in der Technologie, erfanden den Champagner, erschlossen die Nutzflächen Europas, kümmerten sich um Reisende aller Art und sorgten für Verirrte und Schiffbrüchige. Wer sonst in der Geschichte der westlichen Zivilisation kann eine solche Leistung vorweisen? Und dieselbe Kirche, die dem Westen ihre Mönche gab, schuf auch die Universität, wie wir im nächsten Kapitel sehen werden.

---

56 Flick, a. a. O., S. 222f.

Kapitel 4:

Die Kirche und die Universität

Obwohl viele Studenten am College heutzutage nicht in der Lage wären, das Mittelalter auf einer Zeitleiste zu lokalisieren, sind sie nichtsdestotrotz davon überzeugt, daß es sich um eine Epoche der Unwissenheit, des Aberglaubens und der intellektuellen Unterdrückung gehandelt habe. Nichts könnte weiter von der Wahrheit entfernt sein, denn gerade dem Mittelalter verdankt die Welt eine der größten – einzigartigen – intellektuellen Leistungen der westlichen Zivilisation: das Universitätssystem.

In der europäischen Geschichte war die Universität ein vollkommen neues Phänomen. Im antiken Griechenland und Rom hatte es nichts Vergleichbares gegeben.[1] Die Einrichtung, so wie wir sie heute kennen, mit ihren Fakultäten, Studienveranstaltungen, Prüfungen und akademischen Graden kommt ebenso wie die Unterscheidung zwischen Grund- und Gradu-

---

1 Vgl. Charles Homer Haskins: The Rise of Universities, Ithaca 1957 (1923), 1; ders.: The Renaissance of the Twelfth Century, Cleveland 1957 (1927), S. 369; Lowrie Daly: The Medieval University, 1200-1400, New York 1961, S. 213f.

Kapitel 4

iertenstudium direkt aus der Welt des Mittelalters. Die Kirche entwickelte das Universitätssystem, weil sie den Worten des Historikers Lowrie Daly zufolge „die einzige Institution in Europa war, die ein beständiges Interesse daran zeigte, Wissen zu bewahren und zu pflegen."[2]

Wir können das Aufkommen von Universitäten in Paris und Bologna, in Oxford und Cambridge nicht exakt datieren, da sie sich über eine bestimmte Zeit hinweg entwickelt haben – die erstgenannten entstanden aus Domschulen, die letztgenannten aus informellen Treffen von Lehrern und Studenten. Doch wir können mit einiger Sicherheit sagen, daß sie in der zweiten Hälfte des 12. Jahrhunderts langsam Gestalt annahmen.

Eine mittelalterliche Schule muß bestimmte Eigenschaften aufweisen, damit man sie als Universität bezeichnen kann. So besaß eine Universität einen festen Kanon von Texten, die, um eigene Einsichten ergänzt, das Thema der von den Professoren gehaltenen Vorlesungen bildeten. Außerdem erkannte man eine Universität an einem klar umrissenen akademischen Programm, das eine mehr oder weniger gleichbleibende Anzahl von Jahren umfaßte, sowie daran, daß sie akademische Grade verlieh. Die Zuerkennung eines akademischen Grads, die dem Betreffenden das Recht gab, sich *Magister* nennen zu lassen, führte zur Aufnahme neuer Mitglieder in die Lehrergilde – nicht anders als ein Handwerker, der in die Handwerkergilde aufgenommen wurde, sobald er seinen Meister gemacht hatte. In der Regel erhielten die Universitäten, allerdings meist erst nach langen Kämpfen mit den Behörden, das Selbstverwaltungsrecht und waren gesetzlich anerkannte Körperschaften.[3]

---

2   Daly, a. a. O., S. 4.
3   Richard Dales: The Intellectual Life of Western Europe in the Middle Ages, Washington D.C. 1980, S. 208.

Neben der intellektuellen Bedeutung, die die Kirche für die Entstehung der Universitäten hatte, spielte das Papsttum auch bei ihrer Einrichtung und Förderung eine entscheidende Rolle. Dazu gehörte natürlich die Ausstellung einer Gründungsurkunde. Bis zum Zeitalter der Reformation waren 81 Universitäten gegründet worden. Von diesen besaßen 33 eine päpstliche Gründungsurkunde, 15 eine königliche oder kaiserliche, 20 besaßen beide und 13 gar keine.[4] Zudem war man allgemein der Auffassung, daß eine Universität ohne päpstliche, königliche oder kaiserliche Genehmigung keine Grade verleihen konnte. Die Universität Oxford erhielt dieses Privileg 1254 von Papst Innozenz IV. Der Papst und der Kaiser besaßen – ersterer tatsächlich, letzterer theoretisch – Autorität über die gesamte Christenheit, und deshalb mußte sich eine Universität, die das Recht erlangen wollte, akademische Titel zu verleihen, typischerweise an einen von diesen beiden wenden. Mit der Genehmigung einer dieser einflußreichen Personen wurden die universitären Grade in der ganzen Christenheit anerkannt. Waren die Universitätsgrade dagegen nur von einem nationalen Monarchen genehmigt, galten sie lediglich in dem Königreich, in dem sie verliehen worden waren.[5]

In bestimmten Fällen, zu denen auch die Universitäten Bologna, Oxford und Paris gehörten, berechtigte der Magistergrad seinen Träger dazu, überall in der Welt zu lehren (*ius ubique docendi*). Das erste uns bekannte Beispiel hierfür ist ein Dokument von Papst Gregor IX. aus dem Jahr 1233, das die Universität Toulouse betrifft und Modellcharakter für die Zukunft hatte. Bis zum Ende des 13. Jahrhunderts hatte sich das *ius ubique*

---

4   Art. „Universities", in: Catholic Encyclopedia, ²1913. Universitäten, die keine Gründungsurkunde besaßen, waren recht schnell *ex consuetudine* gekommen.
5   Ebd.

Kapitel 4

docendi zum „juristischen Gütesiegel einer Universität" entwikkelt.⁶ Theoretisch konnten solche Gelehrte nach Belieben anderen Fakultäten in Westeuropa beitreten, auch wenn es in der Praxis jede Institution vorzog, einen Kandidaten vor seiner Zulassung zunächst einer Prüfung zu unterziehen.⁷ Dennoch spielte dieses von den Päpsten erteilte Privileg eine bedeutende Rolle bei der Wissensverbreitung und bei der Entwicklung der Idee von einer internationalen Gelehrtengemeinschaft.

Stadt und Robe

Die Rolle des Papstes im Universitätssystem erstreckte sich darüber hinaus auf eine ganze Reihe anderer Faktoren. Ein Blick auf die Geschichte der mittelalterlichen Universität zeigt, daß Konflikte zwischen der Universität und den Bewohnern oder Regierungen der Umgebung keine Seltenheit waren. Das Verhalten, das die Städter den Studenten gegenüber an den Tag legten, war häufig zwiespältig; einerseits war die Universität ein Segen für die ortsansässigen Händler und das Wirtschaftsleben im allgemeinen, weil die Studenten Geld mitbrachten und es auch ausgaben, andererseits fanden sich unter den Universitätsstudenten nicht selten verantwortungslose Unruhestifter. Ein moderner Autor bringt es auf den Punkt: Die Bewohner der mittelalterlichen Universitätsstädte liebten das Geld und haßten die Studenten. Und so konnte man Studenten und ihre Professoren häufig darüber klagen hören, daß sie „von den Einheimischen ausgenutzt und von der Polizei grob behandelt wur-

---

6   Gordon Leff: Paris and Oxford Universities in the Thirteenth and Fourteenth Centuries: An Institutional and Intellectual History, New York 1968, S. 18.
7   Daly, a. a. O., S. 167.

den, daß man ihnen das verweigerte, was wir einen ordentlichen Gerichtsprozeß nennen, und daß man sie mit den Preisen für Mieten, Essen und Bücher betrog."[8]

In dieser Atmosphäre gewährte die Kirche den Universitätsstudenten einen speziellen Schutz, indem sie ihnen das Privileg des Klerus einräumte. Im mittelalterlichen Europa hatten die Kleriker einen besonderen rechtlichen Status. Wer ihnen etwas antat, beging ein außerordentlich schweres Verbrechen, und in Rechtsstreitigkeiten konnten sie sich anstelle eines weltlichen auch an einen kirchlichen Gerichtshof wenden. Diese Vorrechte kamen nun auch den Studenten als tatsächlichen oder potentiellen Priesteramtskandidaten zugute. Ähnliche Schutzmaßnahmen wurden häufig auch von weltlichen Herrschern ergriffen: Im Jahr 1200 gewährte und bestätigte Philipp Augustus von Frankreich den Studenten der Universität Paris das Privileg, sich in rechtlichen Angelegenheiten an Gerichtshöfe zu wenden, die ihren Fall mit größerem Wohlwollen verhandeln würden, als man es in ihrer jeweiligen Universitätsstadt erwarten konnte.[9]

Bei verschiedenen Gelegenheiten griffen die Päpste zugunsten der Universitäten ein. So stellte sich Papst Honorius III. (1216-1227) im Jahr 1220 auf die Seite der Gelehrten von Bologna, als deren Freiheiten beschnitten werden sollten. Papst Innozenz III. (1198-1216) schritt ein, als der Kanzler von Paris auf einem ihm persönlich zu leistenden Treueschwur bestand. 1231 ergriff Papst Gregor IX. in der Bulle *Parens Scientiarum* Partei für die Magister von Paris, nachdem die institutionelle Autonomie der Universität von den örtlichen Diözesanbehörden eingeschränkt worden war. In diesem Dokument garantier-

---

8   Joseph H. Lynch: The Medieval Church: A Brief History, London 1992, S. 250.
9   Daly, a. a. O., S. 163f.

Kapitel 4

te der Papst der Universität von Paris das Recht auf Selbstverwaltung, das heißt, die Universität folgte von nun an in puncto Veranstaltungen und Forschung ihren eigenen Regeln. Außerdem gewährte der Papst der Universität eine eigene päpstliche Jurisdiktion, womit ein Eingreifen von Seiten der Diözese unmöglich geworden war. „Mit diesem Dokument", so ein Experte, „wird die Universität erwachsen und erscheint in der Rechtsgeschichte als voll ausgebildete intellektuelle Körperschaft zur Förderung und Ausbildung von Wissenschaftlern."[10] „Das Papsttum", so ein anderer Autor, „muß bei der Ausformung der Autonomie der Pariser Gilde (d. h. des organisierten Verbands der Gelehrten von Paris) als die entscheidende Kraft betrachtet werden."[11]

In demselben Dokument versuchte der Papst, ein gerechtes und friedliches Umfeld für die Universität zu schaffen, indem er ihr ein Privileg zugestand, das unter dem Namen *cessatio* bekannt ist – das Recht, die Vorlesungen auszusetzen und in einen allgemeinen Streik zu treten, wenn Universitätsangehörige nicht gut behandelt wurden. Triftige Gründe hierfür waren unter anderem „die Verweigerung des Rechts, Preisgrenzen für Unterkünfte festzulegen, die Beleidigung oder Verstümmelung eines Studenten ohne entsprechende Genugtuung innerhalb von 15 Tagen, [oder] die unrechtmäßige Inhaftnahme eines Studenten."[12]

Für die Universitäten wurde es üblich, sich mit ihren Beschwerden an den Papst in Rom zu wenden.[13] Bei verschiedenen Gelegenheiten mußten die Päpste die Universitätsbehörden durch ihr Eingreifen sogar dazu zwingen, den Professoren ih-

---

10 Ebd., S. 22.
11 A. B. Cobban: The Medieval Universities: Their Development and Organization, London 1975, S. 82f.
12 Daly, a. a. O., S. 168.
13 Art. „Universities"; Cobban, a. a. O., S. 57.

ren Lohn zu zahlen; die Päpste Bonifatius VIII., Clemens V., Clemens VI. und Gregor IX. hatten allesamt derartige Maßnahmen zu ergreifen.[14] Und so überrascht es uns nicht, wenn ein Historiker erklärt, daß „der Papst in Rom der verläßlichste und größte Beschützer" der Universitäten war. „Er war es, der ihren privilegierten Status in einer Welt von einander häufig widerstreitenden Gerichtsbarkeiten garantierte, stärkte und schützte."[15]

Die Päpste waren also die zuverlässigsten Beschützer des noch jungen Universitätssystems und die Autorität, zu der Studenten und Lehrkörper regelmäßig ihre Zuflucht nahmen. Die Kirche stellte Gründungsurkunden aus, wahrte die Rechte der Universität, nahm die Gelehrten gegen Übergriffe von Seiten anmaßender Behörden in Schutz, errichtete mit dem *ius ubique docendi* eine internationale akademische Gemeinschaft und ermöglichte und förderte (wie wir noch sehen werden) jene gesunde und uneingeschränkte wissenschaftliche Debatte und Diskussion, die wir heute mit der Universität verbinden. Keine andere Institution hat an den Universitäten und andernorts soviel für die Verbreitung des Wissens getan wie die katholische Kirche.

In einigen Punkten unterschieden sich die mittelalterlichen Universitäten deutlich von ihren modernen Schwestern. In ihrer Frühzeit besaßen sie weder eigenes Land noch eigene Gebäude. Die Universität wurde durch ihre Studenten und Professoren und nicht durch einen bestimmten Standort verkörpert. Vorlesungen hielt man nicht in Hörsälen auf einem Campus, sondern in Kathedralen und verschiedenen privaten Räumlichkeiten. Bibliotheken gab es nicht. Der Erwerb bedeutender Bücherbestände wäre auch dann schwierig gewesen, wenn die Univer-

---

14 Art. „Universities".
15 Daly, a. a. O., S. 202.

sitäten tatsächlich über eigenes Gelände verfügt hätten; Schätzungen zufolge war ein Kopist mit der Abschrift eines Buchs von durchschnittlichem Umfang sechs bis acht Monate lang beschäftigt. (Deshalb waren auch die großen Klosterbibliotheken nach modernen Maßstäben eher bescheiden und wenig beeindruckend.) Bücher, die für die Studenten absolut unverzichtbar waren, wurden eher geliehen als gekauft.

Anscheinend kamen im Mittelalter viele der Studenten aus bescheidenen Familienverhältnissen, auch wenn die bessergestellten ebenfalls deutlich vertreten waren. Die meisten Studenten der sieben freien Künste waren in der Regel zwischen 14 und 20 Jahre alt. Viele besuchten die Universität, um sich auf ihre berufliche Laufbahn vorzubereiten, und so überrascht es kaum, daß das häufigste Studienfach Jura war. Zu diesen Studenten gesellten sich Männer aus religiösen Orden, die sich entweder einfach weiterbilden wollten oder von einem Kirchenoberen gefördert wurden.[16]

Je etablierter eine Universität war, desto traumatischer war es für die betreffende Stadt, wenn die Universität wegzog. Und ein solcher Wegzug war nichts Ungewöhnliches, zumal die Universitäten in der Frühphase nicht durch eigene Gebäude oder einen Campus an einen bestimmten Standort gebunden waren. So entstand die Universität von Padua 1222 durch eine Abwanderungsbewegung der Wissenschaftler aus Bologna. Um etwas Derartiges zu verhindern, waren die weltlichen Autoritäten bereit, den Bildungseinrichtungen eine Reihe attraktiver Subventionen und Privilegien in Aussicht zu stellen.[17]

Was wurde an diesen großen Institutionen gelehrt? Die sieben freien Künste für den Anfang, dazu bürgerliches und kirchliches Recht, Naturphilosophie, Medizin und Theologie. Als die

---

16 Leff, a. a. O., S. 10.
17 Ebd., S. 8f.

Universitäten im 12. Jahrhundert entstanden, waren sie die glücklichen Nutznießer dessen, was einige Wissenschaftler als die Renaissance des 12. Jahrhunderts bezeichnet haben.[18] Massive übersetzerische Bemühungen förderten viele große Werke der Antike wieder zutage, die der westlichen Gelehrsamkeit viel zu lange vorenthalten worden waren – darunter die Geometrie des Euklid; die Logik, Metaphysik, Naturphilosophie und Ethik des Aristoteles sowie das medizinische Werk des Galen. Und auch die Rechtswissenschaften erlebten insbesondere in Bologna eine Blütezeit, als die *Digesten*, ein zentraler Bestandteil des im 6. Jahrhundert unter Kaiser Justinian zusammengestellten *Corpus Juris Civilis* (eines seit seiner Entstehung und bis heute vielbewunderten Kompendiums des römischen Rechts) wiederentdeckt wurde.

Akademisches Leben

Die Unterscheidung zwischen Grund- und Graduiertenstudium war in den frühen Universitäten mehr oder weniger dieselbe wie heute. Und wie heute auch waren manche Städte besonders bekannt für ihre akademischen Leistungen in bestimmten Bereichen – Bologna beispielsweise für das Juragraduiertenstudium und Paris für Theologie und Geisteswissenschaften.

Im Grundstudium hörte der Student der freien Künste Vorlesungen, nahm gelegentlich an Disputationen in der Klasse teil und besuchte die öffentlichen Disputationen anderer. Seine Dozenten hielten ihre Vorlesungen typischerweise über einen wichtigen Text, der häufig aus dem klassischen Altertum stammte.

---

18 Klassisch ist die Untersuchung von Haskins (1957/1927); vgl. auch Haskins (1957/1923), 4f.

Dabei begannen sie nach und nach, in ihre Kommentare zu diesen antiken Texten eine Reihe von Fragen einzuflechten, die durch logische Argumentation gelöst werden sollten. Mit der Zeit wurden die Kommentare schließlich fast vollständig von den Fragen verdrängt. Dies war die Geburtsstunde der Frageform der scholastischen Beweisführung, wie wir sie aus der *Summa Theologiae* des heiligen Thomas von Aquin kennen.

Solche Fragen wurden auch im Rahmen der sogenannten ordentlichen Disputation gestellt. Der Dozent wies die Studenten an, einen bestimmte Standpunkt zu einer Frage einzunehmen und dementsprechend zu argumentieren. Hatten die Studenten ihr Streitgespräch beendet, war es Sache ihres Lehrers, die Frage zu „entscheiden" oder zu lösen. Von einem Studenten, der den Grad eines Bakkalaureus der Künste erwerben wollte, wurde erwartet, daß er eine solche Frage zur Zufriedenheit der Fakultät selbst entschied. (Ehe ihm dies jedoch gestattet wurde, mußte er beweisen, daß er angemessen vorbereitet und für ein solches Bewertungsverfahren geeignet war.) Diese Bedeutung, die man der sorgfältigen Argumentation, der überzeugenden Darstellung beider Seiten und der Lösung einer Frage auf rationalem Wege beimaß, scheint das genaue Gegenteil davon zu sein, was sich die meisten Menschen unter dem intellektuellen Leben des Mittelalters vorstellen. Doch die Verleihung eines akademischen Grades erfolgte exakt nach diesem Verfahren.

Hatte der Student eine Frage „entschieden", wurde ihm der Grad eines Bakkalaureus der Künste verliehen. Bis es soweit war, vergingen in der Regel vier oder fünf Jahre. An diesem Punkt konnte der Student – wie es die meisten *Bachelors of Arts* auch heute tun – seine Ausbildung einfach für beendet erklären und sich eine einträgliche Arbeit suchen (vielleicht sogar als Lehrer an einer der weniger bedeutenden Schulen Europas), oder er konnte sich entschließen, seine Studien fortzusetzen und ein Graduiertenexamen anzustreben. Der sogenannte Ma-

Die Kirche und die Universität

gistertitel, den er mit dem zufriedenstellenden Abschluß seines Graduiertenstudiums erwarb, berechtigte ihn dazu, einer Lehrtätigkeit innerhalb des Universitätssystems nachzugehen.

Der künftige Dozent hatte nachzuweisen, daß er im Kanon der wichtigen Werke der westlichen Kultur bewandert war. Erst danach konnte er seine Lehrerlaubnis oder sein Lizentiat beantragen, das zwischen dem Bakkalaureat und dem Magisterabschluß erteilt wurde und nicht nur für zukünftige Lehrer, sondern für alle diejenigen Voraussetzung war, die die begehrten Posten im zivilen oder kirchlichen Dienst anstrebten. Wenn man sich die folgende, von einem modernen Historiker zusammengestellte Liste von Texten ansieht, mit denen ein Student im Graduiertenstudium vertraut sein sollte, gewinnt man eine ungefähre Vorstellung von seinem Bildungshorizont:

> Nach seinem Bakkalaureat und ehe er seine Lehrerlaubnis beantragte, mußte der Student „in Paris oder einer anderen Universität" Vorlesungen über die folgenden aristotelischen Werke gehört haben: *Physik, Über Werden und Vergehen, Über den Himmel und die Parva Naturalia*; namentlich die Abhandlungen des Aristoteles *Über Sinn und Empfinden, Über Wachen und Schlafen, Über Gedächtnis und Erinnerung, Über die Länge und Kürze des Lebens.* Ferner muß er Vorlesungen über die *Metaphysik* gehört haben oder dies beabsichtigen und Vorlesungen über die mathematischen Bücher besucht haben. [Der Historiker Hastings] Rashdall führt im Zusammenhang mit dem Lehrplan von Oxford folgende Liste von Werken an, die der Bakkalaureus in der Zeit zwischen seinem Bakkalaureat und seinem Magisterabschluß gelesen haben mußte: Bücher über die freien Künste: in Grammatik Priscian; in Rhetorik Aristoteles' *Rhetorik* (drei Studienjahre) oder die Topica des Boethius (Buch IV) oder Ciceros *Nova Rhetorica* oder Ovids *Metamorphosen* oder *Poetria Virgilii*; in Logik Aristoteles' *De Interpretatione* (drei Studienjahre) oder Boethius' Topica (Bücher 1-3) oder die *Analytica priora* oder *Topica* (Aristoteles); in Arithmetik und Musik Boethius; in Geometrie Euklid, Alhazen oder Vitellios *Perspectiva*; in Astronomie *Theorica Planetarum* (zwei Studienjahre) oder Ptolemäus' *Almagest*. Zusätzliche Werke in Naturphilosophie sind: die *Physik* oder *Über den Himmel* (drei Studien-

Kapitel 4

jahre) oder *Über die Eigenschaften der Elemente* oder die *Meteorologica* oder *Über Gemüse und Pflanzen* oder *Über die Seele* oder *Über die Tiere* oder anderes aus den *Parva Naturalia*; in Moralphilosophie die Ethik oder die *Oeconomica* oder die *Politik* des Aristoteles drei Studienjahre lang, und in Metaphysik die *Metaphysik* zwei oder, wenn der Kandidat seinen Abschluß nicht gemacht hat, drei Studienjahre lang.[19]

Das Verfahren zum Erwerb der Lehrerlaubnis läßt sich nicht so leicht verallgemeinern, doch es bestand darin, daß man weitere Kenntnisse nachwies und sich zudem bestimmten Grundsätzen des Universitätslebens verpflichtete. War dieser Prozeß abgeschlossen, wurde die Erlaubnis offiziell erteilt. In Sainte Geneviève kniete der Antragsteller vor dem Vizekanzler nieder, der folgende Worte sprach:

> Kraft der mir durch die Apostel Petrus und Paulus verliehenen Autorität erteile ich dir die Erlaubnis, an der Fakultät der Künste in Paris und andernorts zu lehren, zu lesen, zu disputieren und zu entscheiden und andere Akte eines Wissenschaftlers oder Magisters auszuüben, im Namen des Vaters und des Sohnes und des Heiligen Geistes, Amen.[20]

Der genaue Zeitraum, der typischerweise zwischen dem Empfang der Lehrerlaubnis und dem Empfang des Magistergrades (der offensichtlich die Kenntnis einer noch größeren Zahl von Büchern voraussetzte) verstrich, ist schwierig zu bestimmen, doch einer realistischen Schätzung zufolge betrug er zwischen sechs Monaten und drei Jahren. Von einem Kandidaten, der vermutlich bereits alle erforderlichen Bücher gelesen hatte, wird berichtet, daß er beide Auszeichnungen an ein und demselben Tag erhalten habe.[21]

---

19 Daly, a. a. O., S. 132f.
20 Ebd., S. 135.
21 Ebd., S. 136.

Die Kirche und die Universität

Entgegen der allgemeinen Vorstellung, daß ihr ganzes Forschen von theologischen Prämissen bestimmt war, respektierten die mittelalterlichen Gelehrten im großen und ganzen die Autonomie dessen, was sie als Naturphilosophie bezeichneten (ein Forschungszweig, der sich mit den Abläufen in der materiellen Welt und insbesondere mit Veränderung und Bewegung befaßte). Auf der Suche nach natürlichen Erklärungen für natürliche Erscheinungen betrieben sie ihre Studien losgelöst von der Theologie. Von den Naturphilosophen an den geisteswissenschaftlichen Fakultäten, schreibt Edward Grant in *God and Reason in the Middle Ages*, „erwartete man, daß sie die Theologie und die Dinge des Glaubens aus der Naturphilosophie heraushielten."[22]

Diese Achtung vor der Autonomie der Naturphilosophie gegenüber der Theologie herrschte auch unter Theologen, die über naturwissenschaftliche Themen schrieben. Albertus Magnus, der große Lehrer des heiligen Thomas von Aquin, wurde von seinen dominikanischen Brüdern gebeten, ein Buch über Physik zu verfassen, das ihnen helfen sollte, die physikalischen Werke des Aristoteles zu verstehen. Um sicherzugehen, daß sie von ihm keine Verquickung theologischer und naturphilosophischer Ideen erwarteten, wies Albertus diesen Gedanken ausdrücklich zurück und erklärte, daß theologische Ideen in theologische und nicht in naturwissenschaftliche Abhandlungen gehörten.

Das mittelalterliche Logikstudium liefert uns einen weiteren Beweis dafür, wie sehr sich das Mittelalter dem rationalen Denken verpflichtet fühlte. „Durch ihre anspruchsvollen Logikseminare", schreibt Grant, „bekamen die mittelalterlichen Stu-

---

22 Edward Grant: God and Reason in the Middle Ages, Cambridge 2001, S. 184.

Kapitel 4

denten ein Gefühl für die Feinheiten der Sprache und die Fallstricke der Argumentation. Folglich legte die Universitätserziehung besonderen Wert auf die Bedeutung und den Nutzen der Vernunft." Und Edith Sylla, die sich auf die Naturphilosophie, Logik und Theologie des 13. und 14. Jahrhunderts spezialisiert hat, schreibt, daß wir uns „über das Niveau wundern" sollten, „auf dem sich der logische Scharfsinn eines fortgeschrittenen Studenten im Grundstudium im Oxford des 14. Jahrhunderts bewegt haben muß."[23]

Obwohl sich die Gelehrten natürlich am logischen Genius des Aristoteles orientierten, verfaßten sie auch eigene Texte zum Thema Logik. Und wer schrieb die berühmtesten von ihnen? Ein späterer Papst, Petrus Hispanus (Johannes XXI.), in den 30er Jahren des 13. Jahrhunderts. Seine *Summulae logicales* waren jahrhundertelang Standardlektüre und wurden bis zum 17. Jahrhundert 166mal aufgelegt.

Das Zeitalter der Scholastik

Wenn das Mittelalter tatsächlich eine Zeit gewesen wäre, in der alle Fragen durch den bloßen Hinweis auf bestehende Autoritäten gelöst wurden, dann ergäbe dieses eifrige Studium der formalen Logik keinen Sinn. Eine solche Begeisterung für das Fach Logik spricht eher für eine Zivilisation, die danach strebte, zu verstehen und zu überzeugen. Zu diesem Zweck wollten gebildete Männer, daß die Studenten logische Trugschlüsse erkennen und logisch vernünftig argumentieren lernten.

Dies war das Zeitalter der Scholastik. Es ist schwierig, für die Scholastik eine zufriedenstellende Definition zu finden, die auf

---

23 Ebd., S. 146.

alle Denker zutrifft, die mit diesem Etikett versehen worden sind. Zum einen war Scholastik die Bezeichnung für die in den Schulen – also den europäischen Universitäten – geleistete wissenschaftliche Arbeit. Der Begriff eignet sich nicht so sehr dazu, den *Inhalt*, sondern eher die *Methode* des Denkens jener Intellektuellen zu charakterisieren, auf die er angewendet wird. Im großen und ganzen waren die Scholastiker darauf fokussiert, ihren Verstand als unverzichtbares Werkzeug der theologischen und philosophischen Forschung zu gebrauchen und intellektuell interessante Ansätze mit der Methode der Dialektik – also der Gegenüberstellung entgegengesetzter Positionen und der anschließenden Lösung der betreffenden Frage mit Hilfe der Vernunft und der Autorität – weiterzuverfolgen. Nach und nach bildete sich eine Tradition heraus, und es wurde üblich, daß sich die scholastischen Abhandlungen an ein bestimmtes Schema hielten: Man stellte eine Frage, erwog die Argumente beider Seiten, gab den Standpunkt des Verfassers wieder und beantwortete mögliche Einwände.

Der früheste der Scholastiker war vermutlich Anselm von Canterbury (1033-1109). Anselm, der Abt des Klosters von Bec und spätere Erzbischof von Canterbury, unterschied sich von den meisten anderen Scholastikern dadurch, daß er keinen offiziellen akademischen Rang innehatte. Doch er teilte jenes Interesse an der verstandesmäßigen Auseinandersetzung mit philosophischen und theologischen Fragen, das später für die Scholastik typisch werden sollte. So untersucht seine Schrift *Cur Deus Homo* vom rationalen Standpunkt aus die Frage, weshalb es für Gott angemessen und passend war, Mensch zu werden.

In Philosophenkreisen ist der heilige Anselm jedoch eher für seinen rationalen Beweis der Existenz Gottes bekannt. Die Argumentation seines sogenannten ontologischen Gottesbeweises ist selbst dann anregend und faszinierend, wenn man nicht mit ihm übereinstimmt. Für Anselm ist die Existenz Gottes in der

Definition Gottes impliziert. So wie ein umfassendes Wissen und Verstehen der Zahl neun auch beinhaltet, daß die Quadratwurzel aus neun drei ist, so beinhaltet ein umfassendes Verständnis der Idee von Gott, daß ein solches Wesen existieren muß.[24] Anselm bestimmt Gott in einer Art Arbeitsdefinition als das, „als das Größeres nicht gedacht werden kann". (Der Einfachheit halber werden wir Anselms Formulierung umändern in „das größte denkbare Wesen".) Das größte denkbare Wesen muß in jeder Hinsicht vollkommen sein, denn sonst wäre es nicht das größte denkbare Wesen. Nun ist aber, so Anselm, auch die Existenz eine Vollkommenheit, denn es ist besser zu existieren, als nicht zu existieren. Wenn man jedoch davon ausgeht, daß Gott nur im Geist der Menschen und nicht in Wirklichkeit existiert, dann würde dies bedeuten, daß dieses größte denkbare Wesen nur in unserem Geist existiert und keine Existenz in der extramentalen Welt (also der Welt außerhalb unseres Geistes) besitzt. Dann aber wäre es nicht das größte denkbare Wesen, denn wir könnten uns ein größeres vorstellen: eines, das sowohl in unserem Geist als auch in der Wirklichkeit existiert. Damit impliziert allein schon der Begriff des „größten denkbaren Wesens" unmittelbar, daß ein solches Wesen auch existiert, denn wenn es nicht in der realen Welt existierte, wäre es nicht das größte denkbare Wesen.

Spätere Philosophen, darunter auch der heilige Thomas von Aquin, waren von Anselms Beweisführung nicht überzeugt – auch wenn einige wenige Denker ihm recht gegeben haben –, doch im Lauf der nächsten fünfhundert Jahre und noch darüber hinaus sollten sich zahlreiche Philosophen gedrängt füh-

---

24 Diese Formulierung von Anselms Ansatz verdanke ich meinem 1998 verstorbenen langjährigen Freund Dr. William Marra, der jahrzehntelang an der *Fordham University* Philosophie gelehrt hat und der kleinen Gruppe abendländischer Philosophen angehörte, die davon überzeugt sind, daß es Anselm gelungen ist, die Notwendigkeit der Existenz Gottes zu beweisen.

len, sich mit den Argumenten des Heiligen auseinanderzusetzen. Noch bedeutender als die jahrhundertelange Nachwirkung von Anselms Beweis ist jedoch die Tatsache, daß er ihn mit den Mitteln der Vernunft erbracht hat; eine Methode, die die späteren Scholastiker mit noch größerem Erfolg anwenden sollten.

Ein anderer wichtiger Vertreter der frühen Scholastik war Peter Abélard (1079-1142), ein vielbewunderter Lehrer, der zehn Jahre seiner Laufbahn damit zubrachte, an der Domschule von Paris zu unterrichten. In *Sic et Non* (Ja und Nein, um 1120) stellte Abélard eine Liste scheinbarer Widersprüche zusammen, in der er Abschnitte aus den Schriften der frühen Kirchenväter und der Bibel selbst anführte. Unabhängig davon, wie die Lösung im jeweiligen Einzelfall aussehen mochte, war es die Aufgabe der menschlichen Vernunft – und insbesondere der Studenten Abélards –, diese intellektuellen Schwierigkeiten zu lösen.

Der Prolog zu *Sic et Non* enthält ein schönes Zeugnis von der Bedeutung der intellektuellen Aktivität und dem Eifer, mit der sie betrieben werden sollte:

> Ich lege hier eine Sammlung der Aussagen der Heiligen Väter in der Reihenfolge vor, in der sie mir im Gedächtnis geblieben sind. Die Abweichungen, die diese Texte zu enthalten scheinen, werfen bestimmte Fragen auf, die eine Herausforderung für meine jungen Leser sein sollten, all ihren Eifer aufzubringen, um die Wahrheit ans Licht zu bringen und auf diese Weise ihren Blick zu schärfen. Denn das beständige und gründliche Forschen ist als die erste Quelle der Weisheit bezeichnet worden. Der glänzendste aller Philosophen, Aristoteles, hat seine Studenten ermutigt, sich dieser Aufgabe mit all ihrer Neugierde zu widmen...
> [E]r sagt: „Es ist töricht, über diese Themen verläßliche Aussagen zu treffen, ohne sehr viel Zeit auf sie zu verwenden. Es ist eine nützliche Vorgehensweise, jede Einzelheit in Frage zu stellen." Indem wir Fragen aufwerfen, beginnen wir zu forschen, und indem wir forschen, gewinnen wir die Wahrheit, und die Wahrheit selbst hat gesagt: „Sucht, und ihr werdet finden; klopft an, und euch wird aufgetan." Dies hat Er uns durch sein eigenes sittliches Beispiel gelehrt, als Er im Alter von

Kapitel 4

zwölf Jahren „mitten unter den Lehrern" gefunden wurde, „ihnen zuhörte und Fragen stellte." Er, der das Licht selbst ist, die volle und vollkommene Weisheit Gottes, wollte Seinen Schülern durch Sein Fragen ein Beispiel geben, ehe Er durch Seine Verkündigung zu einem Vorbild für die Lehrer wurde. Wenn ich also Abschnitte aus den Schriften anführe, dann soll dies meine Leser anspornen und anstacheln, nach der Wahrheit zu suchen, und je größer die Autorität dieser Abschnitte ist, desto ernsthafter soll diese Suche sein.[25]

Obwohl sein Werk über die Dreifaltigkeit ihm einen kirchlichen Tadel eintrug, war Abélard ein typischer Vertreter des intellektuellen Lebens seiner Zeit und teilte ihr Vertrauen in die Kraft des dem Menschen von Gott gegebenen Verstandes. Abélard war ein gläubiger Sohn der Kirche; die Vorstellung, wonach er ein kompromißloser Rationalist nach Art des 18. Jahrhunderts gewesen sei, der versucht habe, den Glauben mittels der Vernunft zu unterhöhlen, ist in der modernen Wissenschaft nicht anerkannt. Sein Wirken war stets darauf ausgerichtet, das große Gebäude der Wahrheit, die sich im Besitz der Kirche befand, zu errichten und zu stützen. Er hat einmal gesagt, er „wünschte kein Philosoph zu sein, wenn dies Rebellion gegen den Apostel Paulus bedeutet, und auch kein Aristoteles, wenn das bedeutet, sich von Christus abzuwenden."[26] Häretiker, so seine Ansicht, benutzten Vernunftargumente, um den Glauben anzugreifen, und dies sei ein Grund für die Gläubigen der Kirche, den Glauben mit Hilfe der Vernunft zu verteidigen.[27]

Auch wenn Abélard unter seinen Zeitgenossen auf Kritik stieß, wurde seine rationale Herangehensweise an theologische

---

25 Zitiert nach Grant, a. a. O., S. 60f.
26 David C. Lindberg: Von Babylon bis Bestiarium. Die Anfänge des abendländischen Wissens, Stuttgart 1994, S. 203f.
27 Zu der Position, daß Abélard eher ein treuer Sohn der Kirche als ein Rationalist im Stil des 18. Jahrhunderts war, vgl. David Knowles: The Evolution of Medieval Thought, ²1988, S. 111ff.

Fragen von den späteren Scholastikern aufgegriffen und erreichte im darauffolgenden Jahrhundert mit dem heiligen Thomas von Aquin ihren Höhepunkt. In seinem näheren Umfeld ist Abélards Einfluß bei Petrus Lombardus zu erkennen, der vielleicht sein Schüler gewesen ist. Petrus Lombardus, der kurzzeitig Erzbischof von Paris war, hat die *Sentenzen* verfaßt, die für die nächsten fünf Jahrhunderte zum wichtigsten Lehrbuch der Theologiestudenten nach der Bibel werden sollten. Dieses Buch ist eine systematische Darstellung des katholischen Glaubens und beinhaltet Diskussionen zu allen möglichen Fragen, angefangen bei den Attributen Gottes über Themen wie Sünde, Gnade, Menschwerdung und Erlösung bis hin zu den Tugenden, den Sakramenten und den Vier Letzten Dingen (Tod, Gericht, Himmel und Hölle). Bezeichnenderweise versuchte es das Vertrauen in die Autorität mit dem Bestreben zu vereinen, bei der Erklärung theologischer Punkte auch den Verstand hinzuzuziehen.[28]

Der größte der Scholastiker und einer der größten Intellektuellen überhaupt war der heilige Thomas von Aquin (1225-1274). Sein überragendes Werk, die *Summa Theologiae*, stellte und beantwortete Tausende von Fragen aus Theologie und Philosophie, die von der Sakramententheologie über den gerechten Krieg bis hin zu der (von Thomas verneinten) Frage reichten, ob alle Laster als Verbrechen zu bewerten seien. Er zeigte, daß Aristoteles, den er und viele seiner Zeitgenossen als den besten weltlichen Denker betrachteten, ohne weiteres mit der Lehre der Kirche in Einklang gebracht werden konnte.

Die Scholastiker diskutierten eine große Anzahl bedeutender Themen, doch was Anselm und den Aquinaten betrifft, so habe ich mich entschlossen, mich auf die Frage der Existenz Gottes

---

28 Daly, a. a. O., S. 105.

Kapitel 4

zu konzentrieren, die vielleicht das klassische Beispiel dafür ist, wie der Verstand zur Verteidigung des Glaubens eingesetzt werden kann. (Die Existenz Gottes gehörte nach der Überzeugung des heiligen Thomas zu den Dingen, die man sowohl mit dem Verstand als auch durch die göttliche Offenbarung erkennen kann.) Anselms Beweisführung haben wir bereits erörtert; Thomas seinerseits hat in seiner *Summa Theologiae* fünf Wege entwickelt, die Existenz Gottes zu beweisen, und diese in seiner *Summa Contra Gentiles* ausführlicher beschrieben. Um dem Leser einen Eindruck von der Eigenart und Tiefe der scholastischen Argumentation zu vermitteln, werden wir uns der Herangehensweise des Aquinaten von der Effizienz seiner kausalen Beweisführung her nähern und versuchen, ihre Stimmigkeit und ihren zwingenden Charakter ein wenig nachzuempfinden.[29]

Wir verstehen die Ansichten des heiligen Thomas am ehesten, wenn wir mit Gedankenexperimenten aus dem weltlichen Bereich beginnen. Nehmen Sie einmal an, Sie möchten an der Feinkosttheke ein Pfund Truthahn kaufen. Sie kommen dort an und stellen fest, daß Sie eine Nummer ziehen müssen, ehe Sie Ihre Bestellung aufgeben können. Als Sie jedoch gerade im Begriff sind, eine Nummer zu ziehen, erfahren Sie, daß Sie, um diese Nummer ziehen zu können, zuerst eine andere Nummer ziehen müssen. Und genau in dem Augenblick, als Sie diese andere Nummer ziehen wollen, bemerken Sie, daß sie auch dazu eine Nummer ziehen müssen. Das heißt, Sie müssen eine Nummer ziehen, um eine Nummer zu ziehen, die Sie berechtigt, die Nummer zu ziehen, mit der Sie Ihre Bestellung an der Feinkosttheke aufgeben können.

---

29 Vgl. den hervorragenden Artikel von James A. Sadowsky S. J., „Can There be an Endless Regress of Causes?", in: Brian Davies (Hg.): Philosophy of Religion: A Guide and Anthology, New York 2000, S. 239-242.

Stellen Sie sich nun weiterhin vor, daß die Zahl der Nummern, die Sie ziehen müssen, unendlich ist. Jedesmal, wenn Sie gerade eine Nummer ziehen müssen, entdecken Sie, daß es eine andere Nummer gibt, die Sie zuerst ziehen müssen, ehe Sie die nächste Nummer ziehen können. Unter solchen Bedingungen werden Sie nie an der Feinkosttheke ankommen. Sie werden von jetzt an bis zum Ende Ihrer Tage Nummern ziehen.

Wenn Sie nun aber im Lebensmittelgeschäft auf jemanden träfen, der ein halbes Pfund Roastbeef bei sich trägt, das er an der Feinkosttheke gekauft hat, dann wüßten Sie mit einem Schlag, daß die Reihe der Nummern nicht unendlich sein kann. Wir haben gesehen, daß niemand die Feinkosttheke jemals erreichen wird, wenn die Reihe der Nummern unendlich ist. Doch die Person mit dem Roastbeef muß irgendwie an diese Theke herangekommen sein. Also kann die Reihe nicht unendlich sein.

Nehmen wir ein anderes Beispiel: Stellen Sie sich vor, Sie wollen sich in einen Kurs an der Universität einschreiben und suchen deshalb Herrn Schmitt im Studentensekretariat auf. Herr Schmitt sagt Ihnen, daß Sie, um sich in diesen speziellen Kurs einzuschreiben, zunächst zu Herrn Hansen gehen müssen. Herr Hansen seinerseits schickt Sie zu Herrn Jung. Herr Jung verweist Sie an Herrn Braun. Wenn diese Reihe sich bis ins Unendliche fortsetzt – wenn also immer noch eine Person übrig ist, die Sie aufsuchen müssen, ehe Sie sich einschreiben können –, dann liegt es auf der Hand, daß Sie sich niemals werden einschreiben können.

Diese Beispiele scheinen von der Frage der Existenz Gottes recht weit entfernt, sind es aber nicht; die Beweisführung des heiligen Thomas ist in gewisser Weise zu ihnen beiden analog. Er beginnt mit dem Gedanken, daß jede Wirkung eine Ursache haben muß, und daß in der materiellen Welt nichts, was existiert, die Ursache seiner eigenen Existenz ist. Dieser Gedanke

Kapitel 4

ist als das Prinzip der hinreichenden Ursache bekannt. Wenn wir beispielsweise einen Tisch sehen, wissen wir genau, daß er nicht spontan entstanden ist. Er verdankt seine Existenz etwas anderem: einem Tischler und schon vorher vorhandenen Rohstoffen.

Ein existierender Gegenstand Z verdankt seine Existenz einer Ursache Y. Doch auch Y existiert nicht aus sich selbst heraus, sondern braucht eine Ursache. Y verdankt seine Existenz einer Ursache X. Nun aber herrscht in bezug auf X Erklärungsbedarf. X verdankt seine Existenz der Ursache W. Wie bei den Beispielen von der Feinkosttheke und dem Universitätskurs haben wir es hier mit den Schwierigkeiten zu tun, die sich aus einer unendlichen Reihe ergeben.

In diesem Fall handelt es sich um folgendes Problem: Jede Ursache einer gegebenen Wirkung bedarf zur Erklärung ihrer eigenen Existenz ihrerseits einer Ursache; diese verweist wiederum auf eine Ursache und so weiter. Wenn wir aber von einer unendlichen Reihe ausgingen, in der jede Ursache ihrerseits wieder eine Ursache haben muß, dann *wäre überhaupt nie auch nur irgendetwas entstanden*.

Deshalb, so erklärt der heilige Thomas, muß es eine unverursachte Ursache geben – eine Ursache, die selbst keiner Ursache bedarf. Diese erste Ursache kann somit die Abfolge der Ursachen in Gang setzen. Und, so der heilige Thomas, diese erste Ursache ist Gott. Gott ist das eine in sich selbst existierende Sein, dessen Existenz Teil seines ureigenen Wesens ist. Kein Mensch muß existieren; es gab eine Zeit, da noch kein Mensch auf der Erde lebte, und die Welt wird auch weiterbestehen, wenn kein Mensch mehr existiert. Die Existenz gehört nicht zum Wesen des Menschen. Gott aber ist anders. Er kann nicht nicht existieren. Und er ist von nichts anderem abhängig, das vor ihm und als Erklärung seiner eigenen Existenz existiert.

Diese Art des streng folgerichtigen philosophischen Denkens kennzeichnete das intellektuelle Leben der frühen Universitäten. Und so überrascht es uns nicht, daß die Päpste und andere Kirchenmänner die Universitäten zu den großen Juwelen der christlichen Zivilisation gezählt haben. Es war gang und gäbe, die Universität von Paris als „neues Athen"[30] zu beschreiben – eine Bezeichnung, die an die Ambitionen des großen Alkuin aus der karolingischen Periode einige Jahrhunderte zuvor erinnert, der durch seine eigenen bildungspolitischen Bemühungen im Frankenreich ein neues Athen errichten wollte. Papst Innozenz IV. (1243-1254) bezeichnete die Universitäten als „Flüsse der Wissenschaft, die den Boden der Weltkirche bewässern und fruchtbar machen", und Papst Alexander IV. (1254-1261) nannte sie „Laternen, die im Hause Gottes leuchten". Dabei hatten die Päpste selbst keinen geringen Anteil an der Entwicklung und dem Erfolg des Universitätssystems. „Dank des wiederholten Eingreifens von Seiten des Papsttums", schreibt der Historiker Henri Daniel-Rops, „war die höhere Bildung in der Lage, ihre Grenzen zu erweitern; denn die Kirche war der Boden, der die Universität hervorbrachte, das Nest, von dem aus sie sich in die Lüfte erhob."[31]

Fest steht, daß die im wesentlichen freie Forschung des Universitätssystems, wo Gelehrte und Studenten über Thesen debattieren und diskutieren konnten und der menschliche Verstand ganz selbstverständlich als etwas Nützliches galt, einen der wichtigsten Beiträge des Mittelalters zur modernen Wissenschaft darstellt. Entgegen dem höchst ungenauen Bild, das sich die heutige Allgemeinbildung vom Mittelalter macht, waren die Errungenschaften dieser Epoche für die westliche Zivilisation

---

30 Henri Daniel-Rops: Cathedral and Crusade, London 1957, 311 (frz. Originalausgabe: L'Eglise de la Cathédrale et de la Croisade, Paris [66]1952).
31 Ebd., S. 308.

unentbehrlich. „[D]ie Gelehrten des Spätmittelalters", schlußfolgert David Lindberg in seinem Buch *Von Babylon bis Bestiarium* (1994), begründeten „eine allgemeine geistige Tradition, ohne welche die anschließende Entwicklung in der Naturphilosophie [also im wesentlichen den Naturwissenschaften] unvorstellbar gewesen wäre."[32]

Christopher Dawson, einer der größten Historiker des 20. Jahrhunderts, bemerkt, daß seit den Zeiten der ersten Universitäten „die höheren wissenschaftlichen Studien von der Technik der logischen Diskussion beherrscht [wurden] – der *quaestio* und der öffentlichen Disputation, die die '*Form*' der mittelalterlichen Philosophie sogar bei ihren größten Vertretern weithin bestimmte. 'Nichts', so sagt Robert von Sorbonne, 'ist vollkommen erkannt, was nicht von den Zähnen der Disputation zermahlen wurde', und die Tendenz, jede Frage, von der klarsten bis zur ungereimtesten, diesem Prozeß des Zermahlens zu unterwerfen, förderte nicht nur die geistige Beweglichkeit und Exaktheit des Denkens, sondern jenen Geist der Kritik und des methodischen Zweifels, denen die abendländische Kultur und die moderne Wissenschaft soviel zu danken haben."[33]

Und der Wissenschaftshistoriker Edward Grant stimmt mit diesem Urteil überein:

> Wie war es möglich, daß die westliche Zivilisation die Wissenschaft und die Sozialwissenschaften so voranbrachte wie keine andere Zivilisation vor ihr? Die Antwort liegt meiner Überzeugung nach in einem Forschergeist, der sich als natürliche Konsequenz aus der Betonung der Vernunft ergab, die im Mittelalter ihren Anfang nahm. Mit Ausnahme der offenbarten Wahrheiten wurde die Vernunft an den mittelalterlichen Universitäten als höchster Schiedsrichter für alle intellek-

---

32 Lindberg, a. a. O., S. 382.
33 Christopher Dawson: Die Religion im Aufbau der abendländischen Kultur, Düsseldorf 1953, S. 297.

tuellen Beweisführungen und Kontroversen eingesetzt. Für Wissenschaftler, die sich in einem universitären Umfeld bewegten, war es ganz natürlich, ihren Verstand zu gebrauchen, um bisher unerforschte Themenbereiche zu untersuchen und Möglichkeiten zu diskutieren, die zuvor noch nicht ernsthaft in Betracht gezogen worden waren.[34]

Die Schaffung der Universität, die Begeisterung für Vernunft und rationale Argumentation sowie der allgegenwärtige Forschergeist, die das intellektuelle Leben des Mittelalters kennzeichneten, wurden zu einem „Geschenk des lateinischen Mittelalters an die moderne Welt…, auch wenn dieses Geschenk vielleicht nie anerkannt werden wird. Vielleicht wird es immer das bleiben, was es in den letzten vier Jahrhunderten gewesen ist: das bestgehütete Geheimnis der westlichen Zivilisation."[35] Es war das Geschenk einer Zivilisation, deren Mittelpunkt die katholische Kirche war.

---

34 Grant, a. a. O., S. 356.
35 Ebd., S. 364.

Kapitel 5:

Die Kirche und die Wissenschaft

War es nur Zufall, daß sich die moderne Wissenschaft in einem überwiegend katholischen Umfeld entwickelte, oder war es eine Eigenschaft des Katholizismus selbst, die diesen Erfolg der Wissenschaft möglich gemacht hat? Allein schon diese Frage ist ein Verstoß gegen die ungeschriebenen Gesetze des zeitgemäßen Denkens. Und doch hat eine wachsende Zahl von Wissenschaftlern damit begonnen, ihr nachzugehen, und die Antworten, auf die sie dabei gestoßen sind, werden den einen oder anderen vielleicht überraschen.

Die Sache ist keine Kleinigkeit. Nach landläufigem Urteil ist die angebliche Wissenschaftsfeindlichkeit der katholischen Kirche vielleicht ihr größter Fehler. Für die weit verbreitete Überzeugung, daß die Kirche sich dem Fortschritt der wissenschaftlichen Forschung entgegengestellt habe, ist vor allem die den meisten Menschen bekannte, einseitige Darstellung der Galilei-Affäre verantwortlich. Doch selbst wenn man Galilei tatsächlich so übel mitgespielt hätte, wie die Leute denken, dann, so glaubt der berühmte ehemalige Anglikaner und spätere katholische Kardinal des 19. Jahrhunderts John Henry Newman, spricht es doch für sich, daß den Menschen praktisch immer nur dieses eine Beispiel in den Sinn kommt.

Die Kontroverse entzündete sich an dem Werk des polnischen Astronomen Nikolaus Kopernikus (1473-1543). Einige moderne Arbeiten über Kopernikus sind so weit gegangen, ihn als Priester zu bezeichnen, doch obwohl er in den späten 90er Jahren des 15. Jahrhunderts als Kanoniker des Kapitels von Frauenburg erwähnt wird, gibt es keinen direkten Beleg dafür, daß er jemals die höheren Weihen erhalten hat. Ein Hinweis darauf, daß er zum Priester geweiht worden sein könnte, ergibt sich aus der Entscheidung des polnischen Königs Sigismund, ihn 1537 als einen von vier möglichen Kandidaten für einen vakanten Bischofsstuhl zu benennen. Wie auch immer es sich mit seinem klerikalen Stand verhalten haben mag, Kopernikus stammte jedenfalls aus einer religiösen Familie, deren Mitglieder ausnahmslos dem dritten Orden des heiligen Dominikus angehörten, einer Einrichtung, die es auch Laien ermöglichte, an der dominikanischen Spiritualität und Tradition teilzuhaben.[1]

Als Wissenschaftler war er in kirchlichen Kreisen nicht eben unbekannt. Das fünfte Laterankonzil (1512-1517) zog ihn als Berater bei der Kalenderreform hinzu. 1531 arbeitete Kopernikus für seine Freunde an einer zusammenfassenden Darstellung seiner astronomischen Theorien. Sie zog beträchtliche Aufmerksamkeit auf sich; Papst Clemens VII. forderte Johann Albert Widmanstadt sogar auf, im Vatikan eine öffentliche Vorlesung darüber zu halten. Der Papst war von dem, was er hörte, sehr positiv beeindruckt.[2]

Gleichzeitig drängten Kirchenmänner wie akademische Kollegen Kopernikus dazu, sein Werk für die Allgemeinheit zu-

---

[1] J. G. Hagen: Art. „Nikolaus Copernicus", in: Catholic Encyclopedia, ²1913.
[2] Jerome J. Langford O. P.: Galileo, Science and the Church, New York 1966, S. 35.

gänglich zu machen. Schließlich gab Kopernikus den Bitten seiner Freunde, zu denen auch mehrere Prälaten gehörten, nach und veröffentlichte 1543 *Sechs Bücher über die Kreisbewegungen der Himmelskörper*, die er Papst Paul III. widmete. Kopernikus behielt große Teile der konventionellen Astronomie seiner Zeit bei, die Aristoteles und vor allem Ptolemäus (87-150 n. Chr.) außerordentlich viel zu verdanken hatte, einem brillanten griechischen Astronomen, der ein geozentrisches Universum postulierte. Die kopernikanische Astronomie hatte mit ihren griechischen Vorläufern beispielsweise die Vorstellung von vollkommen kugelförmigen Himmelskörpern, kreisförmigen Umlaufbahnen und einer konstanten Planetengeschwindigkeit gemeinsam. Kopernikus führte als entscheidenden Unterschied ein, daß er nicht länger die Erde, sondern die Sonne in die Mitte seines Systems stellte. Dieses heliozentrische Modell postulierte eine Erde, die sich ebenso wie die anderen Planeten um die Sonne herumbewegte.

Obwohl es von protestantischer Seite wegen seiner vermeintlichen Unvereinbarkeit mit der Heiligen Schrift scharf angegriffen wurde, unterzog die katholische Kirche das kopernikanische System keiner offiziellen Zensur – bis zum Fall Galilei. Galileo Galilei (1564-1642) stellte neben den physikalischen Forschungen mit seinem Teleskop einige wichtige astronomische Beobachtungen an, die bestimmte Aspekte des ptolemäischen Systems fragwürdig erscheinen ließen. Auf dem Mond sah er Berge, was die seit der Antike herrschende Überzeugung von der vollkommenen Kugelform der Himmelskörper ins Wanken brachte. Er entdeckte vier Monde, die um den Jupiter kreisen, und bewies damit nicht nur, daß es Himmelsphänomene gab, die Ptolemäus und den Alten unbekannt gewesen waren, sondern auch, daß ein Planet, der sich in seiner Umlaufbahn bewegt, seine kleineren Satelliten nicht hinter sich läßt. (Man hatte die These, daß die Erde um die Sonne kreise, unter

Kapitel 5

anderem mit dem Argument zu widerlegen versucht, daß dann ja der Mond hinter der Erde zurückbleiben müsse.) Und Galileis Entdeckung der Venusphase war ein weiterer Hinweis, der für das kopernikanische System sprach.

Zunächst wurden Galilei und seine Arbeit von prominenten Kirchenmännern begrüßt und gefeiert. Ende des Jahres 1610 schrieb Pater Christoph Clavius an Galilei, daß seine jesuitischen Astronomiekollegen die Entdeckungen, die er mit seinem Teleskop gemacht hatte, bestätigt hätten. Als Galilei ein Jahr später nach Rom kam, wurde er von Klerikern und Laien mit derselben Begeisterung begrüßt. Einem Freund schrieb er: „Ich bin von vielen berühmten Kardinälen, Prälaten und Fürsten dieser Stadt empfangen und wohlwollend aufgenommen worden." Er hatte eine lange Audienz bei Papst Paul V., und die Jesuiten des *Collegio Romano* veranstalteten ihm zu Ehren einen Vortragstag. Galilei war entzückt: Vor einem Publikum aus Kardinälen, Gelehrten und einflußreichen weltlichen Persönlichkeiten sprachen Studenten von Pater Christoph Grienberger und Pater Clavius über die Entdeckungen des großen Astronomen.

Die beiden Patres waren angesehene Wissenschaftler. Christoph Grienberger, der Galileis Entdeckung der Jupitermonde persönlich überprüft hatte, war ein fähiger Astronom, der die „Machina aequatorialis" erfand, eine Vorrichtung, die das Teleskop parallaktisch zum Himmelsnordpol hin ausrichtete. Auch war er an der Entwicklung des noch heute gebräuchlichen Refraktors beteiligt.[3]

Pater Clavius, einer der größten Mathematiker seiner Zeit, war der Leiter der Kommission gewesen, die den gregorianischen Kalender erarbeitet hatte. Er trat 1582 in Kraft und korrigierte die Ungenauigkeiten des alten julianischen Kalenders. Seine Berechnungen zur Länge des Sonnenjahrs und der An-

---

3 MacDonnell, a. a. O., S. 19.

zahl von Tagen, die erforderlich war, um den Kalender darauf abzustimmen – 97 Schalttage alle 400 Jahre, so das Ergebnis –, waren so exakt, daß die Wissenschaftler sich bis heute nicht erklären können, wie ihm das gelungen ist.[4]

Alles schien für Galilei zu arbeiten. Als er 1612 seine *Briefe über die Sonnenflecken* veröffentlichte, in denen er das kopernikanische System zum ersten Mal in gedruckter Form darlegte, kam eines der vielen begeisterten Gratulationsschreiben von keinem Geringeren als Kardinal Maffeo Barberini, dem späteren Papst Urban VIII.[5]

Die Kirche hatte nichts dagegen einzuwenden, daß man das kopernikanische System als elegantes theoretisches Modell benutzte, dessen buchstäblicher Wahrheitsgehalt noch lange nicht bewiesen war, das jedoch die Himmelsphänomene zuverlässiger zu erklären vermochte als jedes andere System. Es als eine Hypothese darzustellen und zu verwenden, so dachte man, könne nichts schaden. Galilei jedoch glaubte, daß das kopernikanische System keine bloße Hypothese, sondern wortwörtlich wahr sei und genaue Vorhersagen ermögliche. Allerdings hatte er keinen auch nur annähernd ausreichenden Beweis, auf den er seine Überzeugung hätte stützen können. So versuchte er beispielsweise, die Bewegung der Erde anhand der Bewegung der Gezeiten zu belegen, was nach heutigen wissenschaftlichen Maßstäben einigermaßen lächerlich erscheint. Auf den Einwand der Geozentristen – die sich nach wie vor auf Aristoteles bezogen –, daß unsere Sternenbeobachtungen im Falle einer Bewegung der Erde Parallaxenverschiebungen aufweisen müßten, dies aber nicht täten, wußte er nichts zu antworten. Obwohl er keine streng wissenschaftlichen Beweise hatte, bestand Galilei nach wie vor darauf, das Weltbild des Kopernikus wört-

---

4   Ebd., S. 19.
5   Langford, a. a. O., S. 45, S. 52.

Kapitel 5

lich zu nehmen, und weigerte sich, einen Kompromiß zu akzeptieren, der vorsah, das kopernikanische System solange als Hypothese zu vertreten, bis überzeugende Anhaltspunkte vorgelegt werden könnten. Und als er noch einen Schritt weiterging und die Ansicht vertrat, daß Schriftstellen, die scheinbar dazu im Widerspruch standen, neu interpretiert werden müßten, kam man zu dem Ergebnis, daß er unbefugt in den Zuständigkeitsbereich der Theologen eingegriffen habe.

Jerome Langford, einer der scharfsichtigsten modernen Experten für dieses Thema, gibt uns eine hilfreiche Zusammenfassung von Galileis Position in dieser Frage:

> Galileo war davon überzeugt, im Besitz der Wahrheit zu sein. Objektiv betrachtet hatte er jedoch keinen Beweis, mit dem er unvoreingenommene Männer für sich hätte gewinnen können. Es ist vollkommen ungerecht zu behaupten, wie manche Historiker es tun, daß niemand seinen Argumenten zugehört, daß man ihm nie eine Chance gegeben habe. Die jesuitischen Astronomen hatten seine Entdeckungen bestätigt; sie [warteten] begierig auf weitere Beweise, um Tychos System[6] aufgeben und sich entschlossen zu Kopernikus bekennen zu können. Viele einflußreiche Kirchenmänner glaubten, daß Galileo recht haben könnte, aber sie mußten auf weitere Beweise warten.

„Es ist eindeutig nicht ganz korrekt, Galileo als das unschuldige Opfer der Vorurteile und der Unwissenheit seiner Zeit darzustellen", fügt Langford hinzu. „Einen Teil der Schuld an den nachfolgenden Ereignissen hat sich Gaileo selbst zuzuschreiben. Er lehnte den Kompromiß ab und ließ sich ohne

---

[6] Tycho Brahe (1546-1601) vertrat ein astronomisches System, das zwischen dem ptolemäischen Geozentrismus und dem kopernikanischen Heliozentrismus angesiedelt werden kann. In seinem Modell kreisen alle Planeten außer der Erde um die Sonne, die ihrerseits um eine feststehende Erde kreiste.

ausreichende Beweise auf eine Debatte ein, die in den angestammten Bereich der Theologen gehörte."⁷

Das Problem bestand darin, daß Galilei daran festhielt, das kopernikanische System wörtlich zu nehmen, denn oberflächlich betrachtet schien das heliozentrische Modell im Widerspruch zu bestimmten Bibelpassagen zu stehen. Auch mit Rücksicht auf die Vorwürfe der Protestanten, wonach die Katholiken der Bibel nicht die gebührende Aufmerksamkeit zollten, zögerte die Kirche, die wörtliche Bedeutung der Schrift – die an einigen Stellen auf eine unbewegliche Erde hinzuweisen schien – zugunsten einer noch unbewiesenen wissenschaftlichen Theorie aufzugeben.⁸ Doch selbst in diesem Punkt war die Kirche nicht vollkommen unnachgiebig, wie eine berühmte zeitgenössische Stellungnahme des Kardinals Robert Bellarmin verdeutlicht:

> Wenn es einen wirklichen Beweis gäbe, daß die Sonne im Mittelpunkt des Universums ist, daß die Erde im dritten Himmel ist und daß die Sonne sich nicht um die Erde, sondern die Erde sich um die Sonne dreht, dann sollten wir uns mit großer Umsicht daran machen, Abschnitte der Schrift auszulegen, die das Gegenteil zu lehren scheinen, und eher zugeben, daß wir sie nicht verstehen, als eine Meinung für falsch zu erklären, die erwiesenermaßen wahr ist. Doch ich für meinen Teil werde nicht glauben, daß es solche Beweise gibt, ehe man sie mir zeigt.⁹

Bellarmins grundsätzliche Aufgeschlossenheit für neue Auslegungen der Schrift im Licht des erweiterten menschlichen

---

7   Langford, S. 68f.
8   Vgl. Jacques Barzun: From Dawn to Decadence, New York 2001, S. 40; eine gute Zusammenfassung des Themas findet sich bei H. W. Crocker III: *Triumph*, Rosevill 2001, S. 309ff.
9   James Brodrick: The Life and Work of Blessed Robert Francis Cardinal Bellarmine, S. J., 1524-1621, Bd. 2, London 1928, S. 359.

Kapitel 5

Wissens war nichts Ungewöhnliches. Der heilige Albertus Magnus vertrat einen ähnlichen Standpunkt. „Es geschieht sehr oft", so schrieb er einmal, „daß es eine Frage zur Erde oder zum Himmel oder zu anderen Elementen dieser Welt gibt, über die jemand, der kein Christ ist, aus sicherem Nachdenken oder Beobachten Kenntnisse hat, und es ist sehr nachteilig und von Übel und muß in jedem Fall sorgfältig vermieden werden, daß ein Christ sich auf der Grundlage der christlichen Schriften zu diesen Dingen äußert und daß ein Nichtgläubiger diesen Unsinn mit anhört und sich das Lachen kaum verkneifen kann, weil er erkennt, daß der Christ so weit am Thema vorbeiredet, wie Westen und Osten voneinander entfernt sind."[10] Auch der heilige Thomas von Aquin hatte davor gewarnt, auch dann noch an einer bestimmten Schriftauslegung festzuhalten, wenn schwerwiegende Gründe aufgetaucht seien, die dagegen sprächen:

> Erstens muß die Wahrheit der Schrift als unverletzlich gelten. Zweitens sollte, wenn es verschiedene Möglichkeiten gibt, einen Schrifttext zu erklären, keine bestimmte Erklärung so starr aufrechterhalten werden, daß, wenn überzeugende Argumente sie als falsch erscheinen lassen, noch irgendjemand es wagt, darauf zu beharren, daß dies die endgültige Bedeutung des Textes ist. Andernfalls werden Ungläubige die Heilige Schrift verachten, und der Weg zum Glauben wird ihnen versperrt sein.[11]

Nichtsdestotrotz wurde Galilei, der das kopernikanische System immer wieder öffentlich gelehrt hatte, im Jahr 1616 von den kirchlichen Autoritäten aufgefordert, die Theorie des Ko-

---

10 James J. Walsh: The Popes and Science, New York 1911, S. 296f.
11 Edward Grant, „Science and Theology in the Middle Ages", in: David C. Lindberg und Ronald L. Numbers (Hgg.): God and Nature: Historical Essays on the Encounter Between Christianity and Science, Berkeley 1986, S. 63.

pernikus nicht länger als Wahrheit darzustellen, wobei es ihm aber nach wie vor freistand, sie als Hypothese zu behandeln. Galilei stimmte zu und fuhr mit seiner Arbeit fort.

1624 reiste er erneut nach Rom, wo er wiederum mit großer Begeisterung empfangen wurde und einflußreiche Kardinäle begierig waren, mit ihm über wissenschaftliche Fragen zu diskutieren. Von Papst Urban VIII. erhielt er mehrere beeindruckende Geschenke, darunter zwei Medaillen und eine Erklärung, in der er sich nachdrücklich dafür aussprach, seine Arbeit auch weiterhin zu fördern. Der Papst sprach von Galilei als einem Mann, „dessen Ruhm am Himmel erstrahlt und sich über die ganze Welt verbreitet." Urban VIII. sagte dem Astronom, daß die Kirche die kopernikanische Lehre niemals als Häresie bezeichnet habe und dies auch niemals tun werde.

Galileis 1632 veröffentlichter Dialog über die großen Weltsysteme wurde auf Drängen des Papstes hin verfaßt, ließ aber die Anordnung außer acht, das kopernikanische Modell nicht als erwiesene Wahrheit, sondern als Hypothese darzustellen. Jahre später soll Pater Grienberger bemerkt haben, daß Galilei alles hätte schreiben können, was er wollte, solange er seine Schlußfolgerungen nur als Hypothesen behandelt hätte.[12] Unglücklicherweise wurde Galilei jedoch 1633 für der Häresie verdächtig erklärt und aufgefordert, jede weitere Veröffentlichung über das kopernikanische Weltbild zu unterlassen. Galilei leistete auch weiterhin gute und wichtige Arbeit, darunter vor allem seine *Unterredungen über zwei neue Wissenszweige* (1635). Dennoch hat die unkluge Zensur, die in seinem Fall angewandt wurde, dem Ruf der Kirche geschadet.

Auf der anderen Seite darf man das Geschehen jedoch auch nicht überbewerten. J. L. Heilbron erklärt:

---

12 MacDonnell, a. a. O, Anhang 1, S. 6f.

> Gut unterrichtete Zeitgenossen waren der Ansicht, daß der Hinweis auf Häresie im Zusammenhang mit Galileo oder Kopernikus keine allgemeine oder theologische Bedeutung hatte. Gassendi bemerkte 1642, daß die Entscheidung der Kardinäle zwar für die Gläubigen wichtig sei, sich aber nicht auf einen Artikel des Glaubens beziehe; Riccioli 1651, daß Heliozentrismus keine Irrlehre sei; Mengoli 1675, daß Auslegungen der Schrift für Katholiken nur bindend seien, wenn ihnen ein allgemeines Konzil zugestimmt hätte; und Baldigiani 1678, daß all dies jedem bekannt gewesen sei.[13]

Tatsache ist, daß es katholischen Wissenschaftlern im wesentlichen erlaubt war, ihre Forschungen ungehindert fortzusetzen, solange sie die Bewegung der Erde als Hypothese darstellten (wie es das Dekret des Heiligen Offiziums 1616 gefordert hatte). Ein 1633 erlassenes Dekret ging noch weiter und verbannte die Erwähnung der Erdbewegung aus der wissenschaftlichen Diskussion. Da jedoch katholische Wissenschaftler wie Pater Roger Boscovich auch weiterhin mit der Vorstellung von einer sich drehenden Erde arbeiteten, vermuten Wissenschaftler, daß das Dekret von 1633 „gegen Galileo Galilei persönlich" und nicht gegen die katholischen Wissenschaftler insgesamt gerichtet war.[14]

Allerdings ist und bleibt Galileis Verurteilung, auch wenn man sie nicht, wie die Medien dies gerne tun, als übertriebene Sensationsmeldung, sondern im Kontext ihrer Zeit beurteilt, für die Kirche eine unangenehme Episode – denn sie begründete den Mythos von der Wissenschaftsfeindlichkeit der Kirche.

---

13 J. L. Heilbron, a. a. O., S. 203.
14 Zdenek Kopal: „The Contribution of Boscovich to Astronomy and Geodesy", in: Lancelot E. Whyte (Hg.): Roger Joseph Boscovich, S. J., F. R. S., 1711-1787, New York 1961, S. 175.

Gott „ordnete alles nach Maß, Zahl und Gewicht"

Seit dem Werk des Historikers Pierre Duhem im frühen 20. Jahrhundert neigen die Wissenschaftshistoriker immer stärker dazu, die entscheidende Rolle zu betonen, die die Kirche bei der Entwicklung der Wissenschaft gespielt hat. Unglücklicherweise ist jedoch von diesen akademischen Bemühungen nur wenig in das allgemeine Bewußtsein vorgedrungen. Das ist jedoch nicht ungewöhnlich. So glauben beispielsweise die meisten Menschen immer noch, daß der Lebensstandard der Arbeiter mit der industriellen Revolution drastisch gesunken sei, obwohl der durchschnittliche Lebensstandard in Wirklichkeit gestiegen ist.[15] Ebenso bleibt auch die wirkliche Rolle der Kirche bei der Entwicklung der modernen Wissenschaft für die Allgemeinheit so etwas wie ein Geheimnis.

Pater Stanley Jaki ist ein vielfach ausgezeichneter Wissenschaftshistoriker – mit Doktortiteln in Theologie und Physik –, dessen Forschungsarbeit zu einer angemessenen Würdigung von Katholizismus und Scholastik im Hinblick auf ihre Bedeutung für die Entwicklung der westlichen Wissenschaft beigetragen hat. In seinen zahlreichen Büchern stellt Jaki die provozierende These auf, daß die christlichen Vorstellungen, weit davon entfernt, die Entwicklung der Wissenschaft zu blockieren, diese im Gegenteil erst ermöglicht hätten.

Dabei mißt er der Tatsache große Bedeutung bei, daß die christliche Tradition, angefangen bei ihrer alttestamentlichen Vorgeschichte, im Hochmittelalter und darüber hinaus, Gott als gerecht und vernünftig handelnd und damit auch seine Schöp-

---

15 Vgl. Thomas E. Woods Jr.: The Church and the Market: A Catholic Defense of the Free Economy, Lanham (Md.) 2005, S. 169ff.

fung als vernunftbestimmt auffaßt. In der ganzen Bibel wird die Regelmäßigkeit von Naturerscheinungen als Abglanz der Güte, Schönheit und Ordnung Gottes beschrieben. Denn wenn der Herr „seine machtvolle Weisheit fest gegründet hat", dann nur deshalb, weil er „der Einzige von Ewigkeit her" ist (Sir 42, 21). „Die Welt", schreibt Jaki und faßt damit die alttestamentlichen Zeugnisse zusammen, „ist, weil sie das Werk einer in höchstem Maße vernünftigen Person ist, mit Gesetzmäßigkeit und Zweck ausgestattet." Diese Gesetzmäßigkeit sei überall um uns herum zu erkennen. „Die regelmäßige Wiederkehr der Jahreszeiten, die unbeirrbare Bahn der Sterne, die Sphärenmusik, die Bewegung der Naturkräfte nach festgelegten Abläufen sind alle auf den Einen zurückzuführen, dem man bedingungslos vertrauen kann." Dasselbe lasse sich aus Jeremia herauslesen, der die zuverlässige Wiederkehr der Erntezeit als Beweis für die Güte Gottes anführt und eine Parallele „zwischen Jahwes unerschütterlicher Liebe und den ewigen Gesetzen" zieht, „durch die Jahwe die Bahn der Sterne und die Gezeiten des Meeres festgelegt hat."[16]

Jaki lenkt unsere Aufmerksamkeit auf das Buch der Weisheit, wo es in Kapitel 11, Vers 21 heißt, daß Gott „alles nach Maß, Zahl und Gewicht geordnet" hat.[17] Dieser Punkt bestärkte nicht nur die Christen der Spätantike, an der vernunftgemäßen Ordnung des Universums festzuhalten, sondern war auch ein Jahrtausend später eine Quelle der Inspiration, als die Christen

---

16 Stanley L. Jaki: Science and Creation: From Eternal Cycles to an Oscillating Universe, Edinburgh 1986, S. 150. „Die Kombination eines vernünftig handelnden Schöpfers mit einer beständigen Natur ist bemerkenswert, denn hier liegen die Anfänge der Vorstellung von einer autonomen Natur mit eigenen Gesetzmäßigkeiten", ebd., S. 150. Vgl. Ps 8, 4; 19, 3-7; 104, 9; 148, 3.6; Jer 5, 24; 31, 35.
17 David Lindberg erwähnt verschiedene Stellen, an denen sich der heilige Augustinus auf diesen Vers bezieht, vgl. David Lindberg, „On the Applicability of Mathematics to Nature: Roger Bacon and his Predecessors", in: „British Journal for the History of Science" 15 (1982), S. 7.

in den Anfängen der modernen Wissenschaft die ersten Schritte zu einer Deutung des Universums mit Hilfe quantitativer Untersuchungsmethoden unternahmen.

Vielleicht erscheint dieser Punkt so selbstverständlich, daß man ihn kaum für interessant halten möchte. Doch die – überaus fruchtbare und für den Fortschritt der Wissenschaft schlichtweg unabdingbare – Vorstellung von einem vernunftgemäßen, geordneten Universum ist ganzen Zivilisationen nicht in den Sinn gekommen. Einer von Jakis zentralen Thesen zufolge war es kein Zufall, daß die Geburt der Wissenschaft als eines sich selbst immer wieder erneuernden Gebiets intellektueller Bemühungen in einem katholischen Umfeld stattgefunden hat. Bestimmte grundlegende christliche Vorstellungen, so seine Vermutung, seien unverzichtbar für das Aufkommen des wissenschaftlichen Denkens gewesen. Andererseits verfügten nichtchristliche Kulturen nicht über dieselben philosophischen Werkzeuge und krankten an konzeptionellen Rahmenbedingungen, die die Entwicklung der Wissenschaft behinderten. In *Science and Creation* dehnt Jaki seine These auf sieben große Kulturen aus: die der Araber, der Babylonier, der Chinesen, der Ägypten, der Griechen, der Hindus und der Maya. In diesen Kulturen, so erläutert er, habe die Wissenschaft eine „Totgeburt" erlitten.

Solche Totgeburten lassen sich durch die jeweiligen Vorstellungen erklären, die diese Kulturen vom Universum hatten, und dadurch, daß sie nicht an einen transzendenten Schöpfer glaubten, der seine Schöpfung mit unveränderlichen physikalischen Gesetzen ausstattete. Sie faßten das Universum im Gegenteil als einen riesigen Organismus auf, der von einem Pantheon von Gottheiten beherrscht wurde und dazu bestimmt war, endlose Kreisläufe von Geburt, Tod und Wiedergeburt zu durchlaufen. Das machte die Entwicklung von Wissenschaft unmöglich. Der Animismus, der die alten Kulturen kennzeichnete und auf der

Vorstellung beruhte, daß das Göttliche den geschaffenen Dingen innewohne, hemmte das Wachstum der Wissenschaften, denn der Gedanke an das Bestehen von Naturgesetzen war ihm fremd. Geschaffene Dinge hatten einen eigenen Geist und einen eigenen Willen – und damit war die Möglichkeit, daß sie sich nach regelmäßigen, festen Mustern richteten, von vorneherein ausgeschlossen.

Gegen ein solches Denken geht die christliche Lehre von der Menschwerdung entschieden vor. Christus ist der *monogenes*, der „einzig gezeugte" Sohn Gottes. Innerhalb des griechisch-römischen Weltbildes dagegen war „das Universum die 'monogenes' oder 'einzig gezeugte' Emanation eines göttlichen Prinzips, das sich nicht wirklich vom Universum selber unterschied."[18] Dadurch, daß das Christentum das Göttliche strikt in Christus und in einer transzendenten Heiligen Dreifaltigkeit ansiedelte, vermied es jede Form von Pantheismus und ermöglichte es den Gläubigen, das Universum als ein Reich der Ordnung und Vorhersehbarkeit zu betrachten.

Jaki stellt nicht in Abrede, daß diese Kulturen auf dem Gebiet der Technologie einige beeindruckende Beiträge geleistet haben. Sein zentrales Argument ist jedoch, daß daraus keine dauerhafte wissenschaftliche Forschung im eigentlichen Sinn des Wortes entstanden sei. Aus demselben Grund kann eine neuere Arbeit über dieses Thema den Standpunkt vertreten, daß „die früheren technologischen Neuerungen der griechisch-römischen Epoche, des Islam, des kaiserlichen China, ganz zu schweigen von denen der prähistorischen Zeit, keine Wissenschaft waren und treffender als Erfahrung, Fertigkeiten, Weisheit, Techniken, Geschick, Technologien, Einfallsreichtum, Lernfähigkeit oder einfach als Wissen beschrieben werden."[19]

---

18 Jaki (1995), S. 80.
19 Rodney Stark: For the Glory of God, Princeton 2003, S. 125.

Das alte Babylon ist ein anschauliches Beispiel. Für die Entwicklung der Wissenschaft war die babylonische Kosmogonie höchst ungeeignet und hat diese tatsächlich aktiv unterbunden. Nach der Vorstellung der Babylonier war die natürliche Ordnung von einer so grundlegenden Ungewißheit, daß sie nur mit einer alljährlichen Sühnezeremonie hoffen konnten, die totale kosmische Unordnung zu verhindern. Wieder haben wir es hier mit einer Zivilisation zu tun, die in der Sternenbeobachtung, dem Sammeln von astronomischen Daten und der Entdeckung der Anfangsgründe der Algebra Ausgezeichnetes geleistet hat. Doch angesichts des spirituellen und kulturellen Umfelds, in dem sie lebten, kann man kaum erwarten, daß sie diese praktischen Errungenschaften für etwas verwendeten, das ernsthaft als Wissenschaft bezeichnet werden kann.[20] Andererseits ist es mehr als nur eine Nebensächlichkeit, daß in der christlichen Schöpfung, wie das Buch Genesis sie beschreibt, das Chaos vollkommen der Souveränität Gottes unterworfen ist.[21]

In China wurde die Wissenschaft durch ähnliche kulturelle Faktoren behindert. Merkwürdigerweise war es ein marxistischer Historiker, Joseph Needham, der diesem Scheitern wirklich auf den Grund gegangen ist. Verantwortlich hierfür war seiner Ansicht nach der religiöse und philosophische Rahmen, innerhalb dessen sich das chinesische Denken bewegte. Eine solche Schlußfolgerung ist um so erstaunlicher, als Needhams marxistische Ideologie eher hätte erwarten lassen, daß er für die Totgeburt der Wissenschaft in China eine wirtschaftliche oder materialistische Erklärung bevorzugt hätte. Die chinesischen Intellektuellen, so seine Argumentation, seien nicht in der Lage gewesen, an die Existenz von Naturgesetzen zu glauben. Diese

---

20 Paul Haffner: Creation and Scientific Creativity, Front Royal (Va.) 1991, S. 35.
21 Ebd. S. 50.

Kapitel 5

Unfähigkeit sei darin begründet gewesen, daß „sich niemals die Vorstellung von einem himmlischen Gesetzgeber entwickelt hatte, der der nichtmenschlichen Natur eine Ordnung gibt." „Nicht, daß für die Chinesen in der Natur keine Ordnung geherrscht hätte", fährt Needham fort,

> aber es gab keine Ordnung, die von einem vernünftig handelnden Wesen angelegt war, und deswegen war man auch nicht der Überzeugung, daß vernunftbegabte Wesen in der Lage sein könnten, in ihrer schwächeren Sprache den vor aller Zeit erlassenen göttlichen Gesetzeskodex auszudrücken. Die Taoisten hätten einen solchen Gedanken angesichts der Subtilität und Komplexität des Universums, so wie sie es sich vorstellten, als zu naiv verachtet.[22]

Eine besondere Herausforderung ist der Fall des antiken Griechenland, das in der Anwendung des menschlichen Verstandes auf die verschiedenen Forschungsbereiche so beeindruckende Fortschritte erzielte. Von allen alten Kulturen, die Jaki untersucht hat, kommen die Griechen der Entwicklung der modernen Wissenschaft am nächsten, auch wenn sie sie letztlich knapp verfehlt haben. Die Griechen schrieben den materiellen Akteuren des Kosmos bewußte Absichten zu; so erklärte Aristoteles die Kreisbewegung der Himmelskörper mit ihrer Liebe zu einem solchen Muster. Jaki vertritt den Standpunkt, die von den Scholastikern im Hochmittelalter vollzogene *Entpersönlichung* der Natur sei Voraussetzung für den wissenschaftlichen Fortschritt gewesen, weil beispielsweise das Phänomen fallender Körper nun nicht mehr mit ihrer angeborenen Liebe zum Erdmittelpunkt erklärt wurde.

Den wissenschaftlichen Beiträgen der muslimischen Denker vor allem in den Bereichen der Medizin und der Optik hat die

---

22 Joseph Needham: Science and Civilization in China, Bd. 1, Cambridge 1954, 581, zitiert nach Stark, a. a. O., S. 151.

Forschung große Aufmerksamkeit gewidmet. Zudem hatten arabische Gelehrte durch ihre Übersetzungsarbeit die antiken griechischen Klassiker in der gesamten westlichen Welt bekanntgemacht und damit der Geschichte der abendländischen Intellektualität ein überaus wichtiges Kapitel hinzugefügt. Tatsache ist jedoch, daß die Errungenschaften muslimischer Wissenschaftler in der Regel eher trotz als wegen der islamischen Religion zustande kamen. Orthodoxe islamische Gelehrte lehnten jede Vorstellung des Universums kategorisch ab, die von unveränderlichen physikalischen Gesetzen ausging, weil es für sie undenkbar war, daß Allahs absolute Autonomie durch Naturgesetze beschränkt sein sollte.[23] Offensichtliche Naturgesetze waren sozusagen bloße Angewohnheiten Allahs, die sich jederzeit ändern konnten.[24]

Der Katholizismus läßt die Möglichkeit von Wundern zu und erkennt die Rolle des Übernatürlichen an, doch allein schon der Begriff des Wunders impliziert, daß das betreffende Ereignis *ungewöhnlich* ist; und tatsächlich muß ein Wunder, um als solches wahrgenommen zu werden, als erstes die natürliche Ordnung außer Kraft setzen. Darüber hinaus haben die Hauptströmungen des christlichen Denkens Gott nie als von Grund auf willkürlich dargestellt; man ging allgemein davon aus, daß die Natur nach festen und erkennbaren Mustern funktioniert. Das meinte der heilige Anselm, als er von dem Unterschied zwischen Gottes geordneter und seiner absoluten Macht (*potentia ordinata und potentia absoluta*) sprach. Dem heiligen Anselm zufolge hat Gott sich dadurch, daß er uns etwas von seiner Natur, der sittlichen Ordnung und seinem Erlösungsplan offenbart hat, zu

---

[23] Stanley L. Jaki: The Savior of Science, Grand Rapids (Mich.) 2000, S. 77f.
[24] Stanley L. Jaki: „Myopia about Islam, with an Eye on Chersterbelloc", in: „The Chesterton Review" 28 (Winter 2002), S. 500.

Kapitel 5

einem bestimmten Verhalten verpflichtet, und man kann sich darauf verlassen, daß er diese Verpflichtung einhält.[25]

Bis zum 13. und 14. Jahrhundert hatte sich diese Unterscheidung weitestgehend durchgesetzt.[26] Zwar ist Gottes absoluter Wille von manchen Denkern, beispielsweise Wilhelm von Ockham, so stark betont worden, daß es für die Entwicklung der Wissenschaft vielleicht nicht unbedingt hilfreich war, doch galt die grundlegende Ordnung des Universums im Christentum allgemein als gesichert.

Der heilige Thomas von Aquin hat zwischen Gottes Freiheit, jede beliebige Art von Universum zu schaffen, und seiner Beständigkeit in der Lenkung des Universums, das er nun tatsächlich geschaffen hat, eine bedeutende Brücke geschlagen. Dazu erklärt Pater Jaki folgendes: Der katholische Thomismus betrachtete es als wichtig, genau herauszufinden, welche Art von Universum Gott geschaffen hat, um so ein abstraktes Nachdenken darüber zu vermeiden, wie das Universum eigentlich sein *müßte*. Gottes vollkommene schöpferische Freiheit impliziert, daß das Universum eben nicht so oder so beschaffen sein muß. Auf dem Wege der Erfahrung – ein Schlüsselbestandteil der wissenschaftlichen Methode – erkennen wir das Wesen des Universums, das Gott sich zu erschaffen entschlossen hat. Und wir sind in der Lage, es zu erkennen, weil es rational, vorhersehbar und verständlich ist.[27]

Mit dieser Herangehensweise lassen sich zwei mögliche Irrtümer vermeiden. Erstens schützt sie vor einer von der Erfahrung losgelösten Spekulation über das physikalische Universum, wie die Antike sie häufig praktizierte. Dies ist ein wichti-

---

25 Richard C. Dales, a. a. O., S. 264.
26 Richard C. Dales, „The De-Animation of the Heavens in the Middle Ages", in: „Journal of the History of Ideas" 41 (1980), S. 535.
27 Vgl. Haffner, a. a. O., S. 39, S. 42.

ger Schlag gegen a priori formulierte Argumente, daß das Universum auf die ein oder andere Art beschaffen sein „müsse" oder daß es „angemessen" sei, wenn das Universum auf eine bestimmte Weise beschaffen wäre. Aristoteles vertrat die Ansicht, daß ein Gegenstand, der zweimal so schwer ist wie ein anderer Gegenstand, auch doppelt so schnell aus derselben Höhe zu Boden falle. Zu dieser Schlußfolgerung gelangte er durch einfaches Nachdenken – doch sie trifft nicht zu, wie jedermann leicht nachprüfen kann. Obwohl Aristoteles im Laufe seiner vielfältigen Forschungen zahlreiche empirische Daten sammelte, hielt er an der Überzeugung fest, daß die Naturphilosophie auf einer rein rationalen anstelle einer strikt empirischen Grundlage betrieben werden könne. Für ihn war das ewige Universum ein *notwendiges* Universum, dessen physikalische Prinzipien durch einen von der Erfahrung losgelösten intellektuellen Prozeß entdeckt werden konnten.[28]

Zweitens setzt die thomistische Herangehensweise voraus, daß das von Gott geschaffene Universum verständlich und geordnet ist, denn auch wenn Gott an sich die Macht hat, Willkür und Gesetzlosigkeit über die physikalische Welt zu bringen, würde ein solches Verhalten seiner Ordnung und Rationalität widersprechen. Genau diese Auffassung von der Rationalität und Vorhersagbarkeit der physikalischen Welt gab den ersten modernen Wissenschaftlern jene philosophische Zuversicht, aus der heraus sie sich vorrangig der wissenschaftlichen Forschung widmeten. Ein Experte schreibt: „Nur in einer solchen konzeptionellen Matrix konnte die Wissenschaft zu jener Lebensfähigkeit geboren werden, die beständiges Wachstum garantiert."[29]

---

28 A. C. Crombie: Medieval and Early Modern Science, Garden City (N. Y.) 1959, Bd. 1, S. 58.
29 Haffner, a. a. O., S. 40.

Diese Sichtweise erhält überraschende Unterstützung im Werk Friedrich Nietzsches, einem der größten Kritiker des Christentums, den das 19. Jahrhundert hervorgebracht hat. „Es gibt", so Nietzsche, „streng geurteilt, gar keine 'voraussetzungslose' Wissenschaft... [E]ine Philosophie, ein 'Glaube' muß immer erst da sein, damit aus ihm die Wissenschaft eine Richtung, einen Sinn, eine Grenze, eine Methode, ein *Recht* auf Dasein gewinnt. ... Es ist immer noch ein metaphysischer Glaube, auf dem unser Glaube an die Wissenschaft ruht."[30]

Jakis These, daß die christliche Theologie den wissenschaftlichen Unternehmungsgeist im Westen gefördert habe, kann auch auf die Art und Weise angewandt werden, wie westliche Gelehrte wichtige Fragen zur Bewegung, zu Wurfgeschossen und zum Impuls gelöst haben. Für die alten Griechen war Ruhe der natürliche Zustand aller Körper. Bewegung bedurfte daher einer Erklärung, und Aristoteles unternahm diesbezüglich einen Vorstoß, der sich als besonders einflußreich erweisen sollte. Seiner Ansicht nach besaßen Erde, Wasser und Luft – drei der vier Elemente, aus denen, wie man glaubte, die irdische Welt zusammengesetzt war – ein natürliches Streben zur Erdmitte hin. Wenn ein Gegenstand von einem Baum herabgeworfen wurde und sich in den Boden grub, versuchte er damit seiner Natur gemäß die Mitte der Erde zu erreichen (wobei ihn allerdings der Boden daran hinderte, diese seine letzte Bestimmung zu erfüllen). Feuer andererseits strebte einem oberhalb

---

30 Friedrich Nietzsche: „Zur Genealogie der Moral", III, S. 24, in: Ders., Werke in drei Bänden, Bd. 2, München 1955, S. 890; vgl. auch Ernest L. Fortin: „The Bible Made Me Do It: Christianity, Science, and the Environment", in: J. Brian Benestad (Hg.), Ernest Fortin, Collected Essays, Bd. 3: Human Rights, Virtue, and the Common Good: Untimely Meditations on Religion and Politics, Lanham (Md.) 1996, S. 122.

Die Kirche und die Wissenschaft

von uns, aber noch innerhalb der sublunaren Region (also der Region unterhalb des Mondes) gelegenen Punkt zu.[31]

Aristoteles unterschied zwischen natürlicher und gewaltsamer Bewegung. Als Beispiele für natürliche Bewegung führte er emporflackernde Flammen und fallende Bälle an – Fälle also, in denen die sich bewegenden Dinge nach ihrem natürlichen Ruheplatz streben. Das klassische Beispiel einer gewaltsamen Bewegung dagegen – und damit kommen die Wurfgeschosse ins Spiel – ist dann gegeben, wenn ein Ball in die Luft geworfen wird, was seiner natürlichen Neigung widerstrebt, sich auf den Erdmittelpunkt zuzubewegen.

Die Bewegung von Wurfgeschossen zu erklären stellte für Aristoteles eine besondere Schwierigkeit dar. Wenn jemand einen Ball wirft, so scheint seine Theorie nahezulegen, müßte er eigentlich in dem Moment, da er die Hand der betreffenden Person verläßt, zu Boden fallen, weil es in seiner Natur liegt, der Erde zuzustreben. Die Bewegung des Balles würde nur dann einen Sinn ergeben, wenn er die Hand dieser Person nicht verläßt; wenn er auch weiterhin von jemandem gestoßen und getragen würde, wäre diese von außen auf ihn ausgeübte Kraft eine Erklärung für seine Bewegung. Doch ohne diese Kraft ist Aristoteles anscheinend außerstande, die Bewegung des Balles durch die Luft zu begründen. Er versucht dieses Dilemma durch die Annahme zu lösen, daß das Wurfgeschoß, wenn es durch die Luft fliegt, tatsächlich in jedem Moment von einer Kraft angetrieben wird: den Schwingungen des Mediums, in dem der betreffende Gegenstand sich bewegt.

---

31 Ein guter Überblick zu Aristoteles, Wurfgeschossen und Impetus findet sich bei Herbert Butterfield: The Origins of Modern Science, 1300-1800, neu bearb. Ausg., New York 1957, Kap. 1: „The Historical Importance of a Theory of Impetus".

Kapitel 5

Ein wesentliches Element des Übergangs von der alten zur modernen Physik war daher die Einführung des Begriffs der Trägheit, der den Widerstand bezeichnet, den ein Gegenstand einer Veränderung seines Bewegungszustands entgegensetzt. Im 18. Jahrhundert beschrieb Isaac Newton diesen Begriff in seinem ersten Bewegungsgesetz, wonach ruhende Körper dazu neigen, im Ruhezustand zu bleiben, während Körper, die sich bewegen, dazu neigen, diesen Zustand der Bewegung aufrechtzuerhalten.

Allmählich beginnt die moderne Wissenschaft die Rolle zu würdigen, die mittelalterliche Vorläufer auch im Hinblick auf die Entdeckung der Trägheit gespielt haben. Von besonderer Bedeutung war die Arbeit von Johannes Buridan, einem Professor, der im 14. Jahrhundert an der Sorbonne gelehrt hat. Wie jeder Katholik fühlte sich Buridan von seinen religiösen Überzeugungen dazu gedrängt, die aristotelische Idee zurückzuweisen, wonach das Universum selbst ewig ist. Stattdessen hielt er an der Vorstellung fest, daß das Universum zu einem bestimmten Zeitpunkt von Gott aus dem Nichts geschaffen wurde. Und wenn das Universum selbst nicht ewig war, dann mußte man auch von der Himmelsbewegung, die Aristoteles ebenfalls für ewig erklärt hatte, eine andere Vorstellung entwickeln. Mit anderen Worten: Wenn die *Existenz der Planeten* zu einem bestimmten Zeitpunkt begonnen hatte, dann mußte auch die *Bewegung der Planeten* zu einem bestimmten Zeitpunkt begonnen haben.

Buridan wollte entdecken, wie die einmal geschaffenen Himmelskörper sich in Bewegung gesetzt haben konnten und in Bewegung blieben, ohne beständig von einer Kraft angetrieben zu werden. Seine Antwort war: Gott hatte den Himmelskörpern die Bewegung bei der Schöpfung *zugewiesen* und diese Bewegung endet nie, weil es im Weltraum keine Reibung gibt. Da also diese sich bewegenden Körper auf keine Gegenkraft stoßen, die ihre Bewegung verlangsamen oder anhalten kann, bewegen sie sich weiter. Hier sind die Vorstellungen des Drehmoments und der trägen Bewegung im Keim bereits angelegt.[32] Auch wenn Buridan sich nie ganz aus den Grenzen der aristotelischen Physik löste und seine Impetustheorie einigen falschen Vorstellungen des Altertums verhaftet blieb, war dies doch ein tiefgreifender konzeptioneller Fortschritt.[33]

Es ist wichtig, sich den theologischen Kontext und das religiöse Milieu zu vergegenwärtigen, in dem Buridan diese Schlußfolgerung formulierte, denn das Fehlen eines solchen Kontexts in den großen antiken Kulturen hilft, ihr Scheitern bei der Entwicklung der Idee von der trägen Bewegung zu erklären. Wie Jaki erläutert, waren alle diese Kulturen heidnisch und hielten daher an der Überzeugung fest, daß das Universum und seine Bewegung ewig seien, also weder einen Anfang noch ein Ende hätten. Nachdem jedoch der Glaube an eine Schöpfung *ex nihilo* „im christlichen Mittelalter zu einem weithin akzeptierten kulturellen Konsens geworden war", war es, so Jaki, „fast natürlich, daß die Idee der trägen Bewegung aufkam."[34]

Diese Fragen wurden im Lauf der Jahrhunderte weiter diskutiert, doch innerhalb des enormen Korpus von Schriften, die zwischen Buridan und Descartes liegen, sind die Befürworter von Buridans Theorie weit zahlreicher als ihre Gegner, und es bildete sich ein solider Konsens heraus. „Insofern dieser breite Konsens des Glaubens oder der Theologie das Werk des Christentums ist", so Jakis Standpunkt, „ist die Wissenschaft nicht westlich, sondern christlich."[35]

Die Nachfolger von Buridan und Nikolaus von Oresme waren nicht eben dafür bekannt, daß sie gerne zugaben, bei wem

---

32 Zu Buridan und der trägen Bewegung vgl. Jaki (1995), S. 169ff.
33 Crombie, a. a. O., Bd. 2, 72f.; Zu den Unterschieden zwischen Buridans Impetustheorie und dem modernen Trägheitsbegriff vgl. Butterfield, S. 25.
34 Jaki (1995), S. 170f.
35 Ebd., S. 171.

sie intellektuell in der Schuld standen. Isaac Newton beispielsweise verbrachte im Alter eine beträchtliche Menge Zeit damit, Descartes' Namen aus seinen Notizbüchern zu streichen, um seinen Einfluß zu verheimlichen. Und ebensowenig sprach Descartes darüber, wieviel er selbst der mittelalterlichen Impetustheorie zu verdanken hatte, die für seine eigenen Positionen von so zentraler Bedeutung war.[36] Auch Kopernikus bezog sich in seinem Werk auf die Impetustheorie, und auch er nannte keine Quellen. Es ist recht wahrscheinlich, daß er während seiner Studien an der Universität von Krakau von dieser Theorie erfuhr, wo er sehr leicht auf Abschriften der betreffenden Kommentare von Buridan und Oresme gestoßen sein könnte.[37]

Fest steht jedoch, daß Buridans kritischer Blick – eine direkte Folge seiner katholischen Überzeugungen – großen Einfluß auf die westliche Wissenschaft hatte. Newtons erstes Gesetz ist der Kulminationspunkt dieser wichtigen gedanklichen Entwicklung. „Insofern die Wissenschaft eine quantitative Untersuchung sich bewegender Dinge und das erste Newtonsche Gesetz die Basis anderer Gesetze ist", schlußfolgert Jaki, „kann man tatsächlich sagen, daß der Ursprung der modernen Wissenschaft im wesentlichen im Mittelalter liegt."[38]

Buridans Impetusbegriff ist ein bedeutender Versuch, Bewegung am Himmel wie auf der Erde mit Hilfe eines einzigen mechanischen Systems zu erklären.[39] Seit der Antike hatte es als sicher gegolten, daß die Gesetze, die die Himmelsbewegung lenkten, sich grundlegend von den irdischen Bewegungsgesetzen unterschieden. Und ebenso gingen auch die nichtwestlichen Kulturen, die zum Pantheismus tendierten oder die Himmelskörper als etwas Göttliches betrachteten, davon aus, daß die Bewegung

---

36 Ebd., S. 76.
37 Ebd., S. 76f.
38 Ebd., S. 79.
39 Crombie, a. a. O., Bd. 2, S. 73.

dieser göttlichen Himmelskörper anders als die Bewegung auf der Erde gedeutet werden müsse. Isaac Newton sollte schließlich der Beweis gelingen, daß eine einzige Reihe von Gesetzen alle Bewegung im Universum, also sowohl die irdische als auch die himmlische, erklären konnte. Buridan hatte ihm den Weg bereitet.

Die Schule der Kathedrale von Chartres

Die Schule der Kathedrale von Chartres, eine Bildungseinrichtung, die im 12. Jahrhundert ihre Blütezeit erlebte, stellt ein wichtiges Kapitel in der intellektuellen Geschichte des Westens und in der Geschichte der abendländischen Wissenschaft dar. Entscheidende Schritte auf dem Weg zu ihrer späteren herausragenden Bedeutung machte die Schule bereits im 11. Jahrhundert unter Fulbert, einem Schüler Gerberts von Aurillac; jener war eine brillante Geistesgröße des ausgehenden 10. Jahrhunderts und wurde später Papst Silvester II. Fast jede Persönlichkeit der Epoche, die irgendetwas Wesentliches zur Entwicklung der Wissenschaft beitrug, stand zu dem einen oder anderen Zeitpunkt in Verbindung mit oder unter dem Einfluß von Chartres.[40]

Fulbert vermittelte durch sein eigenes Vorbild einen Geist intellektueller Wißbegierde und Vielseitigkeit. Auf den Gebieten der Logik, der Mathematik und der Astronomie war er mit den neuesten Entwicklungen vertraut und verfolgte die aus dem muslimischen Spanien hereinströmenden Bildungsinhalte. Und neben seinen umfassenden physikalischen Kenntnissen komponierte Fulbert auch noch eine Anzahl kirchlicher Gesän-

---

40 E. J. Dijksterhuis: Die Mechanisierung des Weltbildes, Berlin (u. a.) 1956, S. 118ff.

ge. Er war ein beispielhafter katholischer Gelehrter, dem es fernlag, die weltlichen Wissenschaften oder die Leistungen des heidnischen Altertums geringzuschätzen.

An der Westfassade der Kathedrale von Chartres erfährt man einiges über die Ausrichtung der dazugehörigen Schule. Dort findet sich eine Personifikation jeder der sieben freien Künste in Stein gemeißelt, und jedes Fach wird durch einen Lehrer der Antike vertreten: Aristoteles, Boethius, Cicero, Donatus (oder vielleicht Priscian), Euklid, Ptolemäus und Pythagoras.[41] In den 40er Jahren des 12. Jahrhunderts unterstand die Gestaltung der Westfassade der Aufsicht des damaligen Schulkanzlers Thierry von Chartres. Thierry war ein hingebungsvoller Verfechter des Studiums der freien Künste, und unter seiner Kanzlerschaft wurde Chartres zur gefragtesten Schule für alle, die diese ehrwürdigen Fächer erlernen wollten.

Thierrys Begeisterung für die freien Künste wurde von seinen religiösen Überzeugungen genährt. Wie viele andere Gelehrte des Mittelalters verstand auch er die Fächer des *Quadriviums* – Arithmetik, Geometrie, Musik und Astronomie – als eine Einladung an die Studenten, die Muster zu betrachten, nach denen Gott die Welt geordnet hatte, und das Schöne und Kunstvolle an Gottes Werk zu würdigen. Das *Trivium* – Grammatik, Rhetorik und Logik – ermöglichte es ihnen sodann, die aus diesen Forschungen gewonnenen Einsichten überzeugend und nachvollziehbar zu formulieren. Die freien Künste offenbarten dem Menschen, um es mit den Worten eines modernen Wissenschaftlers zu sagen, „seinen Platz im Universum und lehrten ihn, die Schönheit der geschaffenen Welt zu schätzen."[42]

---

41 Thomas Goldstein: Dawn of Modern Science: From the Ancient Greeks to the Renaissance, New York 1995 (1980), S. 71, S. 74.
42 Raymond Klibansky: „The School of Chartres", in: Marshall Clagett, Gaines Post und Robert Reynolds (Hgg.): Twelfth Century Europe and the Foundations of Modern Society, Madison 1961, S. 9f.

Eines der Kennzeichen der Naturphilosophie des 12. Jahrhunderts war die Vorstellung von der Natur als einer autonomen Größe, die nach festen und für den Verstand erkennbaren Gesetzen funktionierte; dies war der Bereich, in dem die Schule von Chartres ihren vielleicht wichtigsten Beitrag leistete. Intellektuelle, die sich für die Funktionsweisen der Natur interessierten, arbeiteten unter Hochdruck an der Entwicklung von Erklärungen, die auf natürlichen Ursachen beruhten.[43] Adelard von Bath (ca. 1080-1142), ein Student von Chartres, schrieb: „Durch die Vernunft sind wir Menschen. Denn wenn wir der überwältigenden rationalen Schönheit des Universums, in dem wir leben, unseren Rücken zukehren würden, dann hätten wir es in der Tat verdient, daraus vertrieben zu werden wie ein Gast, der das Haus, in dem er empfangen worden ist, nicht zu schätzen weiß."[44] Und er schließt: „Ich werde Gott nichts wegnehmen, denn alles, was ist, stammt von Ihm." Doch „wir müssen uns nach den wirklichen Grenzen des menschlichen Wissens richten, und erst wenn dieses versagt, sollten wir die Dinge auf Gott zurückführen."[45]

Wilhelm von Conches stimmt mit ihm überein: „Ich nehme Gott nichts weg", so sagt auch er. „Er ist der Urheber aller Dinge, das Böse ausgenommen. Doch die Natur, mit der er seine Geschöpfe ausgestattet hat, bildet ein ganzes System von ineinandergreifenden Vorgängen, und auch diese gereichen Ihm zur Ehre, denn Er ist es ja, der diese Natur geschaffen hat."[46] Das heißt, die Phänomene, die wir beobachten, lassen sich normalerweise durch den Bauplan der von Gott geschaffenen Natur erklären, ohne daß wir auf übernatürliche Deutungen zurück-

---

43 Vgl. Lindberg (1994), S. 200.
44 Goldstein, a. a. O., S. 88.
45 Grant (2001).
46 Goldstein, a. a. O., S. 82.

greifen müßten. Für diejenigen, die die wissenschaftliche Forschung nicht zu würdigen wußten, hatte Wilhelm nur Verachtung und Geringschätzung übrig:

> Aber da sie selber die Kräfte der Natur nicht kennen, wollen sie nicht, daß jemand sie untersucht, um für ihre Unwissenheit alle (Menschen) als Gefährten zu haben, sondern daß wir wie Bauern glauben und nicht nach einem Vernunftgrund suchen. ... Wir aber sagen, daß man bei allem nach einem Vernunftgrund suchen muß. ... Aber diese Leute..., wenn sie wissen, daß jemand Untersuchungen anstellt, schreien, jener sei ein Ketzer.[47]

Natürlich erregten solche Ansichten Argwohn: Konnten diese katholischen Philosophen sich mit solcher Begeisterung der Erforschung der Natur als eines rationalen Systems sekundärer Ursachen widmen, ohne den Glauben an das Übernatürliche und Wunderbare auf Dauer ganz aufzugeben? Doch genau diese Gratwanderung ist jenen Denkern gelungen. Sie wiesen die Vorstellung zurück, daß die rationale Erforschung natürlicher Ursachen Gott beleidigen könne oder impliziere, daß sein Handeln den Naturgesetzen, die man möglicherweise entdecken würde, unterworfen sei. In Übereinstimmung mit der oben kurz umrissenen Anschauung gingen diese Denker selbstverständlich davon aus, daß Gott jede beliebige Art von Universum hätte erschaffen können, vertraten aber den Standpunkt, daß er nun, da er sich für eine ganz bestimmte Schöpfung entschieden hatte, dieser auch die Gelegenheit geben wolle, ihrer Natur entsprechend zu funktionieren, und daß er deswegen unter normalen Umständen nicht in ihren Grundbauplan eingreife.[48]

---

47 Lindberg (1994), S. 208.
48 Ebd., S. 209.

In seiner Diskussion über den biblischen Schöpfungsbericht überwand Thierry von Chartres sämtliche Vorstellungen, daß die Himmelskörper in irgendeiner Weise göttlich und das Universum selbst ein großer Organismus sei oder daß die Himmelskörper aus einer unvergänglichen und nicht den irdischen Gesetzen unterworfenen Materie bestünden. Thierry erklärte im Gegenteil, daß alle Dinge „Ihn als ihren Schöpfer haben, denn sie alle sind dem Wandel unterworfen und können vergehen." Die Sterne und das Firmament beschrieb Thierry als Gebilde aus Wasser und Luft und nicht als halbgöttliche Substanzen, die nach grundlegend anderen Prinzipien erklärt werden mußten, als sie offensichtlich für die Dinge auf der Erde galten.[49] Diese Einsicht war im positiven Sinne entscheidend für die Entwicklung der Wissenschaft.

Thomas Goldstein, ein moderner Wissenschaftshistoriker, charakterisiert die eigentliche Bedeutung der Schule von Chartres auf folgende Weise:

> Formulierung der philosophischen Voraussetzungen; Definition der grundlegenden Vorstellung des Kosmos, auf der alle späteren Fachwissenschaften aufbauen sollten; systematischer Wiederaufbau der wissenschaftlichen Kenntnisse der Vergangenheit und damit Schaffung einer soliden traditionellen Basis für die künftige Entwicklung der westlichen Wissenschaft – jede einzelne dieser Leistungen scheint so entscheidend, daß sie zusammengenommen nur eines bedeuten können: daß in einem Zeitraum von 15 bis 20 Jahren um die Mitte des 12. Jahrhunderts eine Handvoll Männer bewußt danach strebten, die Entwicklung der abendländischen Wissenschaft in Gang zu setzen, und jeden wichtigen Schritt unternahmen, der erforderlich war, um dieses Ziel zu erreichen.[50]

---

49 Jaki (1986), S. 220f.
50 Goldstein, a. a. O., S. 77.

Goldstein sagt voraus, daß Thierry in Zukunft „wahrscheinlich als einer der wahren Begründer der abendländischen Wissenschaft anerkannt werden wird."[51]

Das Jahrhundert, in dem die Schule von Chartres die herausragendsten Leistungen vollbrachte, war eine Zeit großer intellektueller Erwartung. Als die Christen in Spanien begannen, die muslimischen Eroberer zurückzudrängen, und sie im späten 11. Jahrhundert in Sizilien besiegten, gelangten katholische Gelehrte in den Besitz wichtiger arabischer Bildungszentren. Im Zuge ihrer Eroberungen von Alexandria und Syrien waren die Muslime mit der griechischen Wissenschaft in Berührung gekommen und hatten die klassischen Texte studiert und kommentiert. Texte der griechischen Antike, die für die Europäer jahrhundertelang verloren gewesen, von den Muslimen aber ins Arabische übersetzt worden waren, wurden nun wiederentdeckt und ins Lateinische übertragen. In Italien konnten die lateinischen Übersetzungen direkt aus dem griechischen Original angefertigt werden. Unter diesen Texten waren die wichtigsten physikalischen Werke des Aristoteles wie seine *Physik*, *Über den Himmel* und *Über Werden und Vergehen*.

Viele katholische Gelehrte hatten schlichtweg angenommen, daß es zwischen den Wahrheiten des Glaubens und den besten Lehren der antiken Philosophie keine ernsthaften Widersprüche geben könne. Doch es gab sie, und die neuen Texte machten dies zunehmend deutlich. Aristoteles war von einem ewigen Universum ausgegangen, während die Kirche lehrte, daß Gott die Welt zu einem bestimmten Zeitpunkt aus dem Nichts geschaffen hatte. Aristoteles verneinte auch die Möglichkeit des Vakuums, ein Punkt, dessen theologische Implikationen zwar für den modernen Leser leicht zu erkennen sind, der großen Masse der Katholiken des 13. Jahrhunderts aber verborgen blei-

---

51 Ebd., S. 82.

ben mußten. Die Möglichkeit eines Vakuums zu verneinen bedeutete, Gottes Schöpferkraft zu leugnen, denn einem allmächtigen Gott war nichts unmöglich. Darüber hinaus enthielt das aristotelische Werk weitere problematische Aussagen, mit denen man sich auseinandersetzen mußte.

Ein Vorstoß in dieser Richtung wurde von einer Gruppe unternommen, die als die lateinischen Averroisten bekanntgeworden ist (benannt nach Averroes, einem der berühmtesten und angesehensten muslimischen Aristoteleskommentatoren). Ihre Position ist oft ungenau als die Theorie von der doppelten Wahrheit beschrieben worden: Was in der Theologie falsch ist, kann in der Philosophie wahr sein und umgekehrt, und demzufolge können einander widersprechende Aussagen dennoch beide wahr sein, je nachdem, ob man sie vom religiösen oder vom philosophischen Standpunkt aus betrachtet.

Sehr viel subtiler war die Lehre, die die Averroisten tatsächlich vertraten. Sie glaubten, daß die Ansichten des Aristoteles, also beispielsweise die Ewigkeit der Erde, die sicheren Ergebnisse vernünftigen Nachdenkens seien und daß in dem logischen Prozeß, der zu diesen Ergebnissen geführt hatte, kein Fehler zu finden sei. Die lateinischen Averroisten lösten das Problem mit dem Argument, daß sie als Philosophen dem Diktat der Vernunft folgen müßten, wohin immer es sie führe, daß aber ihre Schlußfolgerungen, wenn sie der Offenbarung widersprächen, nicht in absolutem Sinne wahr sein könnten. Denn was war der schwache menschliche Verstand im Vergleich zu der alles übersteigenden Allmacht Gottes?[52]

Konservativen Gelehrten erschien diese Lösung ebenso angreifbar und problematisch wie uns, und manche katholischen Denker ließen sich durch sie ganz von der Philosophie abbrin-

---

52 Zu den lateinischen Averroisten vgl. Etienne Gilson: Reason and Revelation in the Middle Ages, New York 1938, S. 54-66.

gen. Der heilige Thomas von Aquin, der Aristoteles zutiefst respektierte, fürchtete, daß man sich im Zuge einer konservativen Reaktion auf die Irrtümer der Averroisten unter Umständen ganz von *Dem Philosophen* (so nannte er Aristoteles) abwenden würde. In seiner berühmten Synthese bewies der heilige Thomas, daß Glaube und Vernunft einander ergänzen und sich nicht widersprechen können. Alle scheinbaren Widersprüche beruhten auf Irrtümern im eigenen religiösen oder philosophischen Verständnis.

Trotz der Brillanz des Aquinaten bestanden die Vorbehalte gegenüber den neuen Texten und den von ihnen ausgelösten Reaktionen mancher Wissenschaftler weiter. Vor diesem Hintergrund veröffentlichte der Bischof von Paris nur kurz nach Thomas' Tod eine Liste von 219 verurteilten Sätzen – die als die Verurteilungen von 1277 in die Geschichte eingegangen sind –, deren Verbreitung den Professoren der Universität von Paris verboten war. Diese verurteilten Sätze waren Aussagen der aristotelischen Lehre – in manchen Fällen auch nur die mögliche Schlußfolgerung aus einer aristotelischen These –, die mit dem katholischen Gottes- und Weltbild unvereinbar waren. Obwohl diese Verurteilungen nur für Paris galten, ist es bezeichnend, daß ihr Einfluß bis nach Oxford zu spüren war. Der Papst hatte dabei keine Rolle gespielt; er hatte lediglich eine Untersuchung der Ursachen jener intellektuellen Unruhe gefordert, die die Pariser Dozenten befallen hatte. (Ein Wissenschaftler schreibt, daß „die Reaktion des Papstes auf das Vorgehen des Pariser Bischofs alles andere als begeistert" gewesen sei.[53])

Doch selbst die Verurteilungen von 1277 sollten sich noch vorteilhaft auf die Entwicklung der Wissenschaft auswirken. Pierre Duhem, einer der großen Wissenschaftshistoriker des

---

53 Dales: The Intellectual Life of Western Europe in the Middle Ages, S. 254.

20. Jahrhunderts, ist so weit gegangen, in diesen Verurteilungen den Beginn der modernen Wissenschaft zu sehen. Duhem – und auch neuere Forscher wie A. C. Crombie und Edward Grant – wollten damit ausdrücken, daß die Verurteilungen die Denker gezwungen haben, aus der intellektuellen Beschränkung auszubrechen, die die aristotelischen Vorgaben ihnen auferlegt hatten, und in ihrem Nachdenken über die physikalische Welt neue Wege zu beschreiten. Dadurch, daß bestimmte Aspekte der aristotelischen Physik verdammt wurden, mußten die westlichen Wissenschaftler ihre Gewohnheit, sich allzu fest auf Aristoteles zu verlassen, aufgeben und erhielten die Gelegenheit, sich von den antiken Hypothesen zu lösen. Obwohl sich die Wissenschaftler nicht einig sind, was den Einfluß der Verurteilungen betrifft, stimmen doch alle darin überein, daß sie die Denker dazu gezwungen haben, sich von den Beschränkungen der aristotelischen Wissenschaft zu emanzipieren und Möglichkeiten ins Auge zu fassen, die sich der große Philosoph niemals vorgestellt hatte.[54]

Wir wollen ein Beispiel betrachten. Wie schon erwähnt, verneinte Aristoteles die Möglichkeit eines Vakuums, und die Denker des Hochmittelalters folgten in der Regel seiner Ansicht. Nach der Veröffentlichung der Verurteilungen mußten die Gelehrten einräumen, daß der allmächtige Gott tatsächlich auch ein Vakuum geschaffen haben könnte. Damit eröffneten sich neue und aufregende wissenschaftliche Perspektiven. Gewiß scheinen einige Gelehrte die Möglichkeit eines Vakuums nur der Form halber anerkannt zu haben, das heißt, sie gaben

---

[54] A. C. Crombie, a. a. O., Bd. 1, S. 64 und Bd. 2, S. 35f.; Grant (2001), S. 213ff., S. 220f.; ders.: The Foundations of Modern Science in the Middle Ages: Their Religious, Institutional, and Intellectual Contexts, Cambridge 1996, S. 78-83, S. 147f. stimmen mit dieser Argumentation überein. Dies gilt in den wesentlichen Punkten auch für den insgesamt aber skeptischeren Lindberg (1994), S. 238, S. 365.

zu, daß Gott selbstverständlich allmächtig ist und demzufolge auch ein Vakuum geschaffen haben könnte, waren aber grundsätzlich davon überzeugt, daß er dies nicht getan hatte. Andere jedoch waren fasziniert von den Möglichkeiten, die durch die Verurteilungen ins Gespräch gebracht worden waren, und traten in eine bedeutende wissenschaftliche Debatte ein. Auf diese Weise scheinen, so die Einschätzung des Wissenschaftshistorikers Richard Dales, die Verurteilungen „endgültig eine freiere und phantasievollere Art des wissenschaftlichen Vorgehens hervorgebracht zu haben."[55]

Ganz eindeutig war dies im Fall der Verurteilung der aristotelischen These, wonach „die Bewegungen des Himmels von einer Intellektseele herrühren."[56] Eine Verurteilung dieser Aussage war von großer Bedeutung, weil dadurch verneint wurde, daß die Himmelskörper Seelen besitzen und in gewisser Weise lebendig sind – in der Kosmologie die übliche, seit der Antike geläufige Überzeugung. Obwohl einige Kirchenväter diesen Gedanken als mit dem Glauben unvereinbar abgelehnt hatten, übernahmen viele christliche Denker die Sichtweise des Aristoteles und vertraten die Vorstellung, daß die Planeten von wie auch immer gearteten intelligenten Wesen angetrieben würden.

Die Verurteilung führte dazu, daß man sich der zentralen Frage nach dem Verhalten der Himmelskörper auf neuen Wegen näherte. Johannes Buridan trat in die Fußstapfen von Robert Grosseteste und wies darauf hin, daß es in der Schrift keinerlei Hinweis auf solche Intelligenzen gebe, und auch Nikolaus von Oresme unternahm weitere Vorstöße gegen diese Idee.[57]

Schon in der patristischen Epoche hatte das christliche Denken, wenn auch in der Regel zunächst nur implizit, damit begon-

---

55 Dales: „The De-Animation of the Heavens in the Middle Ages", S. 550.
56 Ebd., S. 546.
57 Ebd., S. 546.

nen, die Natur zu deanimieren, das heißt, unsere Vorstellung des Universums von allem zu befreien, was darauf hindeutete, daß die Himmelskörper selbst lebendig waren, eigenständige Intelligenzen darstellten oder nicht ohne einen wie auch immer gearteten spirituellen Beweger funktionieren konnten. In den Schriften von Heiligen, wie Augustinus, Basilius, Gregor von Nyssa, Hieronymus und Johannes von Damaskus, finden sich vereinzelte Stellungnahmen zu diesem Punkt. Doch erst später, als die Gelehrten sich entschiedener und konsequenter der Erforschung der Natur zu widmen begannen, fanden sich die ersten Denker, die das Universum bewußt als eine mechanistische und demzufolge für den forschenden Menschengeist verständliche Größe auffaßten.[58] „Im Lauf des 12. Jahrhunderts", schreibt Dales, „wirkten sich diejenigen Aspekte des jüdisch-christlichen Denkens, die die Idee der Schöpfung aus dem Nichts und die Entfernung zwischen Gott und der Welt betonten, im lateinischen Europa innerhalb eines bestimmten Kontexts und dank bestimmter Männer dahingehend aus, daß alle halbgöttlichen Wesen aus dem Reich der Natur verbannt wurden."[59] Und Stanley Jaki zufolge „mußte die Natur deanimiert werden", damit die Wissenschaft geboren werden konnte.[60]

Noch im 17. Jahrhundert und bis an die Schwelle der wissenschaftlichen Revolution, als die Verurteilungen selbst längst in Vergessenheit geraten waren, hat die durch diese aristotelischen Thesen hervorgerufene Diskussion die intellektuelle Geschichte Europas weiter beeinflußt.[61]

---

58 Richard C. Dales, „A Twelfth Century Concept of the Natural Order", in: „Viator" 9 (1978), S. 179.
59 Ebd., S. 191.
60 Haffner, a. a. O., S. 41.
61 Edward Grant: „The Condemnation of 1277, God's Absolute Power, and Physical Thought in the Late Middle Ages", in: „Viator" 10 (1979), S. 242ff.

Kapitel 5

Der Wissenschaftlerpriester

Es ist relativ einfach nachzuweisen, daß viele große Wissenschaftler, wie beispielsweise Louis Pasteur, Katholiken waren. Sehr viel bezeichnender ist jedoch die umfangreiche und bedeutende wissenschaftliche Arbeit, die von einer überraschend großen Zahl katholischer *Kleriker*, insbesondere Priester, geleistet worden ist – von Männern, die in den meisten Fällen die heiligen Weihen empfangen und die höchste und wichtigste Verantwortung auf sich genommen hatten, die die Kirche einem Menschen übertragen kann. Ihre unersättliche Neugier auf das von Gott geschaffene Universum und ihre hingebungsvolle wissenschaftliche Forschungsarbeit zeigen – deutlicher, als jede rein theoretische Diskussion dies könnte –, daß das Verhältnis zwischen Kirche und Wissenschaft keineswegs von Rivalität und Argwohn geprägt, sondern von Natur aus freundschaftlich ist.

Im 13. Jahrhundert verdienen mehrere bedeutende Persönlichkeiten Erwähnung. Roger Bacon, ein Franziskaner, der in Oxford lehrte, genoß wegen seiner Arbeiten in Mathematik und Optik hohes Ansehen und gilt als ein Vorläufer der modernen wissenschaftlichen Methode. Bacon verfaßte Abhandlungen über Wissenschaftsphilosophie und betonte die Bedeutung der Erfahrung und des Experiments. In seinem *Opus Maius* bemerkt er: „Ohne Experiment kann nichts in angemessener Weise erkannt werden. Ein Argument ist ein theoretischer Beweis, liefert aber nicht jene Gewißheit, die notwendig ist, um jeden Zweifel auszuräumen; und der Geist wird sich nicht in der klaren Erkenntnis der Wahrheit ausruhen, ehe er sie auf experimentellem Weg herausgefunden hat." Ähnlich weist er in seinem *Opus Tertium* darauf hin, daß „[d]ie stärksten Argumente nichts belegen, solange die Schlußfolgerungen nicht von der

Erfahrung bestätigt worden sind."[62] Er benannte mehrere Dinge, die die Weitergabe der Wahrheit behindern können, darunter eine nicht ausreichend gebildete Volksmeinung sowie schon lange bestehende, aber falsche Angewohnheiten.[63]

Der heilige Albert der Große (ca. 1200-1280) oder Albertus Magnus wurde in Padua erzogen und trat später in den Dominikanerorden ein. In verschiedenen deutschen Klöstern war er als Lehrer tätig, ehe er 1241 seine Arbeit an der Universität von Paris aufnahm, wo er eine Reihe von berühmten Studenten haben sollte, allen voran den heiligen Thomas von Aquin. Zudem hatte der heilige Albert wichtige kirchliche Ämter inne; so war er einige Jahre lang Provinzial der deutschen Dominikaner und zwei Jahre lang Bischof von Regensburg. „In allen Wissenschaftszweigen bewandert", so heißt es im *Dictionary of Scientific Biography*, „war er einer der berühmtesten Vorläufer der modernen Wissenschaft im Hochmittelalter." Albert wurde 1931 von Papst Pius XI. heiliggesprochen und zehn Jahre später von Pius XII. zum Patron aller Naturwissenschaftler ernannt.[64]

Als berühmter Naturforscher trug der heilige Albert eine Unmenge an Beobachtungen über die ihn umgebende Welt zusammen. Seine umfangreiche Produktion umfaßte Physik, Logik, Metaphysik, Biologie, Psychologie und verschiedene Geowissenschaften. Wie Roger Bacon wollte auch der heilige Albert verdeutlichen, wie wichtig die direkte Beobachtung war, um Erkenntnisse über die materielle Welt zu gewinnen. In *De Mineralibus* erklärte er, daß das Ziel der Naturwissenschaft nicht darin bestehe, „einfach die Aussagen anderer, also das, was von den Leuten erzählt wird, zu übernehmen, sondern selbst die

---

62 Walsh, a. a. O., S. 292f.
63 A. C. Crombie und J. D. North: Art. „Bacon, Roger", in: Charles C. Gillispie (Hg.), in: Dictionary of Scientific Biography (nachfolgend DSB), New York 1970, S. 378.
64 William A. Wallace O. P.: Art. „Albertus Magnus, Saint", in: DSB, S. 99.

Ursachen zu erforschen, die in der Natur am Werk sind."[65] Die Bedeutung, die er der direkten Beobachtung beimaß, und – bei aller Bewunderung für Aristoteles – seine Weigerung, die Aussagen von Autoritäten auf Treu und Glauben zu übernehmen, waren wesentliche Beiträge zum wissenschaftlichen Geisteshorizont.

Robert Grosseteste war als Kanzler in Oxford und als Bischof in Lincoln, der größten Diözese Englands, tätig und teilte die vielfältigen wissenschaftlichen Interessen und Fähigkeiten, die Roger Bacon und den heiligen Albertus Magnus auszeichneten. Beeinflußt worden war Grosseteste von der berühmten Schule von Chartres und insbesondere von Thierry.[66] Er gilt als einer der gebildetsten Männer des Mittelalter und als derjenige, der zum ersten Mal eine vollständige wissenschaftliche Versuchsanordnung niedergeschrieben hat. In seinem Buch *Robert Grosseteste and the Origins of Experimental Science* äußert A. C. Crombie den Gedanken, daß es vor allem Persönlichkeiten wie Grosseteste zu verdanken gewesen sei, wenn das Mittelalter die Anfangsgründe der wissenschaftlichen Methode bereits gekannt habe. In der Tat ist trotz der Neuerungen der wissenschaftlichen Revolution des 17. Jahrhunderts, die natürlich eine entsprechende Würdigung verdienen, schon im Hochmittelalter eine theoretische Herangehensweise zu erkennen, die der Beobachtung und dem Experiment einen hohen Stellenwert einräumte.

In den üblichen Lehrbüchern finden Roger Bacon, Albertus Magnus und zuweilen auch noch Robert Grosseteste die ihnen gebührende Erwähnung. Andere katholische Namen dagegen bleiben in unverdientem Dunkel. Pater Nikolaus Steno beispielsweise (1638-1686), einem konvertierten Lutheraner, der

---

65 Walsh, a. a. O., S. 297.
66 Dales, „The De-Animation of the Heavens in the Middle Ages", S. 540.

später katholischer Priester wurde, kommt das Verdienst zu, „die meisten der Prinzipien der modernen Geologie" formuliert zu haben, und zuweilen wird er als der Begründer der Stratigraphie (der Wissenschaft von den Erdschichten) bezeichnet.[67] Im Lauf seines Lebens reiste Pater Steno, ein gebürtiger Däne, durch ganz Europa und war eine Zeitlang als Hofphysiker des Großherzogs der Toskana tätig. Doch trotz seines hervorragenden Rufs und seiner Kreativität auf dem Gebiet der Medizin begründete er seinen wissenschaftlichen Ruhm mit seiner Erforschung der Fossilien und der Erdschichten.

Seine Arbeit nahm einen ungewöhnlichen Anfang: mit der Sezierung eines enormen Haifischkopfs, den ein französisches Fischerboot 1666 gefunden hatte. Dieser Hai war mit einem Gewicht von 2.800 Pfund der größte, den die meisten Menschen je gesehen hatten. Steno, der als geschickter Sezierer bekannt war, wurde gerufen, um das Tier zu untersuchen.

Für unsere Zwecke genügt es, die Faszination zu erwähnen, die Steno für die Zähne des Haifischs empfand. Sie wiesen eine starke Ähnlichkeit mit den sogenannten Zungensteinen oder *Glossopetrae* auf, deren Herkunft seit alter Zeit in geheimnisumwittertem Dunkel lag. Die Bewohner der Insel Malta gruben sie aus dem Erdreich aus, und man sagte ihnen heilende Kräfte nach. Um sie rankten sich unzählige Theorien. Im 16. Jahrhundert hatte Guillaume Rondelet die Vermutung geäußert, daß es sich um Haifischzähne handeln könnte, ohne damit jedoch besonderen Anklang zu finden. Nun hatte Steno die Gelegenheit zu einem direkten Vergleich und stellte eine deutliche Ähnlichkeit fest.

Dies war ein besonderer Moment in der Geschichte der Wissenschaft, denn es ging hier nicht einfach um Haifischzähne

---

[67] William B. Ashworth Jr.: „Catholicism and Early Modern Science", in: Lindberg/Numbers (1986), S. 146.

und geheimnisvolle Steine, sondern um einen sehr viel größeren und bedeutenderen Zusammenhang: das Vorkommen von Muscheln und Meeresfossilien in weit vom Meer entfernten Felsen. Die Frage der *Glossopetrae*, bei denen es sich nun also mit fast hundertprozentiger Sicherheit um Haifischzähne handelte, warf die weitergefaßte Frage nach der Herkunft von Fossilien im allgemeinen und danach auf, wie sie überhaupt in den Zustand geraten waren, in dem man sie fand. Und wie waren sie in den Felsen gekommen? Die Spontanzeugung war nur eine von vielen Erklärungen, die man in der Vergangenheit vorgeschlagen hatte.

Solche Erklärungen konnten Steno nicht beeindrucken, der sie für wissenschaftlich zweifelhaft hielt und auch nicht mit seinem Gottesbild in Einklang zu bringen vermochte: Er konnte es sich nicht vorstellen, daß Gott so willkürlich und unsinnig handeln sollte. Aus mehreren Gründen kam er zu dem Schluß, daß die bestehenden Theorien über Fossilien nicht mit den bekannten Tatsachen zu vereinbaren seien. Und so stürzte er sich in die Untersuchung dieser Frage und verbrachte die nächsten zwei Jahre damit, das zusammenzutragen und niederzuschreiben, was einmal sein einflußreichstes Werk werden sollte: *De solido intra solidum naturaliter contento dissertationis prodromus* („Vorrede zu einer Dissertation über einen auf natürliche Weise in etwas Festem enthaltenen festen Körper").

Dies war keine leichte Aufgabe, denn Steno betrat im wesentlichen Neuland. Es gab keine geologische Wissenschaft, auf deren Methodologie oder erste Grundlagen er sich hätte stützen können. Und da die Spekulationen, die er anstellte, Ereignisse und Prozesse aus der fernen Vergangenheit betrafen, war ihm der Weg der direkten Beobachtung als Möglichkeit verwehrt, einige seiner Schlußfolgerungen zu überprüfen.

Davon ließ er sich jedoch nicht abschrecken. Felsen, Fossilien und geologische Schichten, so seine Überzeugung, erzähl-

Die Kirche und die Wissenschaft

ten etwas von der Geschichte der Erde, und die geologische Forschung konnte diese Geschichte ans Licht bringen. Das war eine neue und revolutionäre Idee. Frühere Autoren hatten sich der Meinung des Aristoteles angeschlossen, wonach die Vergangenheit der Erde grundsätzlich unerforschlich sei. „Steno", so schreibt der Verfasser seiner neuesten Biographie, „war der erste, der die Ansicht vertrat, daß man die Geschichte der Erde von den Felsen ablesen könne, und er nahm es auf sich, diese Geschichte zu entziffern."[68]

> Letztlich bestand Stenos Leistung in *De solido* nicht nur darin, daß er eine neue und richtige Fossilientheorie vorlegte. Er selbst weist darauf hin, daß Schriftsteller schon tausend Jahre zuvor im wesentlichen dasselbe gesagt hatten. Sie bestand auch nicht darin, daß er eine neue und richtige Deutung der Felsenschichten vorlegte. Sie bestand vielmehr darin, daß er einen völlig neuen Weg aufzeigte, sich der Natur wissenschaftlich zu nähern, einen Weg, der die Dimension der Zeit miteinbezog. Wie Steno schrieb: „Von dem her, was als sichere Schlußfolgerung wahrgenommen wird, kann man auf das schließen, was nicht wahrnehmbar ist." Aus der gegenwärtigen Welt lassen sich verschwundene Welten ableiten.[69]

Drei der zahlreichen Erkenntnisse, die sich in Pater Stenos Texten finden, werden normalerweise als „Stenos Prinzipien" bezeichnet. Sein Buch ist, soweit wir wissen, das erste, das von der Überlagerung und damit von einem der Schlüsselprinzipien der Stratigraphie spricht.[70] Stenos erstes Prinzip ist das Gesetz der Überlagerung. Es besagt, daß Sedimentschichten nachein-

---

68 Alan Cutler: The Seashell on the Mountaintop, New York 2003, S. 106.
69 Ebd., S. 113f.
70 David R. Oldroyd: Thinking About the Earth: A History of Ideas in Geology, Cambridge 1996, S. 63-67; vgl. auch A. Wolf: A History of Science, Technology, and Philosophy in the 16th and 17th Centuries, London 1938, S. 359f.

ander gebildet werden, so daß die unterste Schicht zugleich auch die älteste ist, und daß das Alter der Schichten bis hin zur obersten und letzten Schicht demzufolge abnimmt.

Da jedoch die meisten Erdschichten, die wir finden, in irgendeiner Weise zerbrochen, verformt oder gefaltet worden sind, ist die geologische Geschichte nicht immer einfach zu rekonstruieren. Wo ist beispielsweise oben, das heißt, in welche Richtung verläuft die Altersskala, wenn die Schichten auf der Seite liegen? Müssen wir die stratigraphische Chronologie von rechts nach links oder von links nach rechts lesen? Deshalb führte Steno das Prinzip der ursprünglichen Horizontalität ein. Dazu erklärt er folgendes: Wasser ist die Quelle aller Gesteinsablagerungen, unabhängig davon, ob es in einem Fluß oder durch Stürme und ähnliche Naturphänomene mitgeführt wird. Wasser trägt die verschiedenen Sedimentschichten mit sich und lagert sie ab. Ist das einmal geschehen, üben die Schwerkraft und seichte Wasserläufe eine abflachende Wirkung auf die Sedimentablagerungen aus, so daß sie, wie das Wasser selbst, ihre Oberflächenform dem Untergrund anpassen, nach oben hin aber eine horizontale Fläche bilden. Wie soll man nun die Reihenfolge der Gesteinsschichten an Felsen feststellen, die nicht mehr mit der richtigen Seite nach oben liegen? Da die größten und schwersten Teile naturgemäß zuerst zu Boden sinken und die kleineren ihnen folgen, müssen wir nur die Schichten untersuchen und herausfinden, wo die größten Partikel liegen. Das ist die Bodenschicht einer Gesteinsprofils.[71]

Stenos Prinzip der lateralen Kontinuität schließlich besagt, daß die beiden Seiten eines Tals, wenn sie entsprechende Gesteinsschichten aufweisen, ursprünglich miteinander verbunden gewesen sind und sich das Tal erst später gebildet hat. Steno erkannte auch, daß eine Schicht, in der Meersalz oder andere Teile

---

71 Cutler, a. a. O., S. 109-112.

gefunden werden, die aus dem Meer stammen – wie zum Beispiel Haifischzähne –, darauf hinweist, daß zu irgendeinem Zeitpunkt an der betreffenden Stelle einmal das Meer gewesen sein muß.

Die Jahre vergingen, und Pater Steno gelangte in den Ruf eines vorbildlichen Heiligen und Wissenschaftlers. 1722 verfaßte sein Großneffe Jacob Winslow eine Biographie über Steno, die in einem Buch mit dem Titel *Heiligenleben für jeden Tag im Jahr* in der Rubrik der zukünftigen Heiligen erschien. Winslow, der vom lutherischen zum katholischen Glauben konvertiert war, führte seine Konversion auf Pater Stenos Fürsprache zurück. 1938 wandte sich eine Gruppe dänischer Bewunderer mit der Bitte an Papst Pius XI., Pater Steno heiligzusprechen. Fünfzig Jahre später sprach Papst Johannes Paul II. Nikolaus Steno selig und rühmte ihn für seine Heiligkeit und seine wissenschaftlichen Fähigkeiten.

Die wissenschaftlichen Leistungen der Jesuiten

Die große Masse der an den Wissenschaften interessierten Priester findet sich in der im 16. Jahrhundert von Ignatius von Loyola gegründeten Priesterkongregation der *Gesellschaft Jesu*. Ein Historiker der jüngeren Zeit beschreibt, was die Jesuiten bis zum 18. Jahrhundert geleistet hatten:

> Sie haben zur Entwicklung von Pendeluhren, Pantographen, Barometern, Reflexionsteleskopen und Mikroskopen beigetragen, zu Forschungsbereichen so breitgefächert wie Magnetismus, Optik und Elektrizität. Sie beobachteten, in einigen Fällen vor allen anderen, die farbigen Streifen auf der Oberfläche des Jupiter, den Andromedanebel und die Ringe des Saturn. Sie formulierten (unabhängig von Harvey) Theorien über den Blutkreislauf, die Möglichkeit zu fliegen, die Weise, auf

die der Mond die Gezeiten verursacht, und die wellenartige Natur des Lichts. Sternkarten der südlichen Hemisphäre, Zeichenlogik, Maßnahmen zur Kontrolle von Überschwemmungen an den Flüssen Po und Etsch, die Einführung von Plus- und Minuszeichen in die italienische Mathematik – dies alles waren typisch jesuitische Leistungen, und nicht nur Wissenschaftler, so einflußreich wie Fermat, Huygens, Leibniz und Newton, zählten Jesuiten zu ihren vielfach gelobten Briefpartnern.[72]

Ein wichtiger Experte für die frühe elektrische Wissenschaft hat die Gesellschaft Jesu ebenfalls als „den absolut wichtigsten Förderer der experimentellen Physik im 17. Jahrhundert" bezeichnet.[73] „Eine solche Würdigung", schreibt ein anderer Gelehrter, „würde durch eingehende Untersuchungen anderer Wissenschaften wie etwa der Optik nur noch verstärkt, wo praktisch alle wichtigen Abhandlungen der Epoche von Jesuiten verfaßt worden waren."[74] Einige der großen jesuitischen Forscher leisteten der Wissenschaft überdies den ungeheuer wichtigen Dienst, ihre gesammelten Daten in umfangreichen Enzyklopädien festzuhalten, die bei der Verbreitung wissenschaftlicher Forschungsergebnisse in der Gelehrtengemeinschaft eine entscheidende Rolle spielten. „Wenn die wissenschaftliche Zusammenarbeit eine der Früchte der wissenschaftlichen Revolution gewesen ist", so der Historiker William Ashworth, „dann kommt das Verdienst daran zu einem Großteil den Jesuiten zu."[75]

Die Jesuiten haben zudem eine große Zahl ausgezeichneter Mathematiker vorzuweisen, die eine Reihe von wichtigen Beiträgen zu ihrem Fachgebiet leisteten. Als Charles Bossut, einer

---

72 Jonathan Wright: Die Jesuiten: Mythos, Macht, Mission, Essen 2005, S. 202.
73 J. L. Heilbron: Electricity in the 17th and 18th Centuries: A Study of Early Modern Physics, Berkeley 1979, S. 2.
74 Ashworth, a. a. O., S. 154.
75 Ebd., S. 155.

der ersten Mathematikhistoriker, eine Liste der hervorragendsten Mathematiker aufstellte, die zwischen 900 v. Chr. und 1800 n. Chr. gelebt haben, waren 16 der 303 insgesamt dort verzeichneten Personen Jesuiten.[76] Diese Zahl – das sind fünf Prozent der größten Mathematiker aus 2.700 Jahren – ist um so beeindruckender, wenn wir uns vergegenwärtigen, daß es nur in zwei von diesen 27 Jahrhunderten überhaupt Jesuiten gegeben hat![77]

An die 35 Krater auf dem Mond sind nach jesuitischen Forschern und Mathematikern benannt. Und es waren auch Jesuiten, die die westliche Wissenschaft als erste in so weit entfernte Gegenden wie China und Indien brachten. Vor allem im China des 17. Jahrhunderts führten die Jesuiten einen beträchtlichen Bestand an wissenschaftlichen Kenntnissen und eine breite Palette intellektueller Werkzeuge zum Verständnis des physikalischen Universums ein, darunter die euklidische Geometrie, mit deren Hilfe sich die Planetenbewegung erklären ließ. Einem Experten zufolge kamen die Jesuiten zu einem Zeitpunkte nach China,

> als die Wissenschaft im allgemeinen und Mathematik und Astronomie im besonderen dort, anders als in Europa, wo soeben die Geburtsstunde der modernen Wissenschaft geschlagen hatte, auf einem sehr niedrigen Niveau standen. Sie unternahmen gewaltige Anstrengungen, um die westlichen Werke der Mathematik und Astronomie ins Chinesische zu übersetzen und weckten das Interesse chinesischer Gelehrter an diesen Wissenschaften. Sie stellten umfangreiche astronomische Beobachtungen an und führten in China die ersten modernen kartographischen Arbeiten durch. Außerdem lernten sie die wissenschaftlichen Errungenschaften dieser alten Kultur zu schätzen und machten sie in Europa bekannt. Durch ihre Korrespondenz erfuhren die euro-

---

76 MacDonnell, a. a. O., S. 71.
77 Der Jesuitenorden wurde 1773 aufgehoben und 1814 wiederhergestellt.

päischen Wissenschaftler zum ersten Mal von der chinesischen Wissenschaft und Kultur.[78]

Auch zum wissenschaftlichen Kenntnisstand anderer unterentwickelter Nationen nicht nur in Asien, sondern auch in Afrika, Mittel- und Südamerika leisteten die Jesuiten wichtige Beiträge. Vom 19. Jahrhundert an wurden auf diesen Kontinenten jesuitische Observatorien eröffnet, an denen Forschungen in Astronomie, Erdmagnetismus, Meteorologie, Seismologie und Solarphysik betrieben wurden. Die Observatorien versorgten ihre Standorte mit genauer Zeitmessung, Wettervorhersagen (die angesichts einer möglichen Bedrohung durch Hurrikane oder Taifune besonders wichtig waren), Einschätzungen des Erdbebenrisikos und Kartographie.[79] In Mittel- und Südamerika betätigten sich die Jesuiten vor allem als Meteorologen und Seismologen und legten den Grundstein für die dortige Forschung auf diesen Gebieten.[80] All diese Länder – von Ecuador über den Libanon bis zu den Philippinen – haben die Entwicklung ihrer Wissenschaft den Bemühungen der Jesuiten zu verdanken.

Sehr viele Jesuiten haben sich im Laufe der Jahre durch ihre wissenschaftlichen Leistungen einen Namen gemacht. Pater Giambattista Riccioli beispielsweise ist durch eine ganze Anzahl wichtiger Errungenschaften berühmt geworden, darunter die wenig bekannte Tatsache, daß er der erste Mensch gewesen ist, der die Beschleunigungsrate eines freifallenden Körpers bestimmt hat. Zudem war er ein fähiger Astronom. Um das Jahr 1640 entschloß sich Pater Riccioli, für seinen Orden eine um-

---

78 Agustín Udías: Searching the Heavens and the Earth: The History of Jesuit Observatories, Dordrecht 2003, S. 53.
79 Ebd., S. 147.
80 Ebd., S. 125.

fangreiche astronomische Enzyklopädie zu publizieren. Dank seiner Beharrlichkeit und der Unterstützung durch Pater Athanasius Kircher wurde sein Plan von der Gesellschaft Jesu genehmigt. Das 1651 erschienene *Almagestum novum* war „eine Fundgrube und zugleich ein Denkmal zielstrebiger und hingebungsvoller Gelehrsamkeit." Es war ein wirklich beeindruckendes Werk. „Kein ernstzunehmender Astronom konnte es sich leisten, das *Almagestum novum* zu ignorieren", schreibt ein moderner Wissenschaftler.[81] So leistete Pater Ricciolis Enzyklopädie beispielsweise in den 80er Jahren des 17. Jahrhunderts John Flamsteed, dem Königlichen Astronom von England, wertvolle Dienste bei der Vorbereitung seiner Vorlesungen.[82]

Neben seinem reinen Informationsgehalt steht das *Almagestum* für die Entschlossenheit der Jesuiten, sich von den aristotelischen Vorstellungen zu lösen. Freimütig sprechen sie davon, daß der Mond aus demselben Material bestehe wie die Erde, und sie würdigen Astronomen (darunter auch Protestanten), die sich in ihren Ansichten vom herkömmlichen geozentrischen Weltbild abgewandt haben.[83]

Experten haben darauf hingewiesen, daß die Jesuiten in der praktischen experimentellen Wissenschaft ungewöhnlich großen Wert auf Genauigkeit legten, und Pater Riccioli ist hierfür ein gutes Beispiel. Um ein genaues Ein-Sekunden-Pendel zu entwickeln, überzeugte er neun Mitbrüder, an einem einzigen Tag an die 87.000 Schwingungen zu zählen.[84] Mit Hilfe dieses exakten Pendels war er in der Lage, die Gravitationskonstante auszurechnen. Eine neuere Untersuchung beschreibt diesen Prozeß:

---

81 Heilbron (1999), S. 88.
82 Ebd., S. 88.
83 Ebd., S. 88f.
84 Ashworth, a. a. O., S. 155.

Kapitel 5

> Riccioli und [Pater Francesco Maria] Grimaldi wählten ein nach römischem Maß 3'4" langes Pendel, setzten es in Gang, stießen es an, wenn es langsamer wurde, und zählten, sechs Stunden nach astronomischem Maß, wie es 21.706mal vor- und zurückschwang. Das kam der gewünschten Zahl recht nahe: 24 x 60 x 60/4 = 21.600. Riccioli aber war nicht zufrieden. Er versuchte es erneut, diesmal ganze 24 Stunden lang, und stellte neun seiner Mitbrüder an, Grimaldi miteingerechnet; das Ergebnis: 87.998 Schwingungen statt der gewünschten 86.400. Riccioli verlängerte das Pendel auf 3'4.2" und wiederholte die Zählung mit demselben Team: Dieses Mal kamen sie auf 86.999. Für sie war das nahe genug, aber nicht für ihn. Er ging in die falsche Richtung, verkürzte auf 3'2.67" und erhielt nur mit Grimaldi und einem weiteren standhaften Zähler an seiner Seite in drei verschiedenen Nächten 3,212 Schwingungen für die Zeit zwischen den Meridiandurchgängen der Sterne Spica und Arcturus. Eigentlich hätten es 3,192 sein sollen. Er schätzte, daß die erforderliche Länge 3'3.27" betrug und übernahm sie – so groß war seine Glaubenszuversicht – ohne weitere Versuche. Es war eine gute Entscheidung, die nur geringfügig von seiner ersten abwich und für die Gravitationskonstante einen Wert von 955 cm/sek^2 voraussetzte.[85]

Auch Pater Francesco Grimaldi sollte sich in der Wissenschaftsgeschichte einen Namen machen. Pater Riccioli war immer wieder aufs neue beeindruckt von der Fähigkeit seines Kollegen, die unterschiedlichsten Beobachtungsinstrumente zu entwerfen und anzuwenden, und bestand darauf, daß Pater Grimaldis Unterstützung für die Vollendung seines eigenen *Almagestum novum* absolut unentbehrlich gewesen sei. „Und so gab mir die Göttliche Vorsehung", so erinnerte er sich später, „nahezu unverdient einen Mitarbeiter, ohne den ich meine [technischen] Arbeiten niemals hätte fertigstellen können."[86] Pater Grimaldi maß die Höhe der Berge auf dem Mond ebenso wie die Höhe der Wolken. Er und Pater Riccioli erstellten ein bemer-

---

85 Heilbron (1999), S. 180.
86 Ebd., S. 87f.

kenswert exaktes Selenogramm (eine detaillierte Darstellung der Beschaffenheit des Mondes), das heute den Eingang zum Nationalen Luft- und Raumfahrtmuseum in Washington D. C. schmückt.[87]

In erster Linie jedoch wurde Pater Grimaldis Platz in der Wissenschaft dadurch sichergestellt, daß er die Beugung oder Diffraktion des Lichts entdeckte und diesem Phänomen tatsächlich auch diesen Namen gab. (Isaac Newton, der in der Auseinandersetzung mit Pater Grimaldis Arbeiten sein Interesse für Optik entdeckte, nannte es „inflection", doch Pater Grimaldis Bezeichnung setzte sich durch.[88]) In einer Reihe von Versuchen wies er nach, daß der beobachtete Durchgang des Lichts sich nicht mit der Vorstellung von einer geradeaus verlaufenden Bewegung vereinbaren ließ. Ein Experiment bestand zum Beispiel darin, daß er einen Sonnenstrahl durch ein kleines Loch (mit einem Durchmesser von einem sechzehntel Zoll) in einen komplett abgedunkelten Raum fallen ließ. Das durch das Loch einfallende Licht nahm die Form eines Kegels an. In diesem Lichtkegel platzierte Pater Grimaldi zehn bis zwanzig Fuß von dem Loch entfernt eine Stange und fand heraus, daß der von dieser Stange an die Wand geworfene Schatten deutlich länger war, als es sich durch eine geradlinige Bewegung erklären ließ. Daraus schloß er, daß sich das Licht nicht ausschließlich in gerader Richtung ausbreitet.[89] Er entdeckte außerdem die unter dem Namen Interferenzstreifen bekanntgewordenen Farbstreifen, die parallel zum Rand des Schattens verlaufen.

---

87 Bruce S. Eastwood: Art. „Grimaldi, Francesco Maria", in: DSB, S. 542.
88 Zu der Verbindung zwischen den Arbeiten von Grimaldi und von Newton vgl. Roger H. Stuewer: „A Critical Analysis of Newton's Work on Diffraction", in: „Isis" 61 (1970), S. 188-205.
89 Eine kurze, mit Diagrammen veranschaulichte Diskussion der Experimente Grimaldis findet sich bei A. Wolf, a. a. O., S. 254ff.

Pater Grimaldis Entdeckung der Beugung führte spätere Wissenschaftler, die das Phänomen erklären wollten, dazu, die Wellennatur des Lichts zu postulieren. Wenn das Loch größer war als die Wellenlänge des Lichts, trat das Licht in gerader Linie hindurch. War das Loch dagegen kleiner als die Wellenlänge des Lichts, kam es zu einer Beugung der Lichtwellen. Auch die Interferenzstreifen wurden mit der wellenartigen Natur des Lichts erklärt; die Interferenz des gebeugten Lichts führte zu den verschiedenen Farben, die in den Streifen zu beobachten waren.

Einer der größten jesuitischen Wissenschaftler war Pater Roger Boscovich (1711-1787), den Sir Harold Hartley, ein Wissenschaftler des 20. Jahrhunderts und wie Boscovich Mitglied der angesehen Royal Society, als „eine der größten intellektuellen Gestalten aller Zeiten" bezeichnet hat.[90] Pater Boscovich war ein echter Universalgelehrter mit herausragenden Fähigkeiten in Atomtheorie, Optik, Mathematik und Astronomie, der Bildungsgesellschaften und angesehenen Wissenschaftsakademien überall in Europa angehörte. Zudem war er ein begabter Dichter, der im Auftrag der renommierten *Accademia degli Arcadi* in Rom lateinische Verse verfaßte. Und so ist es nicht weiter verwunderlich, daß er als „das größte Genie" bezeichnet worden ist, „das Jugoslawien jemals hervorgebracht hat."[91]

Pater Boscovich besuchte das *Collegio Romano*, das angesehenste und berühmteste aller Jesuitenkollegs, wo man seine herausragende Begabung schon bald erkannte. Nachdem er die üblichen Studien abgeschlossen hatte, wurde er am *Collegio* Professor für Mathematik. Selbst in dieser frühen Phase seiner Laufbahn – noch vor seiner Priesterweihe 1744 – war seine Produktivität bemerkenswert: Er veröffentlichte acht wissenschaft-

---

90 Sir Harold Hartley: „Foreword", in: Whyte, a. a. O., S. 8.
91 Mac Donnell, a. a. O., S. 76.

liche Abhandlungen vor und 14 nach seiner Ernennung zum Professor, darunter *Die Sonnenflecken* (1736), *Der Merkurtransit* (1737), *Das Nordlicht* (1738), *Die Verwendung des Teleskops in der astronomischen Forschung* (1739), *Die Bewegungen der Himmelskörper in einem widerstandsfreien Medium* (1740), *Die verschiedenen Auswirkungen der Gravitation an unterschiedlichen Punkten der Erde* (1741) – bereits ein Vorgeschmack auf seine wichtigen Leistungen in der Geodäsie – und *Die Aberration der Fixsterne* (1742).[92]

Es dauerte nicht lange, bis man in Rom auf einen so talentierten Mann wie Pater Boscovich aufmerksam wurde. Papst Benedikt XIV., der 1740 den Papstthron bestiegen hatte, hegte ein besonderes Interesse für Pater Boscovich und seine Arbeit. Benedikt war einer der gebildetsten Päpste der damaligen Zeit und selbst ein fähiger Gelehrter und Förderer der Wissenschaften; doch es war sein Staatssekretär, Kardinal Valenti Gonzaga, der zu Pater Boscovichs wichtigstem Gönner werden sollte. Kardinal Gonzaga, der alles daransetzte, um sich mit hochangesehenen Wissenschaftlern zu umgeben, und dessen Vorfahren aus derselben dalmatinischen Stadt stammten wie Pater Boscovich, lud den tüchtigen Geistlichen zu seinen sonntäglichen Zusammenkünften ein.[93]

1742 bat Papst Benedikt XIV. Pater Boscovich um seinen fachmännischen Rat, als man befürchtete, daß Risse in der Petersbasilika zu ihrem Einsturz führen könnten. Der Papst folgte dem Rat des Priesters, die Kuppel mit fünf eisernen Ringen zu stützen; Pater Boscovichs Bericht, in dem er das Problem theoretisch abhandelte, wurde zu einem „kleinen Klassiker der architektonischen Statik".[94]

---

92 Elizabeth Hill: „Roger Boscovich: A Biographical Essay, in: Whyte, a. a. O., S. 34f.; Adolf Muller: „Ruggiero Giuseppe Boscovich", in: *Catholic Encyclopedia*, ²1913.
93 Hill, a. a. O., S. 23.
94 Zeljko Markovic: Art. „Boskovic, Rudjer J.", in: DSB, S. 326.

Kapitel 5

Pater Boscovich entwickelte die erste geometrische Methode zur Berechnung der Kreisbahn eines Planeten, die auf drei Beobachtungen zu seiner Position beruhte. Seine ursprünglich 1758 veröffentlichte *Theorie der Naturphilosophie* wurde schon damals und wird noch heute als ehrgeiziger Versuch gewürdigt, den Bau des Universums mit Hilfe eines einzigen Grundgedankens zu verstehen.[95] Einem modernen Bewunderer zufolge „gab sie einer der kraftvollsten bis dato formulierten wissenschaftlichen Ideen ihre klassische Gestalt und ist bis heute unübertroffen, was die Originalität ihrer Grundlagen, die Klarheit des Ausdrucks und die Präzision von Sichtweise und Struktur anbelangt – und das erklärt auch ihren immensen Einfluß."[96] Dieser Einfluß war in der Tat immens: Immer wieder wurde die *Theorie* von den besten Wissenschaftlern Europas, vor allem Englands, gepriesen und während des gesamten 19. Jahrhundert aufmerksam studiert. Und seit der zweiten Hälfte des 20. Jahrhunderts ist das Interesse an der Arbeit von Pater Boscovich wieder neu erwacht.[97] Einem modernen Wissenschaftler zufolge hat dieser fähige Priester mehr als ein Jahrhundert vor dem Aufkommen der modernen Atomtheorie „die erste in sich stimmige Beschreibung einer Atomtheorie" geliefert.[98] Und ein neuerer Wissenschaftshistoriker bezeichnet Pater Boscovich als „den wahren Begründer der fundamentalen Atomphysik, so wie wir sie heute verstehen."[99]

Boscovichs eigenständige Beiträge „nahmen die Ziele und viele Merkmale der Atomphysik des 20. Jahrhunderts vorweg. Das ist aber noch nicht alles, was sich von der [*Theorie*] sagen läßt. Sie hat überdies verschiedene physikalische Phänomene als

---

95 Lancelot Law Whyte: „Boscovich's Atomism", in: Whyte, a. a. O., S. 102.
96 Ebd., S. 102.
97 Ebd., S. 103f.
98 MacDonnell, a. a. O., S. 10f.
99 Whyte, a. a. O., S. 105.

Hypothesen formuliert, die seither durch Beobachtungen bewiesen werden konnten, wie beispielsweise die Durchdringbarkeit der Materie durch Hochgeschwindigkeitspartikel und die Möglichkeit materieller Zustände von außergewöhnlich hoher Dichte."[100]

So ist es nicht weiter verwunderlich, daß sein Werk die Bewunderung und das Lob einiger der größten Wissenschaftler der Moderne auf sich gezogen hat. Faraday schrieb 1844, daß es „der sicherste Weg zu sein scheint, so wenig wie möglich anzunehmen, und deshalb scheinen mir Boscovichs Atome gegenüber dem gängigeren Begriff einen großen Vorteil zu haben." Mendelejew sagte über Boscovich, daß er „zusammen mit Kopernikus der gerechte Stolz der westlichen Slawen" sei und „als der Begründer der modernen Atomlehre" gelte. „[D]as Beste, was wir tun können", äußerte Clerk Maxwell 1877, „ist, uns von der Vorstellung eines festen Kerns zu lösen und ihn durch ein Boscovich-Atom zu ersetzen." 1899 bezeichnete Kelvin „Hookes Darstellung der Formen von Kristallen als Kugelpackungen, Naviers und Poissons Theorie von der Elastizität fester Körper, Maxwells und Clausius' Arbeit in der kinetischen Theorie der Gase" als „bloße Weiterentwicklungen von Boscovichs Theorie". Auch wenn Kelvin dafür bekannt war, seine eigenen Ansichten häufig zu ändern, bemerkte er 1905 abschließend: „Mein gegenwärtiger Standpunkt ist schlicht und einfach boscovichistisch."[101] 1958 wurde anläßlich des 200. Jahrestags der Veröffentlichung der *Theorie* in Belgrad ein internationales Symposium abgehalten. Unter den Beiträgen waren auch Arbeiten von Niels Bohr und Werner Heisenberg.[102]

---

100 Ebd., S. 119.
101 Zu diesen und ähnlichen Zeugnissen vgl. ebd., S. 121.
102 MacDonnell, a. a. O., S. 11.

Kapitel 5

Pater Boscovichs Leben zeigt uns einen Mann, der der Kirche, die er liebte, und dem priesterlichen Stand, dem er angehörte, immer treu geblieben ist und der darüber hinaus eine große Begeisterung für alles besaß, was mit Bildung und Wissen zu tun hatte. Eine Anekdote muß genügen: 1745 verbrachte dieser Mann der Wissenschaft seinen Sommer in Frascati, wo soeben eine glanzvolle Sommerresidenz für die Jesuiten erbaut wurde. Bei der Durchführung dieses Projekts gelang es den Bauarbeitern, die Überreste einer Villa aus dem 2. Jahrhundert v. Chr. freizulegen. Mehr brauchte es nicht: Ab sofort war Pater Boscovich ein leidenschaftlicher Archäologe, der Ausgrabungen durchführte und Mosaikböden abzeichnete. Er war davon überzeugt, daß die Sonnenuhr, die er entdeckte, identisch sei mit der, die der römische Architekt Vitruv erwähnt. Und er fand sogar die Zeit, zwei Abhandlungen zu verfassen: *Über die in den Bergen von Tusculum entdeckte antike Villa* und *Über die antike Sonnenuhr und bestimmte andere unter den Ruinen gefundene Schätze*. Im darauffolgenden Jahr wurde im *Giornale de' Letterati* über seine Funde berichtet.[103]

Pater Athanasius Kircher ähnelte Pater Boscovich in der unendlichen Vielfalt seiner Interessen; er ist mit Leonardo da Vinci verglichen worden und erhielt den Ehrentitel „Meister der hundert Künste". Seine chemischen Arbeiten halfen, die Alchemie zu entthronen, die selbst von Persönlichkeiten wie Isaac Newton und Robert Boyle, dem Vater der modernen Chemie, noch ernsthaft betrieben wurde.[104] Eine Studie aus dem Jahr 2003 beschreibt Kircher als „einen Riesen unter den Wissenschaftlern des 17. Jahrhunderts" und „einen der letzten Denker,

---

103 Hill, a. a. O., S. 41f.
104 J. R. Partington: A History of Chemistry, Bd. 2, London 1961, 328–333; MacDonnell, a. a. O., S. 13.

Die Kirche und die Wissenschaft

die mit Recht den Anspruch erheben konnten, in ihrem Bereich alles zu wissen."[105]

Zu Kirchers Interessen gehörte auch eine Faszination für das alte Ägypten, die ihn zu herausragenden wissenschaftlichen Leistungen anstachelte. So wies er beispielsweise nach, daß die koptische Sprache ein Überbleibsel des Altägyptischen ist. Er gilt als der eigentliche Begründer der Ägyptologie, zumal seine Leistungen aus der Zeit vor 1799 stammen, als die Entdeckung des Steins von Rosette die ägyptischen Hieroglyphen für die Wissenschaftler lesbar machte. Tatsächlich war es Kirchers Arbeit zu verdanken, „daß die Wissenschaftler, die den Stein von Rosette interpretierten, wußten, worauf sie zu achten hatten."[106] Und so kommt ein moderner Kenner des alten Ägypten zu dem Schluß: „Es ist deshalb unbestreitbar Kirchers Verdienst, daß er der erste war, der den phonetischen Wert einer ägyptischen Hieroglyphe entdeckt hat. Vom humanistischen und intellektuellen Standpunkt aus betrachtet, kann die Ägyptologie sehr stolz darauf sein, daß sie Kircher ihren Begründer nennen darf."[107]

Die Beiträge der Jesuiten zur Seismologie (der Erdbebenforschung) waren so bedeutend, daß der gesamte Bereich des öfteren als „die jesuitische Wissenschaft" bezeichnet worden ist. Zurückgeführt worden ist der Anteil der Jesuiten an der Seismologie auf die beständige Präsenz des Ordens sowohl an den Universitäten im allgemeinen als auch in der wissenschaftlichen Gemeinschaft im besonderen sowie auf das Anliegen seiner Priester, die verheerenden Auswirkungen von Erdbeben im Dienst an ihren Mitmenschen so gering zu halten wie nur eben möglich.

---

105 Cutler, a. a. O., S. 68.
106 MacDonnell, a. a. O., S. 12.
107 Erik Iverson: The Myth of Egypt and its Hieroglyphs, Kopenhagen 1961, 97f.; zitiert nach MacDonnell, a. a. O., S. 12.

Kapitel 5

1908 entwickelte Pater Frederick Louis Odenbach die Idee für den späteren *Jesuit Seismological Service* (Jesuitischer Erdbebendienst), als er bemerkte, daß das weitverzweigte System jesuitischer Kollegs und Universitäten überall in Amerika die Möglichkeit bot, ein Netzwerk von seismologischen Stationen einzurichten. Mit dem Segen der Rektoren der höheren jesuitischen Bildungseinrichtungen und der amerikanischen Jesuitenprovinziale setzte Pater Odenbach im darauffolgenden Jahr seine Idee in die Tat um, indem er 15 Seismographen erwarb und mit ihnen ebenso viele jesuitische Einrichtungen ausstattete. Jede dieser seismographischen Stationen sammelte Daten und sandte ihre Ergebnisse an die Zentralstation in Cleveland. Von dort aus wurden die Daten an das Internationale Seismologische Zentrum in Straßburg weitergegeben. So entstand der *Jesuit Seismological Service*, der als „das erste auf kontinentaler Ebene errichtete und einheitlich ausgestattete seismologische Netzwerk" beschrieben worden ist.[108]

Der bekannteste jesuitische Seismologe und gewiß einer der anerkanntesten Vertreter dieser Wissenschaft überhaupt war Pater J. B. Macelwane. 1925 wurde der *Jesuit Seismological Service* (inzwischen bekannt als die *Jesuit Seismological Association*) von Pater Macelwane reorganisiert und wiederbelebt und erhielt seine neue Zentrale an der Universität von St. Louis. 1936 veröffentlichte Pater Macelwane, ein brillanter Forscher, seine *Einführung in die theoretische Seismologie*, das erste seismologische Lehrbuch Amerikas. Macelwane war Präsident der *Seismological Society of America* und der *American Geophysical Union*. Die letzt-

---

[108] Agustín Udías S. J., und William Suauder: „Jesuits in Seismology", in: Jesuits in Science Newsletter 13 (1997); Benjamin F. Howell Jr.: An Introduction to Seismological Research: History and Development, Cambridge 1990, 31f.; weitere Informationen über die seismologischen Arbeiten der Jesuiten in Nordamerika finden sich bei Udías (2003), S. 103-124.

genannte Einrichtung schuf 1962 eine Medaille zu seinen Ehren, die noch heute als Auszeichnung für herausragende Leistungen an junge Geophysiker verliehen wird.[109]

Im Bereich der Astronomie herrscht in der Öffentlichkeit die Meinung vor, daß Angehörige der Kirche, wenn sie diese Wissenschaft denn überhaupt betreiben, dies nur zur Bestätigung ihrer bereits vorgefaßten Ideen getan hätten und nicht, um aus ihren wissenschaftlichen Beobachtungen neue Erkenntnisse zu gewinnen. Wir haben bereits gesehen, wie wenig diese Vermutung den Tatsachen entspricht, aber wir wollen unsere Diskussion noch mit Hilfe einiger zusätzlicher Informationen abrunden.

Johannes Kepler (1571-1630), der große Astronom, dessen Gesetze zur Planetenbewegung einen so bedeutenden wissenschaftlichen Fortschritt darstellten, unterhielt im Laufe seiner Karriere eine ausführliche Korrespondenz mit jesuitischen Astronomen. Als Kepler zu einem bestimmten Zeitpunkt seines Lebens in solche finanzielle und wissenschaftliche Schwierigkeiten geraten war, daß er sich nicht einmal mehr ein Teleskop leisten konnte, drängte Pater Paul Guldin seinen Freund Pater Nikolaus Zucchi, den Erfinder des Spiegelteleskops, Kepler ein solches zu beschaffen. Kepler schrieb Pater Guldin einen Dankesbrief und brachte seine Dankbarkeit darüber hinaus in einem eigenen Absatz am Ende seiner posthum veröffentlichten Schrift *Der Traum* zum Ausdruck. Dort lesen wir:

> An den ehrwürdigsten Pater Paul Guldin, Priester der Gesellschaft Jesu, einen verehrungswürdigen und gebildeten Mann und teuren Beschützer. Es gibt zur Zeit kaum jemanden, mit dem ich lieber über astronomische Themen diskutieren würde als mit Euch. ... Eine noch größere Freude waren daher die Grüße von Euer Hochwürden, die

---

109 Udías/Suauder, a. a. O.

Kapitel 5

mir von Mitgliedern Eures Ordens, die hier waren, übermittelt worden sind. ... [Ich] denke, Ihr solltet von mir die ersten literarischen Früchte der Freude erhalten, die ich aus der Benutzung dieses Geschenks [des Teleskops] gewonnen habe.[110]

Keplers Theorie der elliptischen Planetenbahnen zeichnete sich dadurch aus, daß sie einfacher war als die mit ihr konkurrierenden Vorstellungen. Das ptolemäische (geozentrische) und das kopernikanische (heliozentrische) Modell, die beide von Kreisbahnen ausgingen, mußten eine komplizierte Reihe von Gleichungen, Epizyklen und Deferenten einführen, um die offenkundige Rückwärtsbewegung der Planeten zu erklären. Tycho Brahes System, das ebenfalls auf Kreisbahnen beruhte, wies dieselben Schwierigkeiten auf. Kepler dagegen ließ mit seinem Vorschlag elliptischer Planetenbahnen diese Modelle neben der eleganten Einfachheit seines eigenen Systems ausgesprochen schwerfällig aussehen.

War Keplers Modell aber korrekt? Der italienische Astronom Giovanni Cassini, ein Schüler der Jesuiten Riccioli und Grimaldi, benutzte das Observatorium der berühmten Basilika San Petronio in Bologna, um Keplers Theorie zu stützen.[111] Auch das ist ein wichtiger, heute nahezu in Vergessenheit geratener Beitrag der Kirche zur Astronomie: Kathedralen in Bologna, Florenz, Paris und Rom wurden im 17. und 18. Jahrhundert als erstklassige Sonnenobservatorien geplant. Nirgendwo in der Welt gab es präzisere Instrumente für die Erforschung der Sonne. Jede dieser Kathedralen besaß Löcher, durch die das Sonnenlicht einfallen konnte, und Zeitlinien (oder Meridianlinien) auf dem Boden. Indem die Forscher beobachteten, welchen

---

110 MacDonnell, a. a. O., S. 20, S. 54.
111 Eine detaillierte und anschauliche Erklärung von Cassinis Vorgehensweise findet sich bei Heilbron (1999), Kap. 3, v. a. S. 102-112.

Weg das Sonnenlicht auf diesen Linien beschrieb, konnten sie genaue Zeitmessungen vornehmen sowie Tagundnachtgleichen vorhersagen. (Ebenso konnten sie den Termin des Osterfests genau berechnen, was ursprünglich die wichtigste Funktion dieser Observatorien gewesen war.)[112]

Cassini benötigte eine Ausrüstung, die präzise genug war, um das projizierte Bild der Sonne bis auf 0,3 Zoll genau zu messen (das Bild der Sonne schwankte im Jahresverlauf zwischen fünf und 33 Zoll). Zu dieser Zeit war die Teleskoptechnologie noch nicht so weit fortgeschritten, um ihm eine solche Genauigkeit bieten zu können. Erst das Observatorium von San Petronio machte seine Forschungen möglich. Wenn die Umlaufbahn der Erde wirklich elliptisch war, so nahm Cassini an, dann sollte das auf den Boden der Kathedrale projizierte Bild der Sonne, wenn die beiden Körper sich aufeinander zubewegten, in dem einen Fokus der Ellipse größer und, wenn sie sich wieder voneinander entfernten, in dem anderen kleiner werden.[113]

Mitte der 50er Jahre des 17. Jahrhunderts konnte Cassini schließlich gemeinsam mit einigen jesuitischen Kollegen sein Experiment durchführen und das tun, was er sich vorgenommen hatte: Er bestätigte Keplers These von den elliptischen Umlaufbahnen.[114] Ein Wissenschaftler bringt das Ereignis auf den Punkt: „Und so bestätigten die Jesuiten… den Eckstein der Keplerschen Version der kopernikanischen Theorie und ‚zerstörten die aristotelische Himmelsphysik' durch Observatio-

---

112 J. L. Heilbron: Jährliche Einladungsvorlesung an der Scientific Instrument Society, Royal Institution, London, 6. Dezember 1995.
113 William J. Broad: „How the Church Aided 'Heretical' Astronomy", in: „New York Times", 19. Oktober 1999.
114 Heilbron (1999), S. 112. Heilbron verwendet in Bezug auf die Entdeckung Cassinis den eher technischen Begriff „Zweiteilung der Exzentrizität". Damit sind einfach die elliptischen Planetenumlaufbahnen gemeint, die zuweilen als „exzentrisch" bezeichnet werden.

nen, die sie in der Kirche San Petronio im Herzen des Kirchenstaats durchführten."[115]

Diese Entwicklung war nicht unbedeutend. Den Worten Jean Lalandes, des großen französischen Astronomen aus dem 18. Jahrhundert, zufolge war die Verwendung von *meridiana* in der Kathedrale von San Petronio in Bologna „in der Geschichte der Erneuerung der Wissenschaften epochal." Eine frühere Quelle aus dem 18. Jahrhundert versicherte, daß diese Errungenschaft „noch von künftigen Zeitaltern gefeiert werden würde zum unsterblichen Ruhm des menschlichen Geistes, der die ewigen Regeln der Bewegungen von Sonne und Sternen auf der Erde so exakt kopieren konnte."[116] Wer hätte gedacht, daß die katholischen Kathedralen einen so wichtigen Beitrag zum Fortschritt der Wissenschaft geleistet haben?

Diese kirchlichen Observatorien brachten die wissenschaftliche Arbeit entscheidend voran. Zwischen 1655 und 1736 konnten die Astronomen in San Petronio um die 4.500 Beobachtungen durchführen. Im weiteren Verlauf des 18. Jahrhunderts machten die Verbesserungen der Beobachtungsinstrumente die Kathedralensternwarten zunehmend überflüssig, doch sie wurden auch weiterhin zur Zeitmessung und sogar zum Einstellen der Zeit für Eisenbahnen verwendet.

Es bleibt festzuhalten, was J. L. Heilbron von der kalifornischen Universität Berkeley anmerkt: „Die römisch-katholische Kirche hat über sechs Jahrhunderte lang, von der Wiederentdeckung des antiken Wissens über das Spätmittelalter bis hin zur Aufklärung, mehr in die finanzielle und gesellschaftliche Unterstützung der astronomischen Forschung investiert als jede andere Institution und vermutlich auch mehr als alle ande-

---

115 Ebd., S. 112.
116 Ebd., S. 5.

ren Institutionen zusammen."[117] Dabei gehen die Beiträge der Kirche, wie wir gesehen haben, weit über die Astronomie hinaus. Die Gedanken katholischer Theologen bildeten die erste Grundlage des wissenschaftlichen Fortschritts. Mittelalterliche Denker formulierten einige der ersten Prinzipien der modernen Wissenschaft. Und katholische Priester, treue Söhne ihrer Kirche, haben ihre Begabung und ihr Interesse für die Wissenschaften – Mathematik, Geometrie, Optik, Biologie, Astronomie, Geologie, Seismologie und viele andere Gebiete – immer wieder unter Beweis gestellt.

Wieviel davon ist allgemein bekannt, und in wie vielen Texten der westlichen Zivilisation wird dies auch nur erwähnt? Diese Fragen zu stellen heißt, sie zu beantworten. Doch dank der hervorragenden Arbeit jüngerer Wissenschaftshistoriker, die entschlossen sind, der Kirche zu ihrem Recht zu verhelfen, ist heute kein ernstzunehmender Wissenschaftler mehr in der Lage, den abgedroschenen Mythos von der angeblichen Rivalität zwischen Religion und Wissenschaft zu wiederholen. Denn es war schließlich kein Zufall, daß die moderne Wissenschaft im katholischen Umfeld des westlichen Europa geboren worden ist.

---

117 Ebd., S. 3.

Kapitel 6:

Kunst, Architektur und die Kirche

Das künstlerische Erbe des Westens wird so stark mit katholischen Bildern identifiziert, daß wirklich niemand versuchen könnte, den Einfluß der Kirche zu leugnen. Doch auch hier leistete der Katholizismus wesentlich mehr, als nur der westlichen Kunst ihre Sujets zu liefern.

Allein die Tatsache, daß wir so viele meisterhafte Kunstwerke besitzen, ist schon ein Spiegel des katholischen Denkens. Das 8. und 9. Jahrhundert erlebte das Aufkommen einer zerstörerischen Irrlehre, die als Ikonoklasmus bezeichnet wird. Die Ikonoklasten lehnten die Verehrung von Bildern, Ikonen oder religiösen Skulpturen ab. Sie gingen sogar so weit, sich ganz gegen die Abbildung von Christus und den Heiligen in der Kunst zu wenden. Hätte diese Idee sich durchgesetzt, wären die schönen Gemälde, Skulpturen, Mosaiken, Glasmalereien, prachtvollen Handschriften und Kirchenfassaden, die die Menschen überall auf der Welt erfreut und inspiriert haben, niemals entstanden. Doch sie konnte sich nicht durchsetzen, denn sie lief dem katholischen Schöpfungsglauben und der damit verbundenen Wertschätzung der geschaffenen Welt diametral entgegen.

Kapitel 6

Der Ikonoklasmus entstand nicht im Westen, sondern im byzantinischen Reich, erhob aber den Anspruch, eine Lehre zu vertreten, die alle gläubigen Christen annehmen müßten, wollten sie sich nicht der Ketzerei schuldig machen. Aus Gründen, die bis heute im dunkeln liegen, wurde der Ikonoklasmus von dem byzantinischen Kaiser Leo III. (717-741) eingeführt. Wahrscheinlich hat die Begegnung mit der islamischen Welt hierbei eine Rolle gespielt. Schon im ersten Jahrhundert nach der Entstehung des Islam hatten die Muslime die im Mittleren Osten gelegenen Teile des byzantinischen Reichs überrannt, so daß der Kaiser in Konstantinopel gezwungen war, sich mit diesem hartnäckigen und mächtigen Feind auseinanderzusetzen und gegen ihn zu kämpfen. Im Laufe dieses Kampfes konnte er nicht umhin festzustellen, daß die islamische Kunst keine darstellende Kunst war. So gab es keine Abbildungen des Religionsgründers Mohammed. Und schließlich zog Leo III. den Gedanken in Erwägung, der östlichen Christenheit die Verwendung von Bildern zu verbieten, denn vielleicht mußte man sich die dauernden Siege der Muslime und die dauernden Niederlagen der Byzantiner auf dem Schlachtfeld so erklären, daß Gott die Byzantiner für ihre Bilder bestrafte.

In den Augen der westlichen Welt war der Ikonoklasmus eine himmelschreiende Ketzerei. Bevor der Bilderstreit entbrannte, hatte die christliche Kunst jahrhundertelang Christus und die Heiligen gemalt. Die Darstellung Christi in der Kunst war ein Spiegel der katholischen Menschwerdungslehre. Mit der Menschwerdung Gottes in Jesus Christus war die stoffliche Welt trotz ihrer Sündhaftigkeit auf eine neue Ebene gehoben worden. Sie durfte nicht verachtet werden, denn Gott hatte sie nicht nur geschaffen: Er hatte sogar in ihr gewohnt.

Dies waren einige der Gründe, aus denen der heilige Johannes von Damaskus den Ikonoklasmus verurteilte. Einen Großteil seines Lebens verbrachte Johannes als Mönch in der Nähe von

Jerusalem. Zwischen den 20er und den 40er Jahren des 8. Jahrhunderts verfaßte er als Reaktion auf den Bilderstreit seine *Drei Verteidigungsschriften gegen diejenigen, welche die heiligen Bilder verwerfen*. In seiner Auseinandersetzung mit der spezifischen Frage, ob Gott die Verehrung von Bildern wirklich verbot, wie die Ikonoklasten glaubten, stützte er sich naturgemäß größtenteils auf biblische und patristische Zitate sowie auf das Zeugnis der Tradition insgesamt. Dennoch führte er auch wichtige theologische Argumente für die religiöse Kunst an. Johannes entdeckte in der ikonoklastischen Position eine Tendenz zum Manichäismus, einer Irrlehre, die die Welt in ein Reich des Bösen oder der Materie und ein Reich des Guten oder des Geistes aufteilte. Die Vorstellung, daß materielle Dinge Träger von etwas geistig Gutem sein könnten, war für die Manichäer vollkommen absurd. (Im 12. und 13. Jahrhundert griffen die vom Manichäismus beeinflußten Katharer diesen Gedanken wieder auf und schlossen daraus, daß die katholische Sakramentenlehre ein Betrug sein müsse: Wie konnte böse Materie – in Form von Wasser, geweihten Ölen, Brot und Wein – dem Empfangenden rein geistige Gnade vermitteln?) „Du machst die Materie schlecht und nennst sie ehrlos", warf Johannes dem Ikonoklasten vor. „Das tun auch die Manichäer, aber die Heilige Schrift verkündet sie als gut; sie sagt nämlich: 'Und Gott sah alles, was er gemacht hatte, und siehe, es war sehr gut.'"[1]

Mit Bedacht wies Johannes darauf hin, daß er die Materie „nicht als Gott" verehrte – „das sei ferne; denn wie könnte das, was aus Nicht-Seiendem sein Werden erhalten hat, Gott sein?"[2] Doch die Materie, die die Christen nicht als in sich böse verurteilen dürfen, konnte etwas Göttliches ausdrücken:

---

1 Johannes von Damaskus: Drei Verteidigungsschriften gegen diejenigen, welche die heiligen Bilder verwerfen, Leipzig 1994, S. 71.
2 Ebd., S. 39f.

Kapitel 6

> Ich verehre nicht die Materie, ich verehre vielmehr den Schöpfer der Materie, denjenigen, der [durch die Menschwerdung] um meinetwillen Materie geworden ist, der es auf sich genommen hat, in Materie zu wohnen, und der durch die Materie mein Heil gewirkt hat, und ich werde nicht aufhören, die Materie zu verehren, durch die mein Heil gewirkt ist. ... Die übrige Materie, durch die mein Heil zustande gekommen ist, verehre und achte ich als voll von göttlichem Wirken und göttlicher Gnade. Ist nicht Materie das Holz des Kreuzes, dreimal glücklich und dreimal selig? Ist nicht Materie der verehrungswürdige und heilige Berg, die Schädelstätte? Ist nicht Materie der nahrungsspendende und lebentragende Felsen, das heilige Grab – die Quelle unserer Auferstehung? Ist nicht Materie die Tinte und das hochheilige Evangelienbuch? Ist nicht Materie der lebensspendende Tisch, der uns das Brot des Lebens darbietet? Sind nicht Materie das Gold und das Silber, aus denen Kreuze, Patenen und Kelche verfertigt werden? Sind nicht Materie vor all diesen Dingen der Leib und das Blut meines Herrn? Nimm all diesen Dingen ihre Würde und Verehrung weg, oder gestehe der kirchlichen Tradition auch die Verehrung der Bilder Gottes und der seiner Freunde zu, die durch den Namen Gottes geheiligt und deshalb von der Gnade des göttlichen Geistes geschmückt werden![3]

Auf diese Weise wurde die Darstellung Christi, der Heiligen und der religiösen Szenen in der Kunst, die die Kultur des Westens in so hohem Maße geprägt hat, mit Hilfe theologischer Prinzipien verteidigt. 843 schließlich gaben auch die Byzantiner den Ikonoklasmus auf und gingen wieder dazu über, Christus und die Heiligen in der Kunst darzustellen. Die Gläubigen begrüßten diese Entwicklung voller Freude; das jährliche Fest „Triumph der Orthodoxie"[4] erinnerte an die Rückkehr zur traditionellen Praxis der Ikonenverehrung.

---

3 Ebd., S. 39f.
4 Der Begriff „Orthodoxie" bezieht sich in diesem Fall nicht auf die orthodoxe Kirche, denn das große Schisma zwischen den katholischen und den orthodoxen Gläubigen fand erst 1054 statt; der Begriff bedeutet hier soviel wie „traditioneller Glaube".

Die Bedeutung der offiziellen Ablehnung des Ikonoklasmus von Seiten der katholischen Kirche (787 wurde er auf dem Dritten Konzil von Nizäa verdammt) kann kaum zu hoch eingeschätzt werden. Den Gedanken des heiligen Johannes von Damaskus und seiner Anhänger verdanken wir den späteren Luxus der schönen Rafaelmadonnen, der *Pietà* des Michelangelo und ungezählter anderer Werke voller Leidenschaft und Genie, ganz zu schweigen von den großartigen Fassaden der Kathedralen des Hochmittelalters (auf denen sich häufig Abbildungen Christi, der Apostel und der Heiligen finden). Diese positive Sicht der darstellenden religiösen Kunst kann nicht einfach als etwas Natürliches und Selbstverständliches hingenommen werden; so besteht der Islam beispielsweise noch immer auf einer anikonischen (nicht bildlichen) Kunst. Im 16. Jahrhundert lebte die ikonoklastische Häresie wieder auf, als der protestantische Bildersturm durch die Kirchen fegte und Statuen, Altarbilder, Fensterbilder und andere große Schätze der westlichen Kunst zertrümmerte. Johannes Calvin, wohl der bedeutendste aller protestantischen Denker, befürwortete optisch karge Plätze für die Feier des Gottesdienstes und verbot sogar Musikinstrumente. Nichts konnte der katholischen Kirche fernerliegen, die, von der Menschwerdung inspiriert, die natürliche Welt mit Ehrfurcht betrachtete und die Überzeugung hegte, daß der aus Leib (Materie) und Seele bestehende Mensch mit Hilfe materieller Dinge zu Gott gelangen könne.

Der vermutlich größte katholische Beitrag zur Kunst, der das Gesicht Europas ohne Zweifel dauerhaft geprägt hat, ist die mittelalterliche Kathedrale. Erst vor kurzem hat ein Kunsthistoriker geschrieben: „Die mittelalterlichen Kathedralen Europas... sind die größten Leistungen der Menschheit im gesamten Bereich der Kunst."[5] Besonders bemerkenswert sind die

---

5   Paul Johnson: Art: „A New History", New York 2003, S. 153.

Kapitel 6

gotischen Kathedralen Europas. Aus dem romanischen Stil entwickelte sich im 12. Jahrhundert die gotische Architektur und verbreitete sich in unterschiedlichem Ausmaß von ihren Herkunftsländern Frankreich und England aus über ganz Europa. Die von ihrer Größe und Anlage her monumentalen Bauwerke weisen einige charakteristische Merkmale auf, darunter Strebebögen, Spitzbögen und das Rippengewölbe. Die Gesamtwirkung, zu der auch die vielbewunderte gotische Glasmalerei ihren Teil beiträgt, ist ein außergewöhnliches Zeugnis für den übernatürlichen Glauben einer ganzen Zivilisation.

Es ist kein Zufall, daß sich bei näherer Untersuchung dieser Kathedralen eine beeindruckende geometrische Kohärenz offenbart. Diese Kohärenz ergibt sich unmittelbar aus einem wichtigen Zug des katholischen Denkens. Der heilige Augustinus hatte wiederholt auf einen alttestamentlichen Vers (Weish 11, 21) verwiesen, der beschreibt, wie Gott „alles nach Maß, Zahl und Gewicht geordnet" hat. Für viele katholische Denker wurde diese Vorstellung selbstverständlich – auch und vor allem für jene, die im 12. Jahrhundert mit der Schule von Chartres in Verbindung standen. Und sie spielte eine zentrale Rolle beim Bau der gotischen Kathedralen.[6]

In dieser Zeit, als sich die gotische Architektur aus der Romanik zu entwickeln begann, setzte sich unter katholischen Denkern mehr und mehr die Überzeugung durch, daß zwischen der Mathematik – insbesondere der Geometrie – und Gott ein Zusammenhang bestehe. Seit Pythagoras und Platon hatten wichtige Strömungen des Denkens in der westlichen Zivilisation die Mathematik mit dem Göttlichen identifiziert. In Chartres, so Robert Scott, glaubten die Gelehrten, „daß die

---

[6] John W. Baldwin: The Scholastic Culture of the Middle Ages, 1000-1300, Lexington 1971, S. 107; Robert A. Scott: The Gothic Enterprise, Berkeley 2003, S. 124f.

Geometrie ein Weg war, die Menschen mit Gott zu verbinden, und die Mathematik ein Mittel, um der Menschheit die innersten Geheimnisse des Himmels zu enthüllen. Sie glaubten, daß die Harmonie der musikalischen Konsonanz auf denselben Verhältnissen beruhe wie die kosmische Ordnung, daß der Kosmos ein architektonisches Werk und Gott sein Architekt sei." Diese Vorstellungen veranlaßten die Baumeister, „Architektur als angewandte Geometrie, Geometrie als angewandte Theologie und den Planer einer gotischen Kathedrale als den Nachahmer des göttlichen Meisters zu betrachten."[7] „So wie der große Geometer die Welt in Ordnung und Harmonie geschaffen hatte", erklärt Professor John Baldwin, „so versuchte der gotische Architekt im kleinen, Gottes irdischen Wohnsitz nach den höchsten Prinzipien der Proportion und der Schönheit zu gestalten."[8]

Die geometrische Proportionalität dieser Kathedralen ist in der Tat beeindruckend. Nehmen wir nur einmal die Kathedrale im englischen Salisbury. Die mittlere Vierung (wo das Querschiff die Ost-West-Achse schneidet) mißt 39 mal 39 Fuß. Das ist die Grundlage für nahezu alle übrigen Abmessungen der Kathedrale. So beträgt beispielsweise die Breite und die Länge jedes der zehn Joche des Längsschiffs 19 Fuß und 6 Zoll – das ist exakt die Hälfte der Länge der Zentralvierung. Das Längsschiff selbst besteht aus 20 identischen Flächen von 19 Fuß 6 Zoll im Quadrat und weiteren zehn Flächen von 19 Fuß 6 Zoll mal 39 Fuß. Und das sind nur einige Beispiele für die allgegenwärtige geometrische Kohärenz, die die Kathedrale durchzieht.[9]

---

7 Scott, a. a. O., S. 125.
8 Baldwin, a. a. O., S. 107.
9 Scott, a. a. O., S. 103f.

Kapitel 6

Diese Aufmerksamkeit für geometrische Proportionen läßt sich in der gesamten gotischen Tradition beobachten. Ein anderes bemerkenswertes Beispiel ist die Kathedrale Saint Rémy in Reims. Auch wenn Saint Rémy noch Elemente des früheren romanischen Stils enthält und daher keinen ganz mustergültigen gotischen Kirchenbau darstellt, zeigt sich hier doch schon jenes Interesse an Geometrie und Mathematik, das zu einer so faszinierenden Besonderheit dieser Tradition werden sollte. Der Einfluß des heiligen Augustinus und sein Glaube an die Zahlensymbolik ebenso wie (noch einmal) seine Überzeugung, daß Gott „alles nach Maß, Zahl und Gewicht geordnet" hatte, fallen unmittelbar ins Auge. Der Chor von Saint Rémy gehört „zu den vollkommensten Dreifaltigkeitssymbolen in der gotischen Architektur", wie Christopher Wilson erklärt, „denn das Spiel mit der Zahl drei umfaßt die dreifachen Fenster, die jede der drei Ebenen der Hauptapsis erhellen, und sogar die Zahl, die sich ergibt, wenn man die Anzahl der Joche des Chorumgangs – elf – mit der Anzahl der Stockwerke multipliziert, nämlich 33."[10] Und 33 ist bekanntlich das Alter, in dem Christus sein Erdenleben vollendet hat.

Dieses Streben nach geometrischer Präzision und numerischer Sinnhaftigkeit, die entscheidend zu dem Genuß beitragen, den Ästheten aus diesen großartigen Bauwerken ziehen, ist, um es noch einmal zu sagen, kein bloßer Zufall. Es rührt von spezifisch katholischen Vorstellungen her, die sich bis zu den Kirchenvätern zurückverfolgen lassen. Der heilige Augustinus, dessen Schrift *De Musica* zur einflußreichsten ästhetischen Abhandlung des Mittelalters werden sollte, betrachtete Architektur und Musik als die vornehmsten aller Künste, weil ihre mathematischen Proportionen die Gesetzmäßigkeiten des Universums wi-

---

10 Christopher Wilson: The Gothic Cathedral: The Architecture of the Great Church, 1130-1530, London 1990, S. 65f.

derspiegelten und den menschlichen Geist veranlaßten, sich zur Betrachtung der göttlichen Ordnung emporzuheben.[11]

Die Fenster der gotischen Kathedrale und der hohe Stellenwert des Lichts, das diese gewaltigen und majestätischen Bauwerke durchflutet, sind vielleicht ihre auffälligsten Merkmale. Der Gedanke liegt nahe, daß der Architekt um die theologische Bedeutung des Lichts gewußt hat. Der heilige Augustinus hatte die menschliche Erkenntnis als göttliche Erleuchtung aufgefaßt: Gott erleuchtet den Geist mit Wissen. Diese Vorstellung von Gott, der den Geist des Menschen mit Licht erfüllt, erwies sich als machtvolle Metapher für die Architekten der gotischen Tradition, nach deren Verständnis das natürliche Licht auf seine göttliche Quelle verweisen sollte.[12]

Eine der ersten großen Kirchen im gotischen Stil ist die sieben Kilometer nördlich von Paris gelegene Abteikirche von Saint Denis. Hier ist die religiöse Bedeutung des Lichts unverkennbar, das durch die Fenster in den Chorraum und das Kirchenschiff einströmt. Eine Inschrift an der Tür besagt, daß das Licht den Geist von der materiellen Welt emporhebt und auf Christus, das wahre Licht, hinlenkt.[13]

Als er seinen staunenswerten Bau entwarf, war der Architekt mithin zutiefst vom katholischen Denken beeinflußt. „Wenn die Augen der Gläubigen sich zum Himmel wandten", schreibt ein moderner Forscher, „stellten sie sich vor, daß Gottes Gnade in Form des Sonnenlichts als Segen herabströme und ihren Lobpreis wecke. Sünder konnten von Reue erfüllt werden und nach Vollkommenheit streben, wenn sie die Welt der geistigen Vollkommenheit betrachteten, in der Gott lebte – eine Welt, die ihnen durch die geometrische Regelmäßigkeit der Kathedralen

---

11 Ebd., S. 275f.
12 Baldwin, a. a. O., S. 107f.
13 Ebd., S. 108.

Kapitel 6

vergegenwärtigt wurde."[14] Tatsächlich war jedes Detail einer Kathedrale ein Hinweis auf ihre übernatürliche Inspiration. „Während die überwiegend horizontalen Linien der griechisch-römischen Tempel eine naturverbundene Religionserfahrung symbolisierten", schreibt ein Wissenschaftler, „symbolisierten die gotischen Turmspitzen das Emporstreben einer entschieden übernatürlichen Sichtweise."[15]

Diese großen Bauwerke erzählen uns auch etwas über das Zeitalter, in dem sie geplant und errichtet worden sind. Eine Geschichtsepoche, die solche großartigen Werke der Architektur vollbracht hat, kann keine Zeit des Stillstands oder der Dunkelheit gewesen sein, als die das Mittelalter allzuoft bezeichnet worden ist. Das Licht, das in die gotische Kathedrale strömte, symbolisierte das Licht des 13. Jahrhunderts, eines Zeitalters, das ebenso durch seine Universitäten, seine Bildung und seine Gelehrsamkeit charakterisiert wird wie durch die religiöse Begeisterung und Kühnheit eines Franz von Assisi.

Der Wirkung dieser Kathedralen kann sich auch der Mensch des 21. Jahrhunderts nicht entziehen. Eine der neuesten Untersuchungen über die gotische Kathedrale wurde von einem Soziologen der Stanford University verfaßt, der beruflich eigentlich nichts mit Architektur zu tun hat. Er hatte sich schlichtweg in die Kathedrale von Salisbury verliebt und entschloß sich daher, über dieses Wunderwerk zu lesen und zu schreiben, um diesen Schatz, der ihn so faszinierte, auch an andere weiterzuschenken.[16] Und selbst ein kirchenfeindlicher Wissenschaftler des 20. Jahrhunderts spricht voller Bewunderung von der hingebungsvollen und geduldigen Arbeit, die den Bau der großen Kathedralen erst möglich gemacht hat:

---

14 Scott, a. a. O., S. 132.
15 Stanley L. Jaki (1995), S. 75.
16 Das Buch, von dem hier die Rede ist, ist Robert Scotts „The Gothic Enterprise".

> Ein glänzendes Beispiel für die schöne Hingabe der Bevölkerung einer Region an den Bau einer großartigen Kathedrale findet sich im französischen Chartres. Dieses wundervolle Gebäude wurde 1194 begonnen und 1240 fertiggestellt. Um ein Bauwerk zu errichten, das ihre Stadt verschönern und ihre religiösen Ambitionen zufriedenstellen würde, investierten die Bürger fast ein halbes Jahrhundert lang Jahr für Jahr ihre Kraft und ihren Besitz. Sie zogen in die weit entfernten Steinbrüche, um den Felsen auszugraben. Man kann sie sich vorstellen, wie sie, Männer, Frauen und Kinder, von ihren Priestern ermutigt, schwerfällige, mit Baumaterialien beladene Karren zogen. Tag für Tag setzten sie ihre mühsame Reise fort, hin zu den Steinbrüchen und wieder zurück. Wenn sie, erschöpft von der Mühe des Tages, ihre Arbeit des Nachts unterbrachen, verbrachten sie ihre freie Zeit mit Beichte und Gebet. Andere arbeiteten mit größerem Geschick, aber der gleichen Hingabe, an der großen Kathedrale selbst... Ihre Hingabe und Aufopferung prägten in diesem Teil Frankreichs eine ganze Epoche.[17]

Zuweilen wird das Aufkommen der Kathedralen mit dem scholastischen Geisteshorizont in Zusammenhang gebracht. Die Scholastiker, deren berühmtester Vertreter Thomas von Aquin war, konstruierten intellektuelle Systeme. Sie waren nicht einfach bestrebt, diese oder jene Einzelfrage zu lösen, sondern wollten ganze Gedankengebäude errichten. Ihre *Summae*, in denen sie versuchten, jede Frage zu untersuchen, die irgendwie mit ihrem Thema zusammenhing, waren systematische, in sich stimmige Gefüge, in denen jede einzelne Schlußfolgerung harmonisch zu jeder anderen in Beziehung stand – nicht anders als die verschiedenen Bestandteile der gotischen Kathedralen, die gemeinsam eine Struktur von bemerkenswerter innerer Kohärenz ergaben.

Erwin Panofsky hat die provozierende These geäußert, daß dies kein Zufall sei und daß es sich bei beiden Phänomenen – der Scholastik und der gotischen Architektur – um verwandte

---

17 Flick, a. a. O., S. 600.

Kapitel 6

Produkte eines gemeinsamen intellektuellen und kulturellen Umfelds handele. Er führt unzählige Beispiele für faszinierende Parallelen zwischen der scholastischen *Summa* und der hochgotischen Kathedrale an. So habe etwa die gotische Baukunst ältere architektonische Stilelemente miteinander verschmolzen, statt die einen zu übernehmen und die anderen fallenzulassen, und sei darin ganz ähnlich vorgegangen wie die Scholastik, die stets bestrebt gewesen sei, bei der Untersuchung strittiger Fragen Quellen mit unterschiedlicher Aussage, aber gleicher Autorität – scheinbar widersprüchliche Positionen zweier Kirchenväter beispielsweise – miteinander zu versöhnen.[18]

Den größten Ausbruch an Erneuerung und purer Leistungskraft seit der Antike erlebte die Kunstwelt während der Renaissance des 15. und 16. Jahrhunderts. Die Renaissance ist nicht einfach zu kategorisieren. Einerseits scheint manches an ihr das Kommen einer modernen Welt anzukündigen. Der Säkularismus ist zunehmend präsent, und mehr und mehr liegt die Betonung auf dem weltlichen Leben als auf der zukünftigen Welt. Die Geschichten über die Sittenlosigkeit jener Zeit sind Legion, und so überrascht es uns nicht, daß manche Katholiken dazu neigen, die Renaissance in Bausch und Bogen zu verurteilen.

Auf der anderen Seite läßt sich die Renaissance mit einigem Recht weniger als ein radikaler Bruch mit dem Mittelalter, sondern vielmehr als seine Erfüllung beschreiben; mittelalterliche Denker hatten ebenso wie die großen Gestalten der Renaissance tiefen Respekt vor dem klassischen Altertum (auch wenn sie nicht das gesamte klassische Erbe so unkritisch übernahmen wie manche Humanisten der Renaissance), und wichtige künstlerische Techniken, die in der Renaissance perfektioniert worden

---

18 Erwin Panofsky: Gotische Architektur und Scholastik, Köln 1989, S. 44f.

sind, haben ihren Ursprung im Spätmittelalter. Zudem haben viele Meisterwerke dieser Epoche katholische Sujets, und die Päpste selbst traten als Mäzene der größten Künstler auf.

Die Wahrheit über dieses Thema läßt sich in vier Punkten zusammenfassen, nämlich erstens: Wichtige künstlerische Neuerungen traten bereits vor dem traditionell für die Renaissance angesetzten zeitlichen Rahmen auf; zweitens: In anderen Bereichen als der Kunst war die Renaissance eine Zeit des Stillstands oder sogar des Rückschritts; drittens: Die Tendenz zur Verweltlichung läßt sich in dieser Epoche zwar zweifelsfrei nachweisen, aber viertens: Die Renaissancekunst war ihrer Natur nach überwiegend religiös, und es ist dem Mäzenatentum der Renaissancepäpste zu verdanken, wenn wir uns heute daran erfreuen dürfen.

Wir wollen diese Punkte nacheinander betrachten. Ein Jahrhundert vor dem Zeitpunkt, der in den Chroniken üblicherweise als der Beginn der Renaissance bezeichnet wird, nahm der mittelalterliche Maler Giotto di Bondone, gemeinhin bekannt unter dem Namen Giotto, bereits viele der technischen Neuerungen vorweg, für die die Renaissance später so gefeiert werden sollte. Giotto wurde 1267 in der Nähe von Florenz geboren. Einer möglicherweise apokryphen Erzählung zufolge nahm der junge Giotto, als er im Alter von zehn Jahren die Schafe seines Vaters hütete, ein Stück Kreide zur Hand und zeichnete ein Schaf auf den Felsen. Cimabue, selbst ein angesehener Künstler, soll den Knaben beim Zeichnen beobachtet haben und so beeindruckt gewesen sein, daß er den Vater des Jungen um die Erlaubnis bat, Giotto als Künstler in die Lehre zu nehmen.

Cimabue selbst hatte in der Kunst Bahnbrechendes geleistet, als er den byzantinischen Formalismus zugunsten einer realistischeren Personendarstellung überwand. Giotto trat in seine Fußstapfen: Er führte die Malerei in seinem Bemühen um eine realistischere Darstellungsweise zu neuen und bedeutenden Ufern

Kapitel 6

und übte einen wesentlichen Einfluß auf die nachfolgenden Künstlergenerationen aus. Seine Technik, mit der er eine Tiefenwirkung und eine wirklichkeitsnahe Dreidimensionalität erzielte, war von größter Wichtigkeit; dasselbe gilt für seine individualisierte Darstellung menschlicher Personen (im Unterschied zu den stärker stilisierten Malereien seiner Vorgänger, in denen die einzelnen Gesichter kaum voneinander zu unterscheiden waren).

In gewissem Sinne läßt sich also sagen, daß die Renaissance aus dem Mittelalter hervorgegangen ist. In Bereichen, die nichts mit der Kunst zu tun hatten, war die Renaissance dagegen eine eher rückschrittliche Epoche. So würde die englische und kontinentale Literaturwissenschaft das 15. Jahrhundert kaum vermissen. Zur selben Zeit kam das wissenschaftliche Leben in Europa praktisch zum Stillstand. Mit Ausnahme der kopernikanischen Theorie des Weltalls ist die Geschichte der westlichen Wissenschaft zwischen 1350 und 1600 eine Geschichte relativer Stagnation. Und auch die westliche Philosophie, die im 12. und 13. Jahrhundert eine Blütezeit erlebt hatte, kann in dem betreffenden Zeitraum nur wenig Eigenes vorweisen.[19]

Man könnte sogar sagen, daß die Renaissance in vielerlei Hinsicht eine eher irrationale Zeit gewesen ist. So erreichte die Alchemie in der Renaissance ihren Höhepunkt. Die Astrologie wurde immer einflußreicher. Hexenverfolgungen, die irrtümlich mit dem Mittelalter in Verbindung gebracht werden, verbreiteten sich erst im 15. und 16. Jahrhundert.

Unverkennbar war allerdings der säkulare Geist der Renaissance. Obwohl die Lehre von der Erbsünde selten ausdrücklich geleugnet wurde, setzte sich nun eine sehr viel positivere Sicht der menschlichen Natur und ihres Potentials durch. Die anbre-

---

[19] James Franklin, „The Renaissance Myth", in: „Quadrant" 26 (November 1982), S. 53f.

chende Renaissance feiert den natürlichen Menschen mit seiner Würde und seinen Möglichkeiten, losgelöst von den Wirkungen der übernatürlichen Gnade. Die im Mittelalter so bewunderten und in der monastischen Tradition verkörperten kontemplativen Tugenden machten nun den aktiven Tugenden Platz, die zunehmend geschätzt wurden. Mit anderen Worten: Ein eher an der Welt orientiertes Verständnis dessen, was nützlich und praktisch ist – ein Verständnis, das in der Zeit der Aufklärung triumphieren sollte –, begann das mönchische Leben zu verachten und stattdessen die weltliche Aktivität zu preisen, die sich schon im Lebensstil eines gewöhnlichen Städters manifestierte. Der Säkularismus erstreckte sich sogar auf die politische Philosophie: In *Der Fürst* (1513) entwickelte Machiavelli eine rein weltliche Sicht der Politik und des Staates, einer Institution, die er als moralisch autonom und von all jenen Maßstäben frei beschreibt, die man traditionell an das Verhalten von Individuen anlegt.

Diese Verweltlichung zeigte sich auch in der Kunst, deren Themen sich von dem Moment an zu verändern begannen, als es nicht mehr nur die Kirche war, die als ihre Schutzherrin auftrat. Ihrer Natur nach weltliche Selbstportraits und Landschaftsbilder erlebten eine Blütezeit. Ob das übergeordnete Sujet nun aber weltlich oder religiös war – allein schon der in der Renaissancekunst so offenkundige Wunsch, die natürliche Welt so exakt abzubilden wie nur möglich, macht deutlich, daß diese nicht länger als bloße Zwischenstation zwischen dem zeitlichen Dasein und der himmlischen Seligkeit, sondern als etwas angesehen wurde, das in sich selbst gut war und es verdiente, sorgfältig betrachtet und dargestellt zu werden.

Dennoch stellt der Großteil der Renaissancekunstwerke religiöse Themen dar und ist von Menschen geschaffen worden, deren Kunst vollkommen von ihrem aufrichtigen und tiefen Glauben inspiriert war. Kenneth Clark, der Verfasser des weithin anerkannten Buchs *Zivilisation*, schreibt:

Kapitel 6

> Guercino verbrachte einen Teil seiner Vormittage im Gebet, Bernini zog sich häufig in die Einsamkeit zurück und verrichtete die geistigen Übungen des heiligen Ignatius, Rubens nahm jeden Morgen, bevor er an die Arbeit ging, an der heiligen Messe teil. ... Dieser Konformismus hatte nichts mit Furcht vor der Inquisition zu tun, sondern beruhte auf der schlichten Überzeugung, der Glaube, der die großen Heiligen der vorangegangenen Generation inspiriert hatte, solle die Ordnung des menschlichen Lebens bestimmen. Die Mitte des 16. Jahrhundert war... eine Epoche großer Heiliger in der römischen Kirche. Der hl. Johannes vom Kreuz, der große Dichter des Mystizismus, der hl. Ignatius von Loyola, der seherische Soldat und Seelenkenner... – man braucht nicht gläubiger Katholik zu sein, um dem halben Jahrhundert, das diese großen Geister hervorgebracht hatte, Hochachtung entgegenzubringen.[20]

Die Päpste, insbesondere Persönlichkeiten wie Julius II. und Leo X., waren große Förderer vieler dieser Künstler. Unter dem Pontifikat und der Schutzherrschaft Julius' II. schufen Genies wie Bramante, Michelangelo und Rafael einige ihrer denkwürdigsten Kunstwerke. Die *Catholic Encyclopedia* verweist auf die Bedeutung dieses Papstes:

> [A]ls die Frage aufkam, ob die Kirche den Fortschritt aufgreifen oder ihn zurückweisen und verdammen, ob sie sich mit dem humanistischen Geist vereinen oder sich von ihm lösen solle, war es das Verdienst Julius' II., daß er sich auf die Seite der Renaissance stellte und dem moralischen Triumph der Kirche den Boden bereitete. Die großen Schöpfungen Julius' II., Bramantes Petersdom und Rafaels Vatikan, sind untrennbar mit den großen Ideen von Menschlichkeit und Kultur verbunden, wie sie die katholische Kirche repräsentiert. Hier weist die Kunst über sich selbst hinaus und wird zur Sprache von etwas Größerem, zum Symbol einer der vornehmsten Harmonien, die die menschliche Natur je verwirklicht hat. Durch die Willenskraft die-

---

20 Clark, a. a. O., S. 199; vgl. auch Joseph MacDonnell: Companions of Jesuits: A Tradition of Collaboration, Fairfield (Conn.) 1995.

ses außerordentlichen Mannes wurde Rom am Ende des 16. Jahrhunderts zum Treffpunkt und Zentrum aller großen Künstler und Denker.[21]

Ähnliches gilt für das Pontifikat Leos X., auch wenn man zugeben muß, daß er nicht dieselbe Sicherheit des Geschmacks und des Urteils besaß wie Julius II. „Von überallher", schrieb ein Kardinal im Jahr 1515, „eilen Männer der Wissenschaft in die Ewige Stadt, ihr Heimatland, ihre Zuflucht, ihre Schutzherrin." Rafaels Werk konnte sich unter Leo, der als Förderer dieses angesehenen Künstlers in die Fußstapfen seines Vorgängers trat, in noch beeindruckenderer Weise entfalten. „Alles, was mit der Kunst zu tun hat, gibt der Papst an Rafael weiter", notiert ein Botschafter 1518.[22] Wieder können wir von Will Durants Urteil profitieren, der über den Hof Leos X. folgendes schreibt:

> [E]r stellte den Mittelpunkt des römischen Geisteslebens dar, den Platz, wo Humanisten, Poeten, Erzieher, Künstler und Musiker empfangen wurden und Gastrecht genossen; er bildete die Szene für feierliche kirchliche Handlungen, zeremoniöse diplomatische Empfänge, üppige Bankette, musikalische und dramatische Aufführungen, Dichterrezitationen und Kunstausstellungen; er war zu jener Zeit ohne Zweifel der kultivierteste Hof der Erde. Die Bemühungen der Päpste von Nikolaus V. bis zu Leo, den päpstlichen Palast ständig wohnlicher und eleganter zu gestalten und dort die literarische und künstlerische Elite der Zeit sowie die fähigsten Botschafter Europas um sich zu versammeln, machten den Vatikan unter Leos Pontifikat zum Inbegriff eines glänzenden Renaissancehofes; die Literatur des Zeitalters erreichte dort und damals ihren Scheitelpunkt – wie die Kunst es unter Julius II. getan hatte. Rein quantitativ betrachtet, hat keine kulturell bedeutsame Epoche der Geschichte, nicht einmal das

---

21 Louis Gillet: Art. „Raphael", in: Catholic Encyclopedia, ²1913.
22 Klemens Löffler: Art. „Pope Leo X", in: Catholic Encyclopedia, ²1913.

Kapitel 6

Athen des Perikles oder das Rom des Augustus, dem Hof Leos X. etwas Gleichwertiges entgegenzusetzen.[23]

Das Lieblingsrenaissancekunstwerk des Verfassers, Michelangelos *Pietà*, ist eine außergewöhnlich anrührende Schöpfung, die eine zutiefst katholische Sensibilität offenbart. Die *Pietà*, also die Darstellung der Jungfrau Maria, die ihren göttlichen Sohn nach der Kreuzigung in den Armen hält, war schon in den Jahrhunderten vor Michelangelo eine eigene Kunstgattung. Oft waren die früheren *Pietàs* entsetzlich anzusehen – beispielsweise die *Pietà Roettgen* (ca. 1300-1325), ein entstellter, blutüberströmter Christus auf dem Schoß seiner von Schmerz überwältigten Mutter. Das 14. Jahrhundert, eine Zeit großer Katastrophen und menschlicher Tragödien, hatte in der religiösen Kunst sehr viele solcher Leidensdarstellungen hervorgebracht.[24]

In der westlichen Kunst hat die Darstellung des Leidens eine wichtige Rolle gespielt, was nicht zuletzt damit zusammenhängt, daß die katholische Kirche nicht so sehr Ostern (wie der orthodoxe Osten und auch der Protestantismus), sondern die Kreuzigung als das zentrale Ereignis des Erlösungsdramas betonte. Doch die Intensität dieses Leidens ist in der ersten und bei weitem berühmteren der beiden *Pietà*-Darstellungen Michelangelos deutlich geringer. Michelangelos Werk, das als die großartigste je geschaffene Marmorskulptur bezeichnet worden ist, bringt die ganze Tragik dieses entsetzlichen Augenblicks zum Ausdruck, ohne dabei auf das Grausame und Verstörende früherer Darstellungen desselben Themas zurückgreifen zu müssen. Das Gesicht der Mutter Christi ist von einer bejahenden Gelassen-

---

23 Will Durant: Die Renaissance, Bern ²1961, S. 498f.
24 Fred S. Kleiner, Christin J. Mamiya und Richard G. Tansey: Gardner's Art Through the Ages, Bd. 1, New York ¹¹2001, S. 526f.

heit. Seit dem 2. Jahrhundert ist Maria als die „zweite Eva" bezeichnet worden: Während Evas Ungehorsam die Menschheit ins Verderben geführt hatte, hat Marias Übereinstimmung mit Gottes Willen, ihre Zustimmung, den Gottmenschen in ihrem Leib zu tragen, die Erlösung der Menschheit ermöglicht. Das ist die Frau, die Michelangelos Skulptur uns vor Augen stellt: Ihr Vertrauen in die göttliche Verheißung ist so fest und ihre Einwilligung in die Pläne Gottes so vollkommen, daß selbst das furchtbare Schicksal ihres Sohnes ihren Glauben nicht ins Wanken zu bringen vermag.

Kunst und Wissenschaft

In unserer Erörterung der Beiträge der Kirche zur Entwicklung der modernen Wissenschaft haben wir kurz erläutert, wie sich bestimmte, aus dem Katholizismus hervorgegangene Grundvorstellungen der Theologie und Philosophie im Hinblick auf das Unternehmen der wissenschaftlichen Forschung als kongenial erwiesen haben. Erstaunlicherweise kann auch unser Gespräch über die Kunst eine weitere Erklärung für die einzigartigen Erfolge liefern, die die Wissenschaft im Westen gefeiert hat. Dies hat etwas mit der Entwicklung der linearen Perspektive in der Kunst zu tun, die vielleicht das herausragende Merkmal der Renaissancemalerei ist.

Die Kunst der Perspektive, also die Darstellung von drei Dimensionen in einem zweidimensionalen Kunstwerk, und das Chiaroscuro, der Einsatz von Licht und Schatten, wurden im Westen entwickelt. Beides hatte es in der Kunst des klassischen Altertums bereits gegeben, und beides wurde von abendländischen Künstlern etwa seit Beginn des 14. Jahrhundert wiederbelebt. Es ist einzig und allein auf den westlichen Einfluß zurückzuführen, daß spätere Künstler überall in der Welt diese Prinzipien auf ihre eigene traditionelle Kunst anwandten.[25]

In seinem Buch *The Heritage of Giotto's Geometry* vergleicht Samuel Edgerton die in der europäischen Frührenaissance und Renaissance entwickelte perspektivische Kunst mit der Kunst anderer Zivilisationen. Er beginnt mit einem Vergleich zwischen einer westeuropäischen und einer chinesischen Darstellung einer Fliege und zeigt, daß der Westeuropäer sehr viel stärker auf die geometrische Struktur der Fliege achtet. „Im Westen", so schreibt er, „gilt es als selbstverständlich, daß wir, um die Struktur eines organischen oder anorganischen Subjekts zu verstehen, dieses erst als *Natura morta* betrachten (wie ein Stilleben von Chardin) und all seine Bestandteile in neutrale, statische geometrische Verhältnisse übersetzen müssen. In solchen Bildern sind, wie Arthur Waley trocken bemerkt, 'Pontius Pilatus und eine Kaffeetasse beide aufrecht stehende zylindrische Massen'. Für den traditionellen Chinesen ist eine solche Herangehensweise wissenschaftlich wie ästhetisch absurd." Von zentraler Bedeutung an Edgertons Vergleich ist die Schlußfolgerung, daß „die geometrische Perspektive und das Chiaroscuro (die Helldunkelmalerei) Konventionen der europäischen Renaissancekunst sind, die, ob ästhetisch gestaltet oder nicht, sich für die moderne Wissenschaft als außerordentlich nützlich erwiesen haben."[26] Und deswegen, so vermutet Edgerton, war es kein Zufall, daß Giotto, der Wegbereiter und Begründer der Renaissancekunst, und Galilei, der brillante Physiker und Astronom, der zuweilen auch als der Begründer der modernen Wissenschaft bezeichnet worden ist, beide aus der Toskana stammten und daß die toskanische Stadt Florenz nicht nur ein Nähr-

---

25 Samuel Y. Edgerton Jr.: The Heritage of Giotto's Geometry: Art and Science on the Eve of the Scientific Revolution, Ithaca 1991, S. 10.
26 Ebd., S. 4.

boden für künstlerische Meisterwerke, sondern auch für den wissenschaftlichen Fortschritt gewesen ist.

Daß sich die geometrische Perspektive in der Kunst durchgesetzt hat, war ebenfalls ein Produkt der ausgezeichneten intellektuellen Bedingungen im katholischen Europa. Wie wir gesehen haben, hatte die Vorstellung von Gott als einem Geometer und von der Geometrie als der Grundlage, auf der Gott seine Schöpfung geordnet hat, innerhalb der katholischen Welt eine lange Tradition. Zur Zeit der Renaissance, so erklärt Samuel Edgerton:

> ...entstand im Westen eine einzigartige Tradition, die in der mittelalterlichen christlichen Lehre verwurzelt war: Für die privilegierten Schichten wurde die Kenntnis der euklidischen Geometrie zu einer gesellschaftlichen Notwendigkeit. Schon vor dem 12. Jahrhundert mutmaßten die frühen Kirchenväter, daß sie in der euklidischen Geometrie vielleicht Gottes eigenen Denkprozeß entdecken würden.

> Die geometrische Linearperspektive wurde nach dem 15. Jahrhundert in Westeuropa schnell akzeptiert, weil die Christen gerne glauben wollten, daß ein solches Bild in der Kunst ihnen ebenjene wesentliche Struktur vor Augen halte, die Gott im Moment der Schöpfung entworfen und der Realität zugrunde gelegt habe. Im 17. Jahrhundert, als „Naturphilosophen" (wie Kepler, Galilei, Descartes und Newton) immer klarer erkannten, daß die lineare Perspektive tatsächlich dem optischen und physiologischen Prozeß des menschlichen Sehens entspricht, wurde das christliche Imprimatur in bezug auf die Perspektive nicht nur aufrechterhalten, sondern diente sogar dazu, die westliche Wissenschaft in ihrer zunehmend optimistischen und demokratischen Überzeugung zu bestärken, daß man Gottes Konzeptionsweise letztlich durchschaut hatte und daß die Kenntnis (und Kontrolle) der Natur möglicherweise doch in der Reichweite eines jeden lebenden Menschen lag.[27]

---

27 Ebd., S. 289.

Kapitel 6

Somit hatte das Interesse der katholischen Kirche am Studium der euklidischen Geometrie als einem Schlüssel zum Denken Gottes und der dem Universum zugrundeliegenden Ordnung sowohl in der Kunst als auch in der Wissenschaft ungeheuer wichtige Früchte getragen. Diese katholische Faszination für Geometrie führte dazu, daß die natürliche Umgebung des Menschen auf eine Weise dargestellt wurde, die letztlich die wissenschaftliche Revolution mitermöglicht hat und die der Rest der Welt in den darauffolgenden Jahren nachahmen sollte.

Kapitel 7:

Die Ursprünge des internationalen Rechts

Als sich die Entdeckung Amerikas durch Christoph Kolumbus 1892 zum 400. Mal jährte, war dies ein Anlaß zu feiern. Kolumbus war ein tüchtiger und geschickter Seefahrer, der zwei Welten zusammengebracht und die Geschichte für immer verändert hatte. Die *Knights of Columbus* setzen sich sogar für seine Heiligsprechung ein.

Ein Jahrhundert später war die Stimmung sehr viel düsterer. Nun wurden Kolumbus alle möglichen furchtbaren Verbrechen vorgeworfen, die von verheerenden Umweltsünden bis hin zu Grausamkeiten von den Dimensionen eines Völkermords reichten. Der Schriftsteller Kirkpatrick Sale beschrieb die Ereignisse von 1492 als die „Eroberung des Paradieses", bei der friedliche Menschen, die mit ihrer Umwelt im Einklang lebten, gewaltsam von habgierigen europäischen Eroberern vertrieben worden seien. Alles in allem lag nun die Betonung auf der schlechten Behandlung der indigenen Bevölkerung durch die Europäer und insbesondere auf ihrer Verdingung als Zwangsarbeiter.

Kapitel 7

Die Debatte über die Folgen dieser Begegnung der Kulturen ist schon immer kontrovers geführt worden. Diejenigen, die die Europäer im allgemeinen und Kolumbus im besonderen verteidigen, reagieren auf Vorwürfe, wie sie von Kirkpatrick Sale und anderen erhoben werden, mit dem Argument, daß die Verbrechen der Europäer übertrieben dargestellt würden, daß weit mehr Ureinwohner an Seuchen (also einer nicht beabsichtigten und damit moralisch neutralen Todesursache) als an den Folgen von Ausbeutung oder militärischer Gewalt gestorben seien, daß die autochthone Bevölkerung weder so friedlich noch so um die Umwelt besorgt gewesen sei, wie ihre modernen Bewunderer sich das vorstellten, und so weiter.

Wir sollten das Thema an dieser Stelle unter einem Blickwinkel betrachten, der häufig vergessen wird. Berichte über die schlechte Behandlung von Ureinwohnern der Neuen Welt durch die Spanier stürzten weite Teile der spanischen Bevölkerung, nicht zuletzt die Philosophen und Theologen, in eine schwere Gewissenskrise. Diese Tatsache allein zeigt schon, daß wir es hier, historisch betrachtet, mit einem ungewöhnlichen Phänomen zu tun haben; es gibt keine historische Überlieferung, die uns berichtet, daß den Hunnen Attila nach seinen Eroberungen irgendwelche moralischen Bedenken gequält hätten, und die Menschenopfer im großen Stil, die in der aztekischen Kultur eine so grundlegende Rolle gespielt haben, scheinen unter den Azteken keinen Ausbruch von Selbstkritik und philosophischer Reflexion ausgelöst zu haben, der mit dem Unbehagen der katholischen Theologen im Spanien des 16. Jahrhunderts vergleichbar wäre.

Im Zuge dieser philosophischen Reflexion gelang den spanischen Theologen etwas wirklich Wesentliches: Sie legten den Grundstein zum internationalen Recht. Die Diskussion um die amerikanischen Ureinwohner war eine Gelegenheit, die allgemeinen Prinzipien zu klären, zu deren Einhaltung die Staaten in ihren Beziehungen untereinander moralisch verpflichtet waren.

Zu allen Zeiten waren die Rechte, die das Miteinander von Staaten regeln, sehr unbestimmt gewesen und nie klar formuliert worden. Die Situation, die mit der Entdeckung der Neuen Welt entstanden war, bildete den Anlaß, diese Gesetze zu erforschen und abzustecken.[1] Studenten des internationalen Rechts beschäftigen sich bei der Suche nach den Ursprüngen ihres Fachs häufig mit dem 16. Jahrhundert, als Theologen sich ernsthaft mit diesen Fragen auseinandersetzten. Auch hier steht die katholische Kirche an der Wiege einer durch und durch westlichen Idee.

Die erste größere Breitseite eines Kirchenmannes gegen die spanische Kolonialpolitik wurde im Dezember des Jahres 1511 auf der Insel Hispaniola (heute Haiti und Dominikanische Republik) abgefeuert. In einer dramatischen Predigt über das Schriftwort „Ich bin die Stimme dessen, der in der Wüste ruft" brachte ein Dominikanerbruder namens Antonio de Montesinos im Namen der kleinen auf der Insel ansässigen dominikanischen Gemeinschaft eine Reihe von Kritikpunkten und Verurteilungen der spanischen Indianerpolitik vor. Dem Historiker Lewis Hanke zufolge war diese Predigt darauf angelegt, die Zuhörer, unter denen sich auch hochrangige spanische Beamte befanden, „zu schockieren und zu erschüttern." Und das muß ihr in der Tat gelungen sein:

> Ich bin auf diese Kanzel gestiegen, um euch eure Sünden gegen die Indianer vor Augen zu halten, ich, eine Stimme Christi, die in der Wüste dieser Insel ruft, und deshalb steht es euch wohl an zuzuhören, nicht mit sorgloser Aufmerksamkeit, sondern mit eurem ganzen Her-

---

[1] Bernice Hamilton: Political Thought in Sixteenth-Century Spain, London 1963, 98; J. A. Fernandez-Santamaria: The State, War and Peace: Spanish Political Thought in the Renaissance, 1516–1559, Cambridge 1977, S. 60f.

Kapitel 7

zen und all euren Sinnen, so daß ihr es hört; denn dies wird die seltsamste Stimme sein, die ihr je vernommen habt, schärfer und härter und furchtbarer und gefährlicher als alles, worauf ihr je gefaßt gewesen seid. ... Diese Stimme sagt euch, daß ihr euch im Stande der Todsünde befindet, daß ihr darin lebt und sterbt wegen der Grausamkeit und Tyrannei, mit der ihr diese unschuldigen Menschen behandelt. Sagt mir, mit welchem Recht oder welcher Gerechtigkeit haltet ihr diese Indianer in solch grausamer und entsetzlicher Sklaverei? Kraft welcher Autorität habt ihr einen so abscheulichen Krieg gegen diese Menschen geführt, die ruhig und friedlich auf ihrem eigenen Land wohnten? ... Warum unterjocht und bedrückt ihr sie so sehr, gebt ihnen nicht genug zu essen und pflegt sie nicht, wenn sie krank sind? Denn sie werden krank und sterben an der übermäßigen Arbeit, zu der ihr sie zwingt, nein, ihr tötet sie mit eurem Verlangen, jeden Tag Gold zu fördern und euch anzueignen. Und was tut ihr für ihre religiöse Unterweisung? ... Sind sie keine Menschen? Haben sie keine Vernunft und keine Seele? Seid ihr nicht verpflichtet, sie zu lieben wie euch selbst? ... Seid euch sicher, daß ihr, wenn ihr euch so verhaltet, ebensowenig gerettet werden könnt wie die Mauren oder die Türken."[2]

Verblüfft über diese heftige Zurechtweisung erhoben die führenden Männer der Insel, darunter auch Admiral Diego Kolumbus, lebhaften und lauten Protest und verlangten, daß Pater Montesinos seine skandalösen Behauptungen zurücknehme. Die Dominikaner entschieden, daß Pater Montesinos am darauffolgenden Sonntag erneut predigen und sein Bestes tun solle, um seine verärgerten Hörer zufriedenzustellen und das zuvor Gesagte zu erklären.

Als die Zeit für die von Diego Kolumbus und den anderen erwartete Gegendarstellung gekommen war, wählte Pater Montesinos für seine Predigt einen Vers aus dem Buch Ijob: „Ich rufe mein Wissen weit hinaus, meinem Schöpfer verschaff' ich Recht. Denn wahrhaftig, meine Worte sind kein Trug." Dann

---

[2] Lewis Hanke: The Spanish Struggle for Justice in the Conquest of America, Boston 1965 (1949), S. 17.

griff er die Anklagen, die er eine Woche zuvor erhoben hatte, eine nach der anderen wieder auf und wies nach, daß keine davon grundlos gewesen war. Und schließlich schloß er mit dem Hinweis, daß keiner der Brüder ihnen die Beichte abnehmen würde (da die spanischen Kolonialbeamten weder Reue zeigten noch die Absicht hegten, ihr Verhalten zu ändern) und daß sie, wenn sie wollten, nach Kastilien schreiben und jedem darüber berichten könnten.[3]

Als die Nachricht von diesen beiden Predigten König Ferdinand in Spanien erreichte, waren die Worte des Dominikaners so entstellt, daß sie sowohl den König als auch den Provinzial der Dominikaner in Erstaunen versetzten. Unverzüglich reisten Montesinos und sein Ordensoberer nach Spanien, um dem König ihre Sicht der Ereignisse zu erörtern. Ein Versuch, Montesinos' Gespräch mit dem König zu sabotieren, ging nach hinten los, als Montesinos den Franziskanermönch, der bei Hof gegen die Dominikaner in Hispaniola sprechen sollte, von seiner Position überzeugte.

Daraufhin rief der König, den inzwischen dramatische Berichte über das Verhalten der Spanier in der Neuen Welt erreicht hatten, eine Gruppe von Theologen und Juristen zusammen, um Gesetze zu erarbeiten, die das Verhältnis zwischen den spanischen Beamten und der Urbevölkerung regeln sollten. Auf diese Weise entstanden die Gesetze von Burgos (1512) und Valladolid (1513); auch den sogenannten Neuen Gesetzen von 1542 lagen ähnliche Debatten zugrunde. Vieles an dieser Gesetzgebung zur indigenen Bevölkerung erwies sich in der Anwendung und Durchsetzung als enttäuschend, zumal die Entfernung zwischen der Spanischen Krone und dem Tätigkeitsfeld in

---

3   Carl Watner: „‚All Mankind is One': The Libertarian Tradition in Sixteenth-Century Spain", in: „Journal of Libertarian Studies" 8 (Sommer 1987), S. 295f.

Kapitel 7

der Neuen Welt so groß war. Doch diese frühe Kritik bereitete den Boden für die systematischere und dauerhaftere Arbeit einiger der großen theologischen Juristen des 16. Jahrhunderts.

Zu den berühmtesten dieser Denker gehört Pater Francisco de Vitoria. Im Zuge seiner eigenen Kritik an der spanischen Politik legte de Vitoria den Grundstein für die moderne internationale Rechtstheorie. Aus diesem Grund wird er zuweilen als der „Vater des internationalen Rechts" bezeichnet,[4] der „das internationale Recht zum ersten Mal in modernen Begriffen formuliert[e]."[5] Mit seinen Theologen- und Juristenkollegen verteidigte de Vitoria „die Lehre, daß alle Menschen gleichermaßen frei sind; auf der Grundlage der natürlichen Freiheit verkündeten sie ihr Recht auf Leben, Bildung und Eigentum."[6] Zur Unterstützung seiner Thesen zog de Vitoria die Heilige Schrift und die Vernunft heran. Dadurch „beschenkte er die Welt seiner Zeit mit ihrem ersten Meisterstück über das Völkerrecht in Friedens- wie in Kriegszeiten."[7] Die erste große Abhandlung über das Völkerrecht war also das Werk eines katholischen Priesters – und das ist keine geringe Leistung.

Um das Jahr 1483 geboren, trat de Vitoria 1504 in den Dominikanerorden ein. Er war sprachbegabt und verfügte über eine umfassende klassische Bildung. Später ging er an die Universität von Paris, wo er das Studium der freien Künste vollendete und anschließend Theologie studierte. Bis 1523 lehrte er

---

4   Michael Novak: The Universal Hunger for Liberty, New York 2004, S. 24. Diesen Titel teilt de Vitoria sich mit dem niederländischen Protestanten Hugo Grotius.
5   Marcelo Sánchez-Sorondo: „Vitoria: The Original Philosopher of Rights", in: Kevin White (Hg.): Hispanic Philosophy in the Age of Discovery, Washington D.C. 1997, S. 66.
6   Watner, a. a. O., S. 294; Watner zitiert nach Lewis Hanke: All Mankind is One, De Kalb (Ill.) 1974, S. 142.
7   James Brown Scott: The Spanish Origin of International Law, Washington D.C. 1928, S. 65.

in Paris und wechselte dann an das Gregoriuskolleg in Valladolid, wo er seine Vorlesungstätigkeit in Theologie fortsetzte. Drei Jahre später wurde er zum Vorsitzenden der theologischen Fakultät der Universität Salamanca gewählt, an der im Lauf des 16. Jahrhunderts in so vielen Bereichen Bahnbrechendes geleistet werden sollte. 1532 hielt er eine berühmt gewordene Vorlesungsreihe, die später als *Relecciòn de los Indios* veröffentlicht wurde. Sie wird üblicherweise unter dem Titel *Vorlesungen über die Indianer und über das Kriegsrecht* zitiert und stellte im Kontext einer Verteidigung der Rechte der Indianer wichtige Prinzipien des internationalen Rechts auf. Eine Einladung zum Konzil von Trient (1545-1563) schlug dieser große Denker mit der Begründung aus, daß er zu einer anderen Reise aufbrechen müsse – er starb 1546.

Pater de Vitoria war berühmt für seine Kommentare zum spanischen Kolonialismus in der Neuen Welt, in denen er und andere spanische Theologen das Verhalten der Spanier unter moralischen Aspekten untersuchten. Erhoben die Spanier zu Recht im Namen der Krone Anspruch auf Land in Amerika? Welcher Art waren ihre Verpflichtungen gegenüber den Ureinwohnern? Solche Themen warfen unweigerlich grundsätzlichere und allgemeinere Frage auf. Welche Verpflichtungen hatten die Staaten in ihrem Umgang miteinander? Unter welchen Umständen hatte ein Staat das Recht, Krieg zu führen? All das sind Fragen, die in der modernen Theorie des internationalen Rechts zweifellos eine grundlegende Rolle spielen.

Es war und ist ein Gemeinplatz unter christlichen Denkern, daß der Mensch innerhalb der Schöpfung Gottes eine einzigartige Stellung einnimmt. Er ist nach dem Abbild Gottes geschaffen und mit Vernunft ausgestattet und besitzt daher eine Würde, die allen anderen Geschöpfen fehlt.[8] Aufgrund dieser Wür-

---

8 Vgl. Sánchez-Sorondo, a. a. O., S. 60.

de, so entwickelte de Vitoria den Gedanken weiter, dürfe der Mensch höhere Ansprüche an das Verhalten seiner Mitmenschen stellen als alle anderen Geschöpfe.

Gleichheit vor dem natürlichen Gesetz

De Vitoria entlehnte zwei wichtige Grundsätze von Thomas von Aquin, nämlich erstens: Das göttliche Recht, das aus der Gnade hervorgeht, setzt das menschliche Recht, das aus der natürlichen Vernunft hervorgeht, nicht außer Kraft; und zweitens: Die Sünde darf nicht darüber entscheiden, ob dem Menschen jene Dinge, die zu seiner Natur gehören, gegeben oder vorenthalten werden.[9] Gewiß würde kein Katholik behaupten wollen, daß es ein weniger schweres Verbrechen ist, einen Nichtgetauften zu ermorden als einen Getauften. Und genau das meinte de Vitoria: Die Behandlung, die allen Menschen von Rechts wegen zusteht – zum Beispiel nicht getötet zu werden, nicht bestohlen zu werden usw. –, ist dadurch bedingt, daß sie *Menschen* sind, und nicht dadurch, daß sie der Gemeinschaft der Gläubigen angehören und sich im Stande der Gnade befinden. Pater Domingo de Soto, ein Kollege de Vitorias an der Universität von Salamanca, hat dies sehr klar formuliert: „Diejenigen, die in der Gnade Gottes sind, sind, soweit es die natürlichen Rechte betrifft, keinen Deut besser als die Sünder oder die Heiden."[10]

Auf der Grundlage dieser vom heiligen Thomas übernommenen Prinzipien zeigte de Vitoria, daß der Mensch durch die

---

9   Venancio D. Carro: „The Spanish Theological-Juridical Renaissance and the Ideology of Bartolome de Las Casas", in: Juan Friede und Benjamin Keen (Hgg.): Bartolomé de Las Casas in History: Towards an Understanding of the Man and His Work, De Kalb (Ill.) 1971, S. 251f.
10 Ebd., S. 253.

Todsünde seine bürgerlichen Besitzansprüche nicht verliert und daß das Recht, sich die Dinge der Natur zum persönlichen Nutzen anzueignen (also die Einrichtung des Privateigentums), allen Menschen zusteht, auch wenn sie Heiden sind oder irgendwelche barbarischen Laster haben. Dadurch, daß sie Menschen waren, standen die Indianer der Neuen Welt also von ihrem naturrechtlichen Status her mit den Spaniern auf einer Stufe. Sie waren kraft derselben Prinzipien Eigentümer ihres Landes wie die Spanier Eigentümer des ihren waren.[11] Wie de Vitoria schreibt: „Aus allem bisher Gesagten ergibt sich also, daß die Eingeborenen in öffentlichen und privaten Angelegenheiten zweifellos nicht anders als die Christen echte Besitzansprüche hatten und daß weder ihre Fürsten noch Privatpersonen mit der Begründung, daß sie nicht die rechtmäßigen Eigentümer seien, ihres Eigentums beraubt werden durften."[12]

De Vitoria vertrat außerdem wie seine Scholastikerkollegen Domingo de Soto und Luis de Molina die Ansicht, daß die heidnischen Fürsten rechtmäßig herrschen. Er wies darauf hin, daß die wohlbekannten biblischen Ermahnungen, den weltlichen Mächten untertan zu sein, sämtlich im Kontext heidnischer Regierungen ausgesprochen worden waren. Ein heidnischer König, so de Vitoria, der sich nichts habe zuschulden kommen lassen, dürfe nicht allein aufgrund der Tatsache, daß er Heide sei, abgesetzt werden.[13] Diesen Grundsatz solle das christliche Europa in seinem Umgang mit den politischen Systemen der Neuen Welt berücksichtigen. „In der Konzeption des wohlinformierten und sehr objektiven Professors aus Salamanca", schreibt ein Bewunderer aus dem 20. Jahrhundert, „sind Staaten, unabhängig von ihrer Größe, ihrer Regierungs-

---

11 Ebd., S. 253.
12 Fernandez-Santamaria, a. a. O., S. 79.
13 Hamilton, a. a. O., S. 61.

form, ihrer Religion wie auch der ihrer Untertanen, Bürger und Einwohner, ihrer Zivilisation, fortgeschritten oder noch in den Anfängen, einander in dem von ihm [de Vitoria] verkündeten Rechtssystem gleichgestellt."[14] Jeder Staat hat dieselben Rechte wie jeder andere und ist verpflichtet, die Rechte der anderen zu respektieren. In de Vitorias Denken „wurden die entlegenen Fürstentümer Amerikas als Staaten betrachtet und ihren Untertanen wurden dieselben Rechte, Privilegien und Pflichten zugesprochen wie den christlichen Königtümern von Spanien, Frankreich und Europa ganz allgemein."[15]

De Vitorias Ansicht zufolge waren die Völker der Neuen Welt dazu verpflichtet, katholischen Missionaren die Verkündigung des Evangeliums in ihrem Land zu erlauben. Andererseits bestand er mit allem Nachdruck darauf, daß die Ablehnung des christlichen Glaubens keinen Grund für einen gerechten Krieg darstellte. Selbst ein Thomist, berief sich de Vitoria auf die Argumentation des Aquinaten, wonach die Heiden nicht mit Zwang bekehrt werden sollten, denn (so die Worte des heiligen Thomas) „Glauben hängt vom Willen ab" und muß demzufolge einen freiheitlichen Akt beinhalten.[16] Schon das vierte nationale Konzil von Toledo hatte die Praxis verurteilt, Juden zum Empfang der Taufe zu zwingen.[17]

De Vitoria und seine Mitarbeiter waren davon überzeugt, daß das Naturrecht nicht nur unter Christen, sondern unter allen Völkern Gültigkeit hatte, das heißt, sie glaubten an die Existenz „eines natürlichen ethischen Systems, das weder von der christlichen Offenbarung abhing noch ihr widersprach, sondern für sich selbst stand."[18] Gewiß konnte es dennoch vorkommen, daß

---

14 Scott, a. a. O., S. 41.
15 Ebd., S. 61.
16 Summa Theologiae, II-II, q. 10, a., S. 8.
17 Sánchez-Sorondo, a. a. O., S. 67.
18 Hamilton, a. a. O., S. 19.

Gesellschaften dieses Gesetz beugten, sich in der Anwendung einzelner seiner Vorschriften irrten oder seinen Inhalt in bestimmten Bereichen schlicht nicht kannten. Von solchen Schwierigkeiten abgesehen, glaubten diese spanischen Theologen jedoch wie der heilige Paulus, daß das natürliche Gesetz in das Herz des Menschen geschrieben sei, und konnten auf dieser Basis internationale Verhaltensregeln aufstellen, die auch für diejenigen verbindlich waren, die das Evangelium nie kennengelernt (oder es abgelehnt) hatten. Denn man war davon überzeugt, daß auch solche Völker ein grundsätzliches Bewußtsein dafür besaßen, was falsch und was richtig ist – so, wie es die Zehn Gebote und die Goldene Regel zusammenfassen, die von manchen Theologen mit dem Naturrecht gleichgestellt wurden –, und daß sich aus diesem Bewußtsein internationale Verpflichtungen ableiten ließen.

Daß das Naturrecht auch für die Ureinwohner gelten sollte, führte zu einer weiteren Konsequenz. Eine Reihe von Theologen beschrieb das Naturrecht als ein einzigartiges Gut des Menschen und nicht als etwas, das Mensch und Tier gleichermaßen besitzen. Dieser Punkt diente als „die Basis einer Theorie von der Würde des Menschen und von der Kluft zwischen ihm und dem Rest der belebten und geschaffenen Welt."[19] Diese Sicht von einem allen Menschen und nur den Menschen gemeinsamen Naturrecht führte, so die Schlußfolgerung eines Wissenschaftlers, „zu der festen Überzeugung, daß die Indianer der Neuen Welt ebenso wie andere Heiden eigene natürliche Rechte hatten, deren Verletzung auf keinen Fall durch eine überlegene Zivilisation oder gar Religion zu rechtfertigen war."[20]

---

19 Ebd., S. 21.
20 Ebd., S. 24.

Kapitel 7

Einige von de Vitorias Zeitgenossen vertraten den Standpunkt, daß die Ureinwohner der Neuen Welt keine Vernunft besäßen oder zumindest an einer geistigen Krankheit litten und daher keinen Anspruch auf Eigentum erheben könnten. De Vitorias Reaktion auf dieses Argument war zweigeteilt. Erstens, so sagte er, könne die Verstandesschwäche einer Bevölkerung nicht als Rechtfertigung für die Unterwerfung oder Ausbeutung dieses Volkes dienen, da ihre minderen intellektuellen Fähigkeiten ihre Ansprüche auf Privateigentum nicht beeinträchtige. „Es scheint, daß sie noch immer Besitzrecht haben, denn sie können Unrecht erleiden und haben daher ein Recht, aber" – und hier zögert de Vitoria – „ob sie bürgerliches Besitzrecht haben können, ist eine Frage, die zu entscheiden ich den Juristen überlassen möchte."[21] Dies sei jedoch, so de Vitoria, ohnehin eine hypothetische Frage, da die Voraussetzung, die amerikanischen Indianer seien Wesen ohne Vernunft, gar nicht zuträfe. Sie seien vernunftbegabt und besäßen damit das charakteristische Merkmal der menschlichen Person. In einer Weiterentwicklung des aristotelischen Grundsatzes, wonach alles in der Natur Sinn und Zweck hat, schreibt er:

> In Wirklichkeit sind sie nicht ohne Vernunft, sondern haben ihre eigene Art, den Verstand zu gebrauchen. Das liegt auf der Hand, denn sie haben eine gewisse Ordnung in ihren Angelegenheiten, geordnete Städte, gesonderte Ehen, Beamte, Herrscher, Gesetze. ... Ebenso sind sie nicht im Irrtum über Dinge, die auch für andere erkennbar sind, und das ist der Beweis dafür, daß sie ihren Verstand gebrauchen. Noch einmal: Gott und die Natur täuschen sich nicht für den großen Teil einer Spezies in dem, was notwendig ist. Doch die besondere Qualität des Menschen ist die Vernunft, und eine Begabung, die nicht umgesetzt wird, ist vergeblich.

---

21 Fernandez-Santamaria, a. a. O., S. 78.

Mit den beiden letzten Sätzen will de Vitoria sagen, daß es unvorstellbar ist, daß ein ganzer Teil der menschlichen Rasse keine Vernunft besitzen soll, denn die Vernunft ist die herausragende Eigenschaft des Menschen; und Gott würde es nicht versäumen, einen Teil der Menschheit mit dieser Gabe auszustatten, die dem Menschen seine besondere Würde unter allen Geschöpfen verleiht.[22]

Obwohl de Vitoria von allen Denkern des 16. Jahrhundert, die sich mit diesen Themen auseinandergesetzt haben, vermutlich das systematischste Werk hinterlassen hat, ist der wohl berühmteste einheimische Kritiker der spanischen Politik der Priester Bartolomé de Las Casas. Von ihm stammen auch unsere Informationen über Antonio Montesinos, jenen Bruder, der mit seinen Predigten die gesamte Kontroverse erst ausgelöst hatte. Las Casas, dessen Lehre offenbar tief von den Professoren aus Salamanca beeinflußt gewesen ist, teilte de Vitorias Position hinsichtlich der Vernunftbegabung der Ureinwohner: Wenn ein nennenswerter Teil der menschlichen Rasse keine Vernunft besäße, dann müßten wir von einem Fehler in der Schöpfungsordnung sprechen. Wenn einer so beträchtlichen Gruppe von Menschen gerade die Fähigkeit fehlte, die den Menschen vom Tier unterscheidet und durch die er zu Gott rufen und ihn lieben kann, dann wäre Gottes Plan, alle Menschen an sich zu ziehen, fehlgeschlagen. Das aber war für einen Christen schlichtweg undenkbar. Mit diesem Argument wandte sich Las Casas gegen diejenigen, die in den Ureinwohnern ein Beispiel für das sahen, was Aristoteles als „Sklaven von Natur aus" bezeichnet hatte – sie waren viel zu zahlreich und standen auch nicht auf einer so niedrigen Stufe, wie sie der aristotelische Begriff vorauszusetzen schien.

---

22 Brian Tierney: The Idea of Natural Rights: Studies on Natural Rights, Natural Law, and Church Law, 1150–1625, Grand Rapids (Mich.) 2001 (1997), S. 269f.

Kapitel 7

In letzter Konsequenz war Las Casas jedoch auch bereit, Aristoteles in diesem Punkt wenn nötig zu widersprechen. Er forderte, daß die Ureinwohner „freundlich aufgenommen werden in Übereinstimmung mit der Lehre Christi", und sprach sich dafür aus, die Ansichten des Aristoteles über die natürliche Sklaverei aufzugeben, denn „für uns spricht Christi Gebot: Liebe deinen Nächsten wie dich selbst. ... Obwohl er [Aristoteles] ein großer Philosoph war, macht sein Studium allein ihn nicht würdig, an Gott heranzureichen."[23]

1550 fand eine denkwürdige Debatte zwischen Las Casas und Juan Ginés de Sepúlveda statt, jenem Philosophen und Theologen, der den Einsatz von Gewalt gegen die Urbevölkerung bekanntlich befürwortete. Ein Wissenschaftler nennt es „den deutlichsten Fall einer imperialen Macht, die die Legitimität ihrer Rechte und die ethische Basis ihrer politischen Aktionen offen hinterfragt."[24] Beide Männer unterstützten die missionarische Tätigkeit unter den Ureinwohnern und wollten sie für die Kirche gewinnen, doch Las Casas beharrte darauf, daß dies friedlich vonstatten gehen sollte. Sepúlveda war nicht der Ansicht, daß die Spanier ein Recht hatten, die autochthonen Völker zu erobern, nur weil diese Heiden waren; sein Argument war, daß ihr niedriger Zivilisationsstand und ihre barbarischen Praktiken ihrer Bekehrung im Wege stünden und demzufolge eine spanische Schutzherrschaft vonnöten sei, ehe der Evangelisierungsprozeß ernsthaft voranschreiten könne. Ihm war wohl bewußt, daß die Umstände oder Schwierigkeiten bei der praktischen Anwendung einer schlüssigen Theorie – in dem Fall der Theorie, daß ein Krieg gegen die Indianer moralisch gerecht-

---

23 Eduardo Andújar, „Bartolomé de Las Casas and Juan Ginés de Sepúlveda: Moral Theology versus Political Philosophy", in: White (Hg.), a. a. O., S. 76ff.
24 Ebd., S. 87.

fertig sei – ihre Umsetzung zu einem gegebenen Zeitpunkt unklug erscheinen lassen konnten. Ihn interessierte jedoch mehr die grundlegende Frage, ob der Krieg gegen die Indianer theoretisch gerechtfertigt werden könne.

Las Casas war absolut davon überzeugt, daß solche Kriege in der Praxis für die betroffenen Völker verheerend und für die Verbreitung des Evangeliums von Nachteil waren. Seiner Ansicht nach war die Situation in Amerika „so dramatisch und so komplex, daß die kalte, akademische Spekulation über dieses Thema verantwortungslos, frivol und schockierend erscheint."[25] Angesichts der Hinfälligkeit der menschlichen Natur glaubte Las Casas, daß diese negativen Auswirkungen untrennbar mit dem Einsatz von Gewalt gegen die Ureinwohner verbunden seien, und erklärte folgerichtig jede Form von Zwang für moralisch unannehmbar. Las Casas verbot Zwang sowohl bei der Evangelisierung als auch bei dem Versuch, für die Arbeit der Missionare ein friedliches Umfeld zu schaffen – ein Zusammenhang, in dem Sepúlveda das Mittel des Zwangs gebilligt haben würde.

De Vitoria dagegen betrachtete den Einsatz von Gewalt gegen die indigene Bevölkerung in einigen, genau festgelegten Fällen als legitim, zum Beispiel dann, wenn es darum ging, sie vor der Unterwerfung unter die zuweilen barbarischen Praktiken ihrer angestammten Kultur zu schützen. Für Las Casas war dieses Argument jedoch ein zu großes Zugeständnis an die Leidenschaften und Phantasien habgieriger und gewalttätiger Menschen, die eine solche potentiell uneingeschränkte Billigung des Krieges ganz sicher ausnutzen würden. In seiner berühmten Debatte mit Sepúlveda trug er zunächst eine lange Liste von Argumenten gegen die Position seines Gegenübers vor, um die-

---

25 Rafael Alvira und Alfredo Cruz, „The Controversy Between Las Casas and Sepúlveda at Valladolid", in: White (Hg.), a. a. O., S. 93.

Kapitel 7

sem anschließend nahezulegen, er solle seine Ansichten selbst in dem hypothetischen Fall, daß er im Recht sei, dennoch besser für sich behalten. Las Casas, so die Erklärung zweier moderner Wissenschaftler, habe diese Überzeugung gehegt wegen „des Skandals, den er [Sepúlveda] erregte, und weil er Männer mit einem Hang zur Gewalt dadurch ermutigte."[26] Las Casas glaubte, daß die unzähligen gewollten und ungewollten Auswirkungen des Krieges sehr viel schwerer wögen als jeder Anspruch, auf diese Weise leidenden Ureinwohnern zu Hilfe zu kommen – ein Argument, das die Kritiker moderner Militärinterventionen zu humanitären Zwecken auch heute noch erfolgreich geltend machen.[27]

„Um aller Gewalt gegen die Indianer ein Ende zu setzen", schreibt ein moderner Wissenschaftler, „mußte Las Casas zeigen, daß aus dem einen oder anderen Grund jeder Krieg gegen sie ungerecht war." Deshalb bemühte er sich nach Kräften, jedes Argument zu widerlegen, das den Krieg zwar einschränkte, ihn aber dennoch als erlaubte Option offenhalten wollte.[28] Derartige „Befriedungsmaßnahmen", so Las Casas' Überzeugung, würden den missionarischen Bemühungen gewiß Schaden zufügen, weil die Anwesenheit bewaffneter Männer den Willen und den Intellekt der Ureinwohner gegen die Invasoren und damit auch gegen die Missionare einnehmen würde.[29] Die Missionare sollten ihr gutes Werk „mit freundlichen und göttlichen Worten und mit Beispielen und Werken eines heiligen Lebens" verrichten.[30] Er glaubte daran, daß die Ureinwohner durch beharrliche und aufrichtige Bemühungen zu einem Teil der christlichen Zivilisation gemacht werden könnten und daß Verskla-

---

26 Ebd., S. 93.
27 Ebd., S. 95.
28 Ebd., S. 92f.
29 Andújar, a. a. O., S. 84.
30 Carro, a. a. O., S. 275.

vung oder andere Formen des Zwangs ungerecht und kontraproduktiv seien. Nur ein friedliches Miteinander würde eine Bekehrung auf der Grundlage einer von Herzen und aufrichtig getroffenen Entscheidung ermöglichen.

Neben seiner Tätigkeit als Schriftsteller, Prediger und Politiker widmete Las Casas den Ureinwohnern ein halbes Jahrhundert seines Lebens, versuchte, eine bessere Behandlung für sie zu erreichen, und kämpfte gegen das *Encomienda*-System, das zahlreiche Möglichkeiten des Mißbrauchs bot. In ihm sah Las Casas eine wichtige Ursache für das Unrechtsverhalten der Spanier in der Neuen Welt. Einem *Encomendero* wurde eine Gruppe von Indianern zugewiesen; seine Aufgabe war es, diese zu beschützen und für ihre religiöse Erziehung zu sorgen. Die Ureinwohner seiner *Encomienda* mußten dem *Encomendero* als Gegenleistung Tribut zahlen. Ursprünglich war die *Encomienda* nicht als Freibrief für eine politische Herrschaft über die indigene Bevölkerung gedacht, doch in der Praxis war sie häufig genau das, und der verlangte Tribut wurde allzuoft in Form von Zwangsarbeit entrichtet. Las Casas, der selbst einmal eine *Encomienda* besessen hatte, kannte die Ungerechtigkeiten und Mißbräuche des Systems aus erster Hand und bemühte sich mit mäßigem Erfolg darum, dem, was er als ein schweres Übel betrachtete, ein Ende zu setzen.

1564 blickte Las Casas auf einen jahrzehntelangen Einsatz als Anwalt der Indianer zurück und schrieb in seinem Testament:

> In seiner Güte und Barmherzigkeit hat Gott es für richtig gehalten, mich als seinen, wenn auch unwürdigen Diener zu erwählen, um für all diese Völker der *Indias*, die Besitzer dieser Königtümer und Länder, gegen die nie zuvor gehörten oder gesehenen Übel und Ungerechtigkeiten Klage zu führen, die sie von unseren Spaniern erleiden… und ihre ursprüngliche Freiheit wiederherzustellen, die man ihnen unrechtmäßig genommen hat. … Und ich habe mich am Hof der Könige von

Kapitel 7

> Kastilien dafür eingesetzt und bin seit 1514 über fünfzig Jahre lang viele Male zwischen den *Indias* und Kastilien hin- und hergereist, allein zur Ehre Gottes und aus Mitleid angesichts des Untergangs so vieler vernunftbegabter Menschen, häuslicher, demütiger, überaus sanftmütiger und schlichter Geschöpfe, die sehr wohl fähig sind, unseren katholischen Glauben anzunehmen... und mit allen guten Sitten ausgestattet zu werden.[31]

Bis heute wird Las Casas in weiten Teilen Lateinamerikas fast wie ein Heiliger verehrt und noch immer sowohl für seinen Mut als auch für seinen unermüdlichen Einsatz bewundert. Sein katholischer Glaube, der ihn lehrte, daß ein einziger moralischer Kodex für alle Menschen verbindlich sein muß, versetzte ihn in die Lage, über das Verhalten seiner eigenen Gesellschaft ein im strengen Sinne unparteiisches Urteil zu fällen – und das ist keine geringe Leistung. Las Casas' Argumente, so schreibt Professor Lewis Hanke, „gaben allen Kraft, die zu seiner Zeit und in den darauffolgenden Jahrhunderten daran geglaubt und dafür gearbeitet haben, daß alle Völker der Welt Menschen mit menschlichen Möglichkeiten und menschlicher Verantwortung sind."[32]

Bisher haben wir von der Frühphase der theoretischen Entwicklung des internationalen Rechts gesprochen, einer Norm, die das Verhalten der Staaten untereinander regelt. Die praktische Durchsetzung dieses internationalen Rechts ist ein Problem, dessen Lösung in den Werken der spanischen Theologen mehr oder weniger offenbleibt.[33] De Vitorias Antwort scheint mit der Idee des gerechten Krieges in Verbindung gestanden zu

---

31 Zitiert nach Watner, a. a. O., S. 303f.
32 Lewis H. Hanke: Bartolomé de Las Casas: An Interpretation of His Life and Writings, Den Haag 1951, S. 87.
33 Vgl. Carlos G. Noreña, „Francisco Suárez on Democracy and International Law", in: White (Hg.), a. a. O., S. 271.

haben. Diese Idee besagt, daß, wenn ein Staat in seinem Verhalten gegenüber einem anderen Staat die Normen des internationalen Rechts verletzt hat, dies für den zweiten Staat ein Grund sein könnte, gegen den ersten einen gerechten Krieg zu führen.[34]

Wir sollten nicht voreilig darauf schließen, daß die spanischen Theologen eine Institution wie die Vereinten Nationen unterstützt haben würden. Erinnern wir uns an das ursprüngliche Problem, das durch ein internationales Rechtssystem gelöst werden sollte. Dem britischen Philosophen des 17. Jahrhunderts Thomas Hobbes zufolge ist die menschliche Gesellschaft ohne eine Regierung, die als Schiedsrichter über allen Menschen steht, dazu verurteilt, in einen Zustand des Chaos und des Bürgerkriegs zu stürzen. Die Schaffung einer übergeordneten Behörde, deren vorrangige Funktion darin besteht, die Ordnung aufrechtzuerhalten und dem Gesetz Gehorsam zu verschaffen, ist laut Hobbes der einzige Mechanismus, durch den wir der chronischen Unsicherheit und Unordnung des sogenannten Naturzustandes entgehen können. Manchmal hört man auch die vergleichbare Aussage, daß die Nationen der Welt, wenn es nicht so etwas wie eine Weltregierung gebe, einander genauso gegenüberstünden wie die Individuen einer einzelnen Nation, die noch ohne Regierung sei. Ohne einen Souverän, der über die Nationen herrsche, so Hobbes' Analyse, müßten wir zwischen den Nationen mit denselben Konflikten und derselben Unordnung rechnen, wie sie ohne Zivilregierung auch zwischen den einzelnen Bürgern herrschten.

Durch die Einrichtung einer Regierung wird das von Hobbes beschriebene Problem jedoch nicht gelöst, sondern lediglich auf eine andere Ebene verlagert. Eine Regierung kann unter den Völkern, die sie beherrscht, den Frieden durchsetzen und

---

34 Fernandez-Santamaria, a. a. O., S. 62.

der Ungerechtigkeit vorbeugen. Doch die Völker befinden sich nun der Regierung selbst gegenüber in einem Naturzustand, denn es gibt keinen gemeinsamen Schiedsrichter, der sowohl über der Regierung als auch über den Völkern steht. Wenn die Regierung die souveräne Autorität besitzt, die Hobbes empfiehlt, dann muß sie im Hinblick auf das Ausmaß ihrer eigenen Vollmachten, auf Recht und Unrecht und sogar auf die Entscheidung in Streitfällen zwischen einzelnen Bürgern und ihr selbst das letzte Wort haben. Auch wenn Hobbes an die Demokratie geglaubt hätte, kann kaum erwartet werden, daß sich eine solche Institution durch bloße Abstimmung in ihre Schranken weisen ließe. Wenn eine sowohl über der Regierung als auch über dem Volk stehende Macht eingerichtet würde, um sicherzustellen, daß die Regierung ihre Befugnisse nicht mißbraucht, würde das Problem sich nur auf eine andere Ebene verlagern, denn diese neue Macht wäre keiner anderen Autorität unterworfen.

Das ist nur eines der Probleme bezüglich der Idee einer internationalen Einrichtung, die die Macht hätte, die Einhaltung des Völkerrechts notfalls auch zu erzwingen. Befürworter dieser Idee vertreten die Ansicht, daß eine solche Autorität die Nationen der Welt vor dem Naturzustand Hobbes'scher Prägung schützen würde, in dem sie sich befinden. Doch mit der Schaffung einer solchen Autorität besteht das Problem der Unsicherheit weiter: Die Nationen der Welt befänden sich dann dieser neuen Autorität gegenüber, deren Verhalten sie nicht kontrollieren könnten, wiederum in einem Naturzustand.

Die Durchsetzung des internationalen Rechts ist also keine einfache Aufgabe, und die Schaffung einer globalen Institution zu diesem Zweck verlagert das Hobbes'sche Problem nur, statt es zu lösen. Doch es bleiben andere Optionen. Schließlich ist es den fortschrittlicheren Nationen gelungen, sich nach dem Dreißigjährigen Krieg (1618-1648) zwei Jahrhunderte lang an die

Regeln der sogenannten zivilisierten Kriegsführung zu halten. Eine drohende Ächtung kann sehr reale Folgen haben.

Trotz der mit seiner Durchsetzung verbundenen praktischen Schwierigkeiten ist die *Idee* des internationalen Rechts, deren Anfänge auf die durch die Entdeckung Amerikas ausgelöste philosophische Diskussion zurückgehen, von größter Wichtigkeit. Sie beruht auf dem Gedanken, daß jede Nation nicht als ein moralisches Universum für sich alleine steht, sondern in ihrem Verhalten an Grundprinzipien gebunden ist, über die zwischen zivilisierten Völkern Übereinstimmung herrscht. Mit anderen Worten: Der Staat ist in moralischer Hinsicht nicht autonom.

Im frühen 16. Jahrhundert sagte Niccolò Machiavelli in seinem kleinen Werk *Der Fürst* (1513) die Entstehung eines modernen Staats voraus. Für Machiavelli war der Staat allerdings eine moralisch autonome Institution, deren auf Selbsterhaltung ausgerichtetes Tun nicht nach von außen angelegten Maßstäben – seien es nun die Erlasse eines Papstes oder ein beliebiger anderer Kodex moralischer Prinzipien – bewertet werden kann. Daher überrascht es nicht, daß die Kirche Machiavellis politische Philosophie so streng verurteilte: Machiavelli vertrat exakt jene Ansichten, die die großen katholischen Theologen so nachdrücklich ablehnten. Ihrer Ansicht nach konnte der Staat sehr wohl an Prinzipien gemessen werden, die außerhalb seiner selbst lagen, und durfte nicht auf der Grundlage reiner Zweckmäßigkeit oder eines ausschließlichen Vorteilsdenkens handeln, wenn dabei moralische Prinzipien mit Füßen getreten wurden.

Die spanischen Theologen des 16. Jahrhunderts unterzogen, kurz gesagt, das Verhalten ihrer eigenen Zivilisation einer kritischen Prüfung und fanden, daß es zu wünschen übrig lasse. Sie vertraten den Standpunkt, daß die anderen Völker dieser Welt ihnen in naturrechtlicher Hinsicht gleichgestellt waren und daß die heidnischen Gesellschaften ein Recht auf dieselbe Behand-

Kapitel 7

lung hatten, die die Nationen des christlichen Europa einander zuteil werden ließen. Daß katholische Priester der westlichen Zivilisation die philosophischen Hilfsmittel an die Hand gaben, um nicht-westlichen Völkern in einem Geist der Gleichheit zu begegnen, ist außergewöhnlich. Wenn wir das Zeitalter der Entdeckungen im Licht eines schlüssigen historischen Urteils betrachten, müssen wir zu dem Schluß kommen, daß die Fähigkeit der Spanier, diese fremden Völker objektiv zu betrachten und die gemeinsame Menschlichkeit anzuerkennen, keine geringe Leistung war – vor allem, wenn man bedenkt, wie voreingenommen das Bild häufig ist, das ein Volk sich von einem anderen macht.

Eine solche Unvoreingenommenheit hatte man von den Kulturen der amerikanischen Indianer nicht zu erwarten. „Die Indianer ein und derselben Region oder Sprachengruppe hatten noch nicht einmal einen gemeinsamen Namen für sich", erklärt der Historiker Samuel Eliot Morison von der Universität Harvard. „Jeder Stamm gab sich selbst einen Namen von der Art wie 'Wir, das Volk' und bezeichnete seine Nachbarn mit einem Begriff, der soviel hieß wie 'Die Barbaren', 'Söhne einer Hündin' oder etwas ähnlich Beleidigendes."[35] Daß uns ein Gegenbeispiel wie die Irokesische Konföderation so schnell in den Sinn kommt, ist nur ein Hinweis auf ihren Ausnahmecharakter. In einem so engstirnigen Chauvinismus konnte die Vorstellung von einer internationalen Ordnung kleiner und großer unterschiedlich zivilisierter und kultivierter Staaten, die nach dem Gleichheitsprinzip funktionierte, nicht auf fruchtbaren Boden fallen. Die Überlegungen der großen spanischen Theologen des 16. Jahrhunderts dagegen, die hervorhoben, daß das Miteinander der Staaten mit Hilfe universaler Prinzipien geregelt werden

---

35 Samuel Eliot Morison: The Oxford History of the American People, Bd. 1, *Prehistory to 1789*, New York 1994 (1965), S. 40.

müsse, basierten auf dem katholischen Gedanken von der grundlegenden Einheit der menschlichen Rasse. Wenn wir also die spanischen Übergriffe in der Neuen Welt kritisieren, dann können wir dies nur dank der moralischen Hilfsmittel, die uns die ebenfalls spanischen katholischen Theologen an die Hand gegeben haben.

Der peruanische Romanschriftsteller Mario Vargas Llosa sieht den Umgang der Europäer mit den Ureinwohnern der Neuen Welt aus einer ähnlichen Perspektive:

> Pater Las Casas war der aktivste, wenn auch nicht der einzige dieser Nonkonformisten, die sich gegen die Mißbräuche auflehnten, die man den Indianern antat. Sie kämpften im Namen moralischer Prinzipien, die ihnen wichtiger waren als alle Prinzipien einer Nation oder eines Staates, gegen ihre Mitmenschen und gegen die Politik ihres eigenen Landes. Diese Entschlossenheit wäre unter den Inkas oder in irgendeiner der anderen prähispanischen Kulturen undenkbar gewesen. In diesen Kulturen konnte, ebenso wie in den anderen großen Zivilisationen der Geschichte außerhalb des Okzidents, das Individuum den sozialen Organismus, dem es angehörte, nicht moralisch in Frage stellen, weil es nur als ein winziger Bestandteil dieses Organismus überhaupt existierte und weil es nicht in der Lage war, das Diktat des Staates von der Moral zu trennen. Die erste Kultur, die sich selbst in Frage stellte, die erste, die die Massen in individuelle Wesen aufspaltete, die sich nach und nach das Recht erwarben, für sich selbst zu denken und zu handeln, sollte, dank dieser unbekannten Übung, die Freiheit werden, die mächtigste Zivilisation unserer Welt.[36]

Daß bei der Eroberung der Neuen Welt Ungerechtigkeiten begangen worden sind, wird niemand ernsthaft leugnen wollen, und Priester der damaligen Zeit haben diese Ungerechtigkeiten dokumentiert und verurteilt. Doch es ist nur natürlich, daß wir

---

36 Zitiert nach Robert R. Royal: Columbus on Trial: 1492 v. 1992, Herndon (Va.) ²1993, S. 23f.

Kapitel 7

inmitten der demographischen Tragödie, die die Völker der Neuen Welt im Zeitalter der Entdeckungen getroffen hat, irgendeinen Silberstreif, irgendeinen mildernden Umstand zu entdecken versuchen. Und dieser Silberstreif ist die Tatsache, daß die Begegnung dieser Völker für die Moralisten eine besonders günstige Gelegenheit gewesen ist, die grundlegenden Prinzipien zu diskutieren und zu entwickeln, nach denen sich die Nationen in ihrem Umgang miteinander zu richten hatten. Bei dieser Aufgabe wurden sie von der unermüdlichen moralischen Analyse katholischer Theologen unterstützt, die an spanischen Universitäten lehrten.[37] „Die Ideale", so Hankes zutreffende Schlußfolgerung, „die manche Spanier bei der Erschließung der Neuen Welt in die Tat umzusetzen versuchten, werden ihren hellen Glanz nie verlieren, solange Menschen glauben, daß andere Völker ein Recht auf Leben haben, daß gerechte Methoden für die Gestaltung der Beziehungen zwischen Völkern gefunden werden können und daß alle Völker dieser Welt ihrem Wesen nach Menschen sind."[38] Diese Gedanken, mit denen sich der Westen seit Jahrhunderten identifiziert, stammen direkt aus dem Besten, was das katholische Denken hervorgebracht hat. Die katholische Kirche hat also einen weiteren Pfeiler der westlichen Zivilisation errichtet.

---

37 Vgl. C. Brown: „Old World v. New: Culture Shock in 1492", in: „Peninsula" (September 1992), S. 11.
38 Hanke (1965/1949), S. 178f.

Kapitel 8:

Die Kirche und die Wirtschaft

Die Geschichte des wirtschaftlichen Denkens beginnt üblicherweise mit Adam Smith und einigen anderen Denkern des 18. Jahrhunderts. Die Katholiken selbst, insbesondere diejenigen, die der Marktwirtschaft kritisch gegenüberstehen, neigen dazu, die Prinzipien und Erkenntnisse der modernen Wirtschaftstheorie mehr oder weniger mit Denkern der Aufklärung in Verbindung zu bringen. Dabei waren es im Gegenteil die Kommentatoren des Mittelalters und der Spätscholastik, deren Verständnis und Konzept der freien Wirtschaft sich als überaus fruchtbar für die Entwicklung eines soliden wirtschaftstheoretischen Denkens im Westen erweisen sollten. Somit stellt die moderne Wirtschaft einen anderen wichtigen Bereich dar, in dem der katholische Einfluß bis in die jüngere Vergangenheit allzuoft verdunkelt oder übersehen worden ist, denn es ist in der Tat nicht eben üblich, Katholiken unter die Begründer der modernen Wirtschaftstheorie zu zählen.

Joseph Schumpeter, einer der größten Wirtschaftswissenschaftler des 20. Jahrhunderts, hat den in Vergessenheit geratenen Beiträgen der Spätscholastik in seiner *Geschichte der ökonomi-*

schen Analyse (1954) Tribut gezollt: „[Sie] sind", so schreibt er, „mehr als jede andere Gruppe die 'Begründer' der Wirtschaftswissenschaften geworden."[1] Im Laufe des 20. Jahrhunderts sollte Schumpeter mit seiner Würdigung eines leider vernachlässigten Kapitels der Geschichte des wirtschaftstheoretischen Denkens die Unterstützung anderer Wissenschaftler erhalten, darunter Raymond de Roover, Marjorie Grice-Hutchinson und Alejandro Chafuen.[2]

Ein anderer großer Wirtschaftswissenschaftler des 20. Jahrhunderts, Murray N. Rothbard, widmete einen umfangreichen Abschnitt seiner von den Kritikern gefeierten Geschichte der Wirtschaftstheorie den Erkenntnissen der späten Scholastiker, die er als brillante Sozialphilosophen und Wirtschaftsanalytiker beschrieb. Auf überzeugende Weise wies er nach, daß die Einsichten dieser Männer in der österreichischen Wirtschaftsschule kulminierten, einer wichtigen Schule des wirtschaftstheoretischen Denkens, die sich im späten 19. Jahrhundert herausgebildet hat und bis heute existiert. Die österreichische Schule hat selbst eine Reihe brillanter Wirtschaftswissenschaftler vorzu-

---

[1] Joseph A. Schumpeter: Geschichte der ökonomischen Analyse, Bd. 1, Göttingen 1965, S. 143.
[2] Vgl. Raymond de Roover, „The Concept of the Just Price: Theory and Economic Policy", in: „Journal of Economic History" 18 (1958), S. 418-434; Julius Kirshner (Hg.): Business, Banking, and Economic Thought in Late Medieval and Early Modern Europe: Selected Studies of Raymond de Roover, Chicago 1974, v. a. S. 306-345; Alejandro A. Chafuen: Faith and Liberty: The Economic Thought of the Late Scholastics, Lanham (Md) 2003; Marjorie Grice-Hutchinson: The School of Salamanca: Readings in Spanish Monetary Theory, 1544-1605, Oxford 1952; dies.: Early Economic Thought in Spain, 1177-1740, London 1978; Joseph A. Schumpeter: Geschichte der ökonomischen Analyse, Göttingen 1965; Murray N. Rothbard: An Austrian Perspective on the History of Economic Thought, Bd. 1, Economic Thought Before Adam Smith, Hants (GB) 1995, S. 99-133.

weisen – von Carl Menger über Eugen von Böhm-Bawerk bis hin zu Ludwig von Mises. F. A. Hayek, ein angesehenes Mitglied der Schule, gewann 1974 den Nobelpreis für Wirtschaftswissenschaften.

Ehe wir uns den Spätscholastikern zuwenden, sollten wir uns mit den häufig vergessenen wirtschaftstheoretischen Beiträgen noch früherer katholischer Gelehrter befassen. Jean Buridan (1300-1358) beispielsweise, der Rektor der Universität von Paris, leistete wichtige Beiträge zur modernen Geldtheorie. Statt das Geld als ein künstliches Produkt staatlicher Intervention zu betrachten, zeigte Buridan, wie sich das Geld zunächst als nützliche Ware und dann als Tauschmittel frei und spontan aus dem Markt selbst entwickelt hat. Mit anderen Worten: Das Geld ist nicht aufgrund eines Regierungserlasses, sondern aus einem freiwilligen Tauschprozeß heraus entstanden, weil die Menschen entdeckten, daß dieser durch die Einführung einer nützlichen und allseits begehrten Ware als Zahlungsmittel dramatisch vereinfacht werden konnte.[3]

Diese allseits begehrte Ware, worum es sich auch handeln mochte, mußte folglich zunächst aufgrund ihrer Bedeutung für die Befriedigung nicht-monetärer Bedürfnisse geschätzt werden. Wenn sie ihre monetäre Rolle erfolgreich spielen sollte, mußte sie außerdem bestimmte wichtige Kennzeichen aufweisen. Sie mußte teilbar und leicht zu transportieren sein, sie mußte dauerhaft sein, und sie mußte pro Gewichtseinheit einen hohen Wert besitzen, damit schon kleine Mengen ausreichten, um praktisch jede Transaktion zu ermöglichen. „Auf diese Weise", so ein Experte, „begann Buridan mit der Klassifizierung der monetären Eigenschaften von Waren, was bis zum Ende

---

[3] Rothbard, a. a. O., S. 73f. Ludwig von Mises, der große Wirtschaftswissenschaftler des 20. Jahrhunderts, hat nachgewiesen, daß das Geld auf diese Weise entstehen *mußte*.

Kapitel 8

der Goldwährung in den 30er Jahren des 20. Jahrhunderts das erste Kapitel zahlloser Lehrbücher über Geld und Bankwesen bildete."[4]

Nikolaus von Oresme (1325-1382), ein Schüler Buridans, leistete seine eigenen wichtigen Beiträge zur monetären Theorie. Oresme, ein vor allem in Mathematik, Astronomie und Physik bewanderter Universalgelehrter, schrieb *Über Ursprung, Wesen und Umlauf des Geldes*, eine Abhandlung, die als „ein Meilenstein in der Wissenschaft des Geldes" bezeichnet worden ist und „Maßstäbe setzte, die jahrhundertelang nicht übertroffen werden sollten und in gewisser Hinsicht bis jetzt noch nicht übertroffen worden sind." Man hat ihn auch den „Gründungsvater der Geldwirtschaft" genannt.[5]

Oresme hat erstmalig den Grundsatz formuliert, der später als das Gresham'sche Gesetz bekannt werden sollte. Diesem Gesetz zufolge wird, wenn zwei Währungen in derselben Wirtschaft nebeneinander existieren und die Regierung ein Verhältnis zwischen beiden festsetzt, das sich von dem Verhältnis unterscheidet, das die Währungen auf dem freien Markt erreichen können, die von der Regierung künstlich überbewertete Währung die unterbewertete aus dem Umlauf vertreiben. Deswegen, so erläutert Oresme, „wird, wenn das festgesetzte legale Verhältnis der Münzen sich vom Marktwert der Metalle unterscheidet, die unterbewertete Münze ganz aus dem Umlauf verschwinden, und die überbewertete Münze als alleinige Währung übrigbleiben."[6]

Nehmen wir also einmal an, die beiden Währungen seien Gold und Silber und 16 Unzen Silber hätten auf dem Markt denselben Wert wie eine Unze Gold. Nehmen wir weiter an, daß die

---

4 Ebd., S. 74; vgl. auch Thomas E. Woods Jr., a. a. O., S. 87ff., S. 93.
5 Jörg Guido Hülsmann: „Nicholas Oresme and the First Monetary Treatise", http://www.mises.org/fullstory.aspx?control=1516 (8. Mai 2004).
6 Rothbard, a. a. O., S. 76.

Die Kirche und die Wirtschaft

Regierung ein legales Verhältnis von 15:1 festsetzt, so daß die Bürger 15 Unzen Silber und eine Unze Gold als gleichwertig behandeln müßten. Mit diesem Verhältnis ist das Silber natürlich überbewertet, weil nach dem Markwert der beiden Metalle 16 Silbermünzen einer Goldmünze entsprechen. Doch die Regierung sagt der Öffentlichkeit mit der Festsetzung des 15:1-Verhältnisses, daß sie ihre in Goldmünzen notierten Schulden zu einem Kurs von 15 anstelle der dem Marktwert entsprechenden 16 Silbermünzen für eine Goldmünze begleichen können. Dies führt dazu, daß die Bevölkerung das Gold meidet und alle Zahlungen in Silber vornimmt. Das wäre so, als ob unsere Regierung heute sagte, daß vier Euromünzen soviel wert wären wie ein Fünf-Euro-Schein. Die Menschen würden sofort aufhören, Fünf-Euro-Scheine zu benutzen, und alles mit den künstlich aufgewerteten Euromünzen bezahlen. Die Fünf-Euro-Scheine würden aus dem Umlauf verschwinden. Das sind Beispiele dafür, wie überbewertetes Geld unterbewertetes verdrängt.

Oresme wußte auch um die verheerenden Auswirkungen der Inflation. Wenn die Regierung den Wert einer Währungseinheit herabsetzt, so erklärte er, führe dies zu nichts Gutem. Der Handel werde gestört und das allgemeine Preisniveau steige. Die Regierung bereichere sich auf Kosten der Bevölkerung. Idealerweise, so seine Einschätzung, sollte die Regierung gar nicht in das Währungssystem eingreifen.[7]

Die späten Scholastiker teilten Oresmes Interesse an der Währungsökonomie. Vor allem nachdem es, bedingt durch den Zufluß von Edelmetallen aus der Neuen Welt, im Spanien des 16. Jahrhunderts zu einer beträchtlichen Preisinflation gekommen war, erkannten sie, daß in der Wirtschaft klare Verhältnisse von Ursache und Wirkung am Werk waren. Aus der Beobachtung, daß die größeren Münzbestände die Kaufkraft des Geldes

---

7   Hülsmann, a. a. O.

Kapitel 8

verringerten, leiteten sie die allgemeinere Schlußfolgerung – heute eine anerkannte wirtschaftliche Gesetzmäßigkeit – ab, daß wachsende Bestände eines beliebigen Guts den Preis des betreffenden Guts sinken lassen. Der spätscholastische Theologe Martín de Azpilcueta (1493-1586) schreibt in einem Passus, der von manchen Wissenschaftlern als die erste Formulierung der Quantitätstheorie des Geldes bezeichnet worden ist:

> Wenn die übrigen Bedingungen gleich sind, werden in Ländern, wo eine große Geldknappheit herrscht, alle käuflichen Güter und sogar die Hände und die Arbeit der Menschen für weniger Geld abgegeben als dort, wo es reichlich vorhanden ist. So sehen wir durch Erfahrung, daß in Frankreich, wo das Geld knapper ist als in Spanien, Brot, Wein, Stoff und Arbeit sehr viel weniger wert sind. Und selbst in Spanien werden in Zeiten der Geldknappheit käufliche Güter und Arbeit für sehr viel weniger abgegeben als nach der Entdeckung der Indias, die das Land mit Gold und Silber überschwemmte. Der Grund hierfür ist, daß Geld an dem Ort und zu der Zeit, wo es knapp ist, mehr wert ist als an dem Ort und zu der Zeit, wo es reichlich vorhanden ist. Wenn manche sagen, daß eine Geldknappheit andere Dinge herabsetzt, dann ergibt sich dies aus der Tatsache, daß sein übermäßiger Anstieg [im Wert] andere Dinge geringer erscheinen läßt, so wie ein kleiner Mann neben einem sehr großen kleiner wirkt als neben einem Mann seiner eigenen Größe.[8]

Andere wichtige Beiträge zur Wirtschaftstheorie stammen von Thomas de Vio, Kardinal Cajetan (1468-1534). Kardinal Cajetan war ein außerordentlich einflußreicher und wichtiger kirchlicher Würdenträger, der unter anderem mit Martin Luther, dem Gründer des Protestantismus, debattiert und diesem in einer Diskussion über die päpstliche Autorität einen Punktsieg abgerungen hat. Luther lehnte die Vorstellung ab, daß der 18. Vers des 16. Kapitels im Matthäusevangelium – Christus

---

8   Chafuen, a. a. O., S. 62.

übergibt dem Apostel Petrus die Schlüssel des Himmelreichs – so zu deuten sei, daß die Nachfolger Petri in der gesamten christlichen Welt die lehramtliche und disziplinarische Autorität innehätten. Cajetan zeigte jedoch, daß eine Parallelstelle aus dem Alten Testament, Jesaja 22, 22, ebenfalls die Schlüsselsymbolik verwendet und der Schlüssel dort tatsächlich für eine Autorität steht, die einem Nachfolger übertragen wird.[9]

In seiner 1499 veröffentlichten Abhandlung *De Cambiis*, die den ausländischen Tauschmarkt unter moralischen Gesichtspunkten zu rechtfertigen suchte, wies Cajetan darauf hin, daß der Wert des Geldes *in der Gegenwart* durch Erwartungen einer wahrscheinlichen Marktentwicklung *in der Zukunft* beeinflußt werden könne. So kann es sich auf den aktuellen Geldwert auswirken, wenn die Menschen mit störenden oder schädlichen Ereignissen wie Mißernten oder Kriegen rechnen oder erwarten, daß sich die Geldbestände ändern. In dieser Hinsicht, so schreibt Murray Rothbard, „kann Kardinal Cajetan, ein Kirchenfürst des 16. Jahrhunderts, als der Begründer der Erwartungstheorie in der Wirtschaft betrachtet werden."[10]

Zu den denkwürdigsten und wichtigsten wirtschaftlichen Prinzipien, die mit der Hilfe der Spätscholastiker und ihrer unmittelbaren Vorgänger entstanden und heranreiften, gehört auch die subjektive Wertlehre. Teils durch ihre eigene Analyse und teils durch die Kommentare inspiriert, die der heilige Augustinus in seinem *Gottesstaat* zum Thema Wert formuliert hatte, vertraten diese katholischen Denker den Standpunkt, daß der Wert sich nicht aus objektiven Faktoren wie Produktionskosten oder Arbeitsaufwand, sondern von der subjektiven

---

9 Ein guter Überblick über die Schlüsselsymbolik in der Bibel und insbesondere die umstrittene Stelle Mt 16, 18 findet sich bei Stanley L. Jaki: The Keys of the Kingdom: A Tool's Witness to Truth, Chicago (Ill.) 1986.
10 Rothbard, a. a. O., S. 100f.

Wertschätzung individueller Personen herleitet. Jede Theorie, die den Wert auf objektive Faktoren wie Arbeit oder andere Herstellungskosten zurückführte, war demzufolge falsch.

Der Franziskaner Pierre de Jean Olivi (1248-1298) legte als erster eine Wertlehre vor, die auf dem subjektiven Nutzen basierte. Er argumentierte, daß, wirtschaftlich betrachtet, der Wert eines Gutes davon abhänge, wie nützlich und wünschenswert dieses Gut nach der subjektiven Einschätzung der Individuen sei. Also konnte der „richtige Preis" nicht auf der Grundlage objektiver Faktoren wie der Arbeit oder anderer Produktionskosten errechnet werden, die bei seiner Herstellung anfielen. Vielmehr ergab sich der richtige Preis aus der Interaktion von Käufern und Verkäufern auf dem Markt, wo sich der Wert, den ein bestimmtes Gut in den Augen der einzelnen Personen besaß, daran zeigte, ob sie dieses für einen gegebenen Preis kauften oder nicht kauften.[11] Eineinhalb Jahrhunderte später wurde Olivis subjektive Wertlehre praktisch wortwörtlich von Bernhardin von Siena, einem der größten Wirtschaftstheoretiker des Mittelalters, übernommen.[12] Wer hätte gedacht, daß die korrekte Werttheorie der Wirtschaftswissenschaften auf einen Franziskaner des 13. Jahrhunderts zurückgeht?

Auch die Spätscholastiker schlossen sich dieser Position an. Luis Saravía de la Calle schreibt im 16. Jahrhundert:

> Diejenigen, die den richtigen Preis an der Arbeit, den Kosten und dem Risiko messen, dem die Person, die mit dieser Ware handelt oder sie produziert, ausgesetzt ist, oder an den Transport- oder Reisekosten... oder an dem, was er den Herstellern für ihre Fertigung zahlen muß, begeht einen großen Irrtum, und das gilt noch mehr für diejenigen, die einen gewissen Profit von einem Fünftel oder einem Zehntel zulassen. Denn der richtige Preis ergibt sich aus dem Überfluß oder der Knapp-

---

11   Ebd., S. 60f.
12   Ebd., S. 62.

heit von Gütern, Kaufleuten und Geld... und nicht aus Kosten, Arbeit und Risiko. Wenn wir auf die Arbeit und das Risiko sehen müßten, um den gerechten Preis festzusetzen, dann würde kein Kaufmann jemals einen Verlust erleiden, und der Überfluß oder die Knappheit der Güter oder des Geldes würde keine Rolle spielen. Preise werden gewöhnlich nicht auf der Grundlage der Kosten festgesetzt. Warum sollte ein Ballen Leinen, der unter großem Kostenaufwand von der Bretagne auf dem Landweg hierher gebracht worden ist, teurer sein als einer, der billig auf dem Seeweg transportiert worden ist? ... Warum sollte ein Buch, das mit der Hand geschrieben worden ist, mehr wert sein als ein gedrucktes, wenn letzteres trotz geringerer Produktionskosten besser ist? ... Den richtigen Preis findet man nicht, indem man die Kosten berechnet, sondern aufgrund der allgemeinen Wertschätzung.[13]

Der Jesuit Kardinal Juan de Lugo (1583-1660) ist derselben Ansicht und steuert sein eigenes Argument zugunsten des subjektiven Wertes bei:

Der Preis verändert sich nicht aufgrund der einem Artikel innewohnenden wesentlichen Vollkommenheit – so sind Mäuse vollkommener als Korn, aber weniger wert –, sondern aufgrund seiner Nützlichkeit im Hinblick auf die menschlichen Bedürfnisse, und dann auch nur aufgrund der Wertschätzung; denn Juwelen sind im Haus weniger nützlich als Korn, und doch ist ihr Preis viel höher. Und wir müssen auch nicht nur die Wertschätzung kluger, sondern auch unkluger Menschen in Betracht ziehen, wenn sie an einem Ort relativ zahlreich sind. Deshalb wird unser Glasplunder in Äthiopien mit Gold aufgewogen, weil er dort allgemein mehr geschätzt wird. Und unter den Japanern erzielen alte Gegenstände aus Eisen oder Keramik, die bei uns nichts wert sind, einen hohen Preis aufgrund ihres Alters. Allgemeine Wertschätzung erhöht, auch wenn sie töricht ist, den natürlichen Preis der Güter, da sich der Preis aus der Wertschätzung ableitet. Der natürliche

---

13 Murray N. Rothbard, „New Light on the Prehistory of the Austrian School", in: Edwin G. Dolan (Hg.): The Foundations of Modern Austrian Economics, Kansas City 1976, S. 55.

Preis erhöht sich durch einen Überfluß an Käufern und an Geld und sinkt aufgrund der entgegengesetzten Faktoren.[14]

Und ein anderer Jesuit, Luis de Molina, erklärt:

[D]er richtige Preis von Gütern wird nicht nach dem Nutzen festgesetzt, den die Menschen ihm geben, so als ob, *caeteris paribus*, die Natur und die Notwendigkeit des ihnen gegebenen Nutzens die Höhe des Preises bestimmen würden. ... [S]ie hängt von der relativen Wertschätzung ab, die jeder Mensch für den Nutzen des Gutes hat. Das erklärt, weshalb der richtige Preis einer Perle, die nur als Schmuck dient, höher ist als der richtige Preis einer großen Menge von Korn, Wein, Fleisch, Brot oder Pferden, selbst wenn die Nützlichkeit dieser Dinge (die auch ihrer Natur nach edler sind) zweckmäßiger und dem Nutzen einer Perle überlegen ist. Deshalb können wir schlußfolgern, daß der richtige Preis für eine Perle von der Tatsache abhängt, daß manche Menschen ihr als Schmuckgegenstand einen Wert haben beimessen wollen.[15]

Carl Menger, dessen *Grundsätze der Volkswirtschaftslehre* (1871) einen so tiefgreifenden Einfluß auf die Entwicklung der modernen Wirtschaftswissenschaften haben sollten (und mit der thomistisch-aristotelischen Tradition in Verbindung gebracht worden sind[16]), hat die Implikationen des subjektiven Werts anschaulich erklärt. Nehmen wir einmal an, daß Tabak plötzlich für die Menschen keinerlei Nutzen mehr hätte – niemand würde ihn mehr zu irgendeinem Zweck wollen oder benötigen. Stellen wir uns des weiteren eine Maschine vor, die ausschließlich für die Tabakverarbeitung gebaut worden ist und keinen anderen Zweck erfüllt. Infolge des veränderten Geschmacks

---

14 Chafuen, S. 84f.
15 Ebd., S. 84.
16 „Carl Menger läßt sich am besten im Kontext der aristotelischen/Neo-Scholastik des 19. Jahrhunderts verstehen", heißt es bei Samuel Bostaph: „Der Methodenstreit", in: Peter J. Boettke (Hg.): The Elgar Companion to Austrian Economics, Cheltenham (UK) 1994, S. 460.

Die Kirche und die Wirtschaft

der Menschen, die sich ganz vom Tabak abgewandt haben – Menger würde sagen, daß der Tabak seinen *Gebrauchswert* verloren habe –, würde der Wert dieser Maschine ebenfalls auf Null sinken. Folglich leitet sich der Wert des Tabaks nicht von seinen Produktionskosten ab. Vielmehr kommt nach der subjektiven Wertlehre das genaue Gegenteil der Wahrheit näher: Die Produktionsfaktoren, die bei der Tabakverarbeitung eine Rolle spielen, leiten ihren eigenen Wert von dem subjektiven Wert ab, den die Verbraucher dem Tabak und damit dem Endprodukt beimessen, für dessen Herstellung diese Faktoren eingesetzt werden.[17]

Die subjektive Wertlehre ist eine wesentliche wirtschaftstheoretische Erkenntnis und hat nichts mit Anthropozentrismus oder moralischem Relativismus zu tun. Die Wirtschaftswissenschaften setzen sich mit der Tatsache und den Implikationen menschlicher Entscheidungen auseinander. Um die Entscheidungen der Menschen zu verstehen und zu erklären, muß man sich der Werte bedienen, die sie den Dingen tatsächlich beimessen. (Daß man diese Bewertung damit nicht automatisch gutheißt, versteht sich von selbst.) In dem von Menger beschriebenen Fall läuft dies schlicht auf die sehr einsichtige Schlußfolgerung hinaus, daß, wenn die Verbraucher Objekt A nicht für wertvoll halten, sie auch den eigens für die Produktion von A entworfenen Faktoren keinen Wert beimessen werden.

Die subjektive Wertlehre führt auch zu einer direkten Widerlegung der Arbeitswertlehre, die eng mit Karl Marx, dem Vater des Kommunismus, verbunden ist. Marx glaubte nicht an eine objektive Moral, aber er glaubte, daß Wirtschaftsgütern ein objektiver Wert zugesprochen werden könne. Dieser objektive Wirtschaftswert basierte auf der Anzahl der Arbeitsstunden,

---

17 Carl Menger: Grundsätze der Volkswirtschaftslehre, Wien 1923, S. 102-166.

Kapitel 8

die für die Produktion eines bestimmten Guts erforderlich waren. Marx' Arbeitslehre besagte aber nicht, daß der Wert eines Produkts auf dem bloßen Arbeitsaufwand beruhe, das heißt, er sagte nicht, daß, wenn ich meine Tage damit zubrächte, leere Bierdosen aneinanderzulöten, das Ergebnis meiner Arbeit *ipso facto* wertvoll wäre. Die Dinge, so räumte Marx ein, würden nur dann als wertvoll betrachtet, wenn Individuen ihnen einen Gebrauchswert zuschrieben. Wenn aber einem Gut einmal von Individuen ein Gebrauchswert zugeschrieben worden sei, dann würde der Wert dieses Gutes durch die Anzahl der für seine Herstellung aufgewendeten Arbeitsstunden bestimmt. (Wir können hier nicht auf jeden der offensichtlich problematischen Punkte an dieser Theorie eingehen, so etwa auf die Tatsache, daß sie nicht zu erklären vermag, weshalb Kunstwerke nach dem Tod des Künstlers an Wert gewinnen, obwohl doch ganz gewiß zwischen dem Moment ihrer Fertigstellung und seinem Tod keine weiteren Arbeitsstunden auf sie verwendet worden sind; dieses oft beobachtete Phänomen läßt sich mit der Arbeitswertlehre nicht in Einklang bringen.)

Von seiner Arbeitswertlehre leitete Marx ferner den Gedanken ab, daß Arbeiter in einer freien Wirtschaft „ausgebeutet" würden, weil ihre Arbeit die Quelle allen Wertes sei, diese Leistung sich aber in den ihnen ausgezahlten Löhnen nicht ausreichend widerspiegele. Vom Arbeitgeber zurückgehaltene Gewinne seien, so Marx, vollkommen unverdient und würden zu Unrecht von dem abgezogen, was den Arbeitern rechtmäßig zustehe.

Wir können Marx hier nicht systematisch widerlegen. Doch mit Hilfe der Erkenntnisse der Spätscholastik können wir zumindest den grundlegenden Fehler an seiner Arbeitswertlehre aufzeigen. (In den Anmerkungen wird auf ergänzende Argumente verwiesen, die zeigen, inwiefern sich Marx durch seine Idee von der Ausbeutung der Arbeiter völlig in die Irre

Die Kirche und die Wirtschaft

führen ließ.[18]) Marx' Fehler bestand nicht darin, daß er eine Beziehung zwischen dem Wert eines Guts und dem Wert der bei der Herstellung dieses Guts geleisteten Arbeit postuliert hat; zwischen diesen beiden Phänomenen besteht in der Tat oft ein Zusammenhang. Sein Irrtum war, daß er den Kausalzusammenhang von der falschen Seite her betrachtet hat. Ein Gut leitet seinen Wert nicht von der Arbeit ab, die auf seine Herstellung verwendet worden ist. Die auf die Herstellung verwendete Arbeit leitet *ihren* Wert von dem Wert ab, den die Verbraucher dem Endprodukt beimessen.

Als Bernhardin von Siena und die Scholastiker des 16. Jahrhunderts eine subjektive Wertlehre vertraten, legten sie damit also ein entscheidendes Wirtschaftskonzept vor, das implizit einen der größten wirtschaftstheoretischen Irrtümer der Moderne vorwegnahm und widerlegte. Selbst Adam Smith, der in der Geschichte als der große Meister des freien Markts und der wirtschaftlichen Freiheit bekanntgeworden ist, war in seiner Darstellung der Wertlehre mißverständlich genug, um den Eindruck zu hinterlassen, daß die Güter ihren Wert aus der auf ihre Herstellung verwendeten Arbeit ableiteten. Rothbard hat sogar unterstellt, daß Smiths Arbeitslehre aus dem 18. Jahrhundert in die im darauffolgenden Jahrhundert formulierte marxistische Theorie eingemündet sei und daß die Wirtschaftswissenschaften mit ihrem „Credo" – nichts über die Welt als Ganzes zu sagen – sehr viel besser dagestanden hätten, wenn die Wirt-

---

18 Eine direkte Reaktion auf Marx findet sich in dem in Vergessenheit geratenen Klassiker von Eugen von Böhm-Bawerk: Zum Abschluß des Marxschen Systems (1896), abgedruckt in: F. Heberle (Hg.): Aspekte der Marxschen Theorie 1, Frankfurt am Main 1973, S. 25ff. Eine noch entschiedenere und grundlegendere Argumentation, die Marx' Position als völlig irregeleitet darstellt (sich dabei aber im Grunde nicht auf die subjektive Werttheorie stützt), bietet George Reisman: Capitalism, Ottawa (Ill.) 1996.

schaftstheorie der von den erwähnten katholischen Denkern formulierten Wertlehre treu geblieben wäre. Die französischen und italienischen Wirtschaftswissenschaftler hielten unter dem Einfluß der Scholastiker den richtigen Standpunkt mehr oder weniger aufrecht; es waren die britischen Wirtschaftstheoretiker, die auf so tragische Weise in Denkrichtungen abdrifteten, die letztlich in Marx ihren Höhepunkt erreichen sollten.

Eine Diskussion über den Einfluß des katholischen Denkens auf die Entwicklung der Wirtschaftswissenschaften kann die Beiträge von Emil Kauder nicht außer acht lassen. Kauder verfaßte eine beträchtliche Menge von Werken, in denen er unter anderem herauszufinden versuchte, weshalb die (korrekte) subjektive Wertlehre in katholischen Ländern entstand und gedieh, während die (falsche) Arbeitswertlehre in protestantischen Nationen so einflußreich war. Genauer gesagt war er fasziniert von der Tatsache, daß britische Denker so stark der Arbeitswertlehre zuneigten, während französische und italienische Denker sich mit solcher Beharrlichkeit auf die Seite des subjektiven Werts stellten.

In *A History of Marginal Utility Theory* (1965) vermutet Kauder, daß die Lösung des Rätsels in der Bedeutung liegen könnte, die der große protestantische Denker Johannes Calvin der Arbeit zuschrieb. Für Calvin stand im wesentlichen jede Art von Arbeit unter dem Segen Gottes und war ein wichtiger Bereich, in dem der Mensch Gott verherrlichen konnte. Diese Betonung der Arbeit führte dazu, daß die Denker in den protestantischen Ländern die Arbeit als zentrales Wertkriterium ansahen. „Jeder für calvinistische Ideen offene Sozialphilosoph oder Wirtschaftswissenschaftler", so Kauder, „wird versucht sein, der Arbeit in seiner soziologischen oder wirtschaftstheoretischen Abhandlung einen besonderen Stellenwert einzuräumen, und es gibt keinen besseren Weg, die Arbeit zu preisen, als sie mit der Wertlehre zu verknüpfen, die traditionell die eigentliche Basis eines Wirtschaftssystems darstellt. So wird aus Wert Arbeitswert."[19]

Kauder zufolge galt dies auch im Fall solcher Denker wie John Locke und Adam Smith, die in ihren Schriften großen Wert auf die Arbeit legten und deren eigene Ansichten im großen und ganzen eher deistisch als protestantisch waren.[20] Diese Männer hatten die calvinistischen Vorstellungen verinnerlicht, die ihr kulturelles Milieu prägten. Smith beispielsweise stand trotz seiner eigenen eher unorthodoxen Ansichten dem presbyterianischen Glauben (also im Prinzip dem organisierten Calvinismus) stets wohlwollend gegenüber, und diese Sympathie für den Calvinismus mag seine eigene Betonung des wertbestimmenden Charakters der Arbeit sehr wohl beeinflußt haben.[21]

---

19 Emil Kauder: A History of Marginal Utility Theory, Princeton 1965, S. 5.
20 Locke wird in diesem Punkt häufig mißverstanden, und deshalb ist es wichtig, darauf hinzuweisen, daß er selbst nicht an die Arbeitswerttheorie glaubte. Lockes Arbeitslehre hat etwas mit der Rechtmäßigkeit des Ersterwerbs in einer Welt von Gütern zu tun, die noch niemandes Eigentum sind. Locke lehrte, daß in einem Naturzustand, in dem, wenn überhaupt, nur wenige Güter einzelnen Personen als Privateigentum gehören, jemand ein Gut oder eine Parzelle Land rechtmäßig sein Eigentum nennen kann, wenn er seine Arbeit darauf verwendet – wenn er beispielsweise ein Feld urbar macht oder auch einfach nur einen Apfel von einem Baum pflückt. Diese Arbeitsleistung verleiht ihm einen moralischen Anspruch auf das Gut, in das er seine Arbeit investiert hat. Wenn ein Gut einmal zu einem Privateigentum geworden ist, ist es nicht mehr vonnöten, daß jemand Arbeit darauf verwendet, damit er es sein eigen nennen kann. Güter sind dann rechtmäßiges Privateigentum ihrer Eigentümer, wenn sie entweder in der beschriebenen Weise direkt aus dem Naturzustand oder durch Kauf oder freiwillige Übereignung von jemandem erworben worden sind, der einen legitimen Anspruch auf sie hat. Nichts davon hat irgendetwas damit zu tun, daß man Gütern aufgrund der auf sie verwendeten Arbeit einen Wert zuschreibt; es geht Locke vielmehr darum, einen *moralischen und legalen Besitzanspruch* auf Güter zu formulieren, die im Naturzustand aufgrund einer an ihnen erbrachten Arbeitsleistung erworben worden sind.
21 Kauder, a. a. O., S. 5f.

Kapitel 8

Andererseits besaß die Arbeitswertlehre für die stärker vom aristotelischen und thomistischen Denken geprägten katholischen Länder keine solche Anziehungskraft. Aristoteles und der heilige Thomas leiteten den Zweck der wirtschaftlichen Aktivität aus Vergnügen und Freude ab. Somit waren die Ziele der Wirtschaft zutiefst subjektiv, denn Vergnügen und Freude waren nicht meßbare Gemütszustände, und ihre Intensität konnte nicht präzise oder in einer Weise ausgedrückt werden, die einen Vergleich zwischen verschiedenen Personen zugelassen hätte. Die subjektive Wertlehre folgt aus diesen Voraussetzungen ebenso selbstverständlich wie die Nacht auf den Tag. „Wenn der Zweck der Wirtschaft in einer gemäßigten Form des Vergnügens besteht", so Kauder, „dann müssen nach dem aristotelischen Konzept der finalen Ursache *alle Wirtschaftsprinzipien einschließlich der Evaluation von diesem Ziel abgeleitet werden*. In diesem Schema des aristotelischen und thomistischen Denkens liegt der Sinn der Evaluation darin zu zeigen, wieviel Vergnügen sich mit Wirtschaftsgütern gewinnen läßt."[22] Mit anderen Worten: Die calvinistische Betonung der Bedeutung der Arbeit veranlaßte die Denker in den protestantischen Ländern dazu, diese zum bestimmenden Faktor ihrer Theorie darüber zu machen, was Gütern Wert verleiht: Wieviel Arbeit war auf sie verwendet worden? Andererseits neigte die aristotelische und thomistische Sicht, die in den katholischen Ländern vorherrschte und die den Zweck der wirtschaftlichen Tätigkeit in der Freude sah, natürlicherweise weit mehr dazu, die Quelle des Wertes darin zu sehen, wie Einzelpersonen die jeweiligen Güter im Hinblick auf das subjektive Vergnügen beurteilten, das diese ihnen bereiten konnten.

Eine solche Theorie läßt sich natürlich nicht beweisen, auch wenn die protestantischen und katholischen Denker – die Indizien, die Kauder für diese These zusammenstellt, sind beste-

---

22 Ebd., S. 5f. (Hervorhebungen wurden hinzugefügt).

chend – vielleicht selbst schon geahnt haben, daß ihre unterschiedlichen Ansichten über den wirtschaftlichen Wert möglicherweise theologische Ursachen hatten. Es bleibt jedoch die Tatsache, daß katholische Denker dank ihrer eigenen intellektuellen Tradition hinsichtlich der Natur des Wertes die richtigen Schlüsse zogen, während den protestantischen Wirtschaftstheoretikern dies im großen und ganzen nicht gelungen ist.

Es wäre schon interessant genug, wenn katholische Denker durch Zufall auf diese wichtigen ökonomischen Prinzipien gestoßen wären und sie in die Schublade gelegt hätten, ohne nachfolgende Denker in irgendeiner Weise zu beeinflussen. Tatsächlich aber waren die wirtschaftstheoretischen Ideen der Spätscholastiker zutiefst einflußreich, und die Beweislage erlaubt uns den Luxus, diesen Einfluß über die Jahrhunderte hinweg nachverfolgen zu können.

Im 17. Jahrhundert zitierte der niederländische Protestant Hugo Grotius, der durch seine Beiträge zur Theorie des Völkerrechts bekanntgeworden ist, die Spätscholastiker ausdrücklich in seinem eigenen Werk und übernahm große Teile ihrer Wirtschaftslehre. Der scholastische Einfluß auf das 17. Jahrhundert läßt sich auch im Werk so bekannter Jesuiten wie Pater Leonardus Lessius und Pater Juan de Lugo nachweisen.[23] Im Italien des 18. Jahrhunderts ist der scholastische Einfluß bei Abbé Ferdinando Galiani überdeutlich, der zuweilen (genau wie sein Zeitgenosse Antonio Genovesi, der dem scholastischen Denken ebenfalls vieles zu verdanken hat) als der Entdecker der preisbe-

---

23 Die Scholastik wurde zu dieser Zeit sowohl von den Protestanten als auch von den Rationalisten verachtet, und deshalb sind ausdrückliche Bezüge auf ihr Werk in den Schriften ihrer Nachfolger nicht immer leicht aufzufinden. Dennoch ist es für die Historiker möglich, den Einfluß des scholastischen Denkens nachzuzeichnen, zumal sogar die Gegner der Scholastiker ihre Arbeiten ausdrücklich zitiert haben, vgl. Rothbard (1976), S. 65ff.

stimmenden Faktoren Nützlichkeit und Knappheit bezeichnet wird.[24] „Von Galiani aus", schreibt Rothbard, „breitete sich die zentrale Rolle von Nützlichkeit, Knappheit und der allgemeinen Wertschätzung des Markts im späten 18. Jahrhundert bis nach Frankreich aus, zu dem französischen Abbé Etienne Bonnot de Condillac (1714-1780) ebenso wie zu jenem anderen großen Abbé Robert Jacques Turgot (1727-81). ... François Quesnay und die französischen Physiokraten des 18. Jahrhunderts – die oft als die Begründer der Wirtschaftswissenschaften betrachtet werden – waren ebenfalls nachhaltig von den Scholastikern beeinflußt."[25]

In seinem wichtigen Buch *Faith and Liberty: The Economic Thought of the Late Scholastics* (2003) zeigt Alejandro Chafuen, daß diese Denker des 16. und 17. Jahrhunderts nicht nur ein entscheidendes Wirtschaftsprinzip nach dem anderen verstanden und formulierten, sondern auch die Prinzipien der wirtschaftlichen Freiheit und der freien Marktwirtschaft verteidigten. Von Preisen und Löhnen bis hin zur Geld- und Werttheorie nahmen die Spätscholastiker das Beste des wirtschaftstheoretischen Denkens späterer Jahrhunderte bereits vorweg. Zwar wissen die Fachleute, die sich mit der Geschichte der Wirtschaftstheorie befassen, diesen Beitrag der Spätscholastiker mehr und mehr zu schätzen, doch ist auch dies wiederum ein Beispiel für innovativ denkende Katholiken, die zwar unter Experten wohlbekannt sind, den Weg in das Bewußtsein der Allgemeinheit jedoch größtenteils noch nicht gefunden haben.[26] Und deswegen ist es auch so lächerlich, wenn einige Querköpfe

---

24 Was den Einfluß der späten Scholastiker auf die Nachwelt betrifft, steht meine Darstellung tief in der Schuld von Rothbard (1975).
25 Rothbard (1975), S. 66.
26 Die Ergebnisse meiner eigenen Auseinandersetzung mit den Erkenntnissen der späten Scholastiker finden sich in Woods, a. a. O.

behaupten, daß die Idee des freien Markts im 18. Jahrhundert von fanatischen Antikatholiken entwickelt worden sei, obwohl diese Theorien zu dem Zeitpunkt, als die katholikenfeindliche französische Encyclopédie veröffentlicht wurde, bereits seit Jahrhunderten im Umlauf waren und auch die Encyclopédie die scholastische Analyse der Preisbestimmung nur wiederholen konnte.[27]

---

27 Rothbard (1975), S. 67.

Kapitel 9:

Katholische Nächstenliebe verändert die Welt

Im frühen 4. Jahrhundert wurde die Armee des römischen Kaisers Konstantin von Hunger und Seuchen dahingerafft. Pachomius, ein heidnischer Soldat, sah voller Staunen, wie viele seiner römischen Kameraden den kranken Männern etwas zu essen brachten und unterschiedslos allen Notleidenden beistanden. Neugierig erkundigte sich Pachomius nach diesen Leuten und erfuhr, daß sie Christen waren. Was für eine Religion war das, so fragte er sich, die die Menschen so großzügig und menschlich handeln ließ? Er wollte mehr über diesen Glauben wissen – und ehe es ihm selbst bewußt wurde, war er bereits auf dem besten Wege zu seiner Bekehrung.[1]

Dieses Staunen hat die karitative Arbeit der Kirche durch die Jahrhunderte begleitet. Selbst Voltaire, vielleicht der produktivste antikatholische Propagandist des 18. Jahrhunderts, war von dem heroischen Geist der Opferbereitschaft erschüttert, der so

---

1 Alvin J. Schmidt: Under the Influence: How Christianity Transformed Civilization, Grand Rapids (Mich.) 2001, S. 130.

Kapitel 9

viele Söhne und Töchter der Kirche erfüllte. „Vielleicht gibt es auf Erden nichts Größeres", so sagte er, „als das Opfer der Jugend und Schönheit und oft auch der vornehmen Geburt, das das schöne Geschlecht bringt, um in den Hospitälern für die Linderung des menschlichen Elends zu arbeiten, dessen Anblick unser Zartgefühl so in Aufruhr versetzt. Menschen, die von der römischen Religion getrennt sind, haben diese großzügige Nächstenliebe immer nur unvollkommen nachahmen können."[2]

Es würde viele Bände füllen, wenn man die komplette Geschichte der karitativen Arbeit der Kirche schreiben wollte, die von Einzelpersonen, Pfarreien, Bistümern, Klöstern, Missionaren, Mönchen, Nonnen und Laienorganisationen geleistet worden ist. An dieser Stelle mag der Hinweis genügen, daß das karitative Engagement der Katholiken in der Menge und der Vielfalt der guten Werke und der Linderung von menschlichem Leid und Elend seinesgleichen sucht. Wir können sogar noch einen Schritt weitergehen: *Die katholische Kirche hat die karitative Wohltätigkeit, so wie wir sie im Westen kennen, überhaupt erst erfunden.*

Ebensowichtig wie das reine Ausmaß der katholischen Wohltätigkeit war der qualitative Unterschied, der die karitative Arbeit der Kirche von allem zuvor Dagewesenen trennte. Es wäre absurd, behaupten zu wollen, daß die großen antiken Philosophen, wenn sie auf die Philanthropie zu sprechen kamen, keine edlen Gefühle zum Ausdruck gebracht oder daß wohlhabende Menschen ihre Gemeinden nicht mit beeindruckenden und wesentlichen Beiträgen unterstützt hätten. Von den reichen Bürgern erwartete man, daß sie Bäder, öffentliche Gebäude und jede Art von öffentlicher Unterhaltung finanzierten. Plinius der Jüngere

---

2 Michael Davies: For Altar and Throne: The Rising in the Vendée, St. Paul (Minn.) 1997, S. 13.

beispielsweise war bei weitem nicht der einzige, der seiner Heimatstadt eine Schule und eine Bibliothek stiftete.

Trotz all dieser Spenden wies die Wohltätigkeit des Altertums verglichen mit der der Kirche gewisse Mängel auf. Die antike Wohltätigkeit war in der Regel nicht ganz selbstlos. So trugen die von den reichen Bürgern finanzierten Bauwerke weithin sichtbar ihre Namen. Wer etwas gab, wollte entweder, daß die anderen in seiner Schuld standen oder auf ihn und seine Großzügigkeit aufmerksam wurden. Den Bedürftigen mit liebevollem Herzen zu dienen und für sie zu sorgen, ohne an eine Belohnung oder Gegenleistung zu denken, war sicherlich nicht die vorherrschende Motivation.

Die Stoa, eine um das Jahr 300 v. Chr. entstandene antike Philosophie, die in den ersten Jahrhunderten der christlichen Zeitrechnung durchaus noch verbreitet war, wird zuweilen als Wegbereiterin des Christentums bezeichnet, weil sie gelehrt habe, daß man seinen Mitmenschen Gutes tun solle, ohne eine Belohnung dafür zu erwarten. In der Tat haben die Stoiker die Lehre vertreten, daß ein guter Mensch ein Weltbürger sei, den ein brüderlicher Geist mit allen Menschen verbinde; aus diesem Grund mag man sie wohl für Botschafter der Nächstenliebe halten. Andererseits lehrten sie aber auch, daß Gefühle und Emotionen eines Mannes unwürdig seien und unterdrückt werden müßten. Der Mensch sollte sich von äußeren Ereignissen, auch den tragischsten, in keiner Weise erschüttern lassen. Seine Selbstbeherrschung mußte so stark sein, daß er der schlimmsten Katastrophe im Geist absoluter Gleichgültigkeit ins Gesicht sehen konnte. Und in ebendiesem Geist sollte der Weise auch den vom Schicksal weniger Begünstigten helfen: Er sollte nicht ihren Kummer und Schmerz mit ihnen teilen oder ihnen emotional nahesein, sondern unbeteiligt und ungerührt seine Pflicht erfüllen. So wie Rodney Stark sie beschreibt, betrachtete die klassische Philosophie „Mitleid und Erbarmen als pathologische

Kapitel 9

Emotionen – Charakterschwächen, die von allen vernünftigen Männern gemieden werden mußten. Da Erbarmen dazu führt, unverdiente Hilfe oder Erleichterung zu gewähren, widersprach es der Gerechtigkeit."³ So konnte der römische Philosoph Seneca schreiben:

> Der Weise wird die Weinenden trösten, doch ohne mit ihnen zu weinen; er wird den Schiffbrüchigen beistehen, den Geächteten ein Obdach und den Armen Almosen geben..., den Sohn seiner weinenden Mutter zurückgeben, den Sträfling vor der Arena retten und selbst den Verbrecher bestatten; doch in alledem werden sein Geist und seine Haltung unerschüttert sein. Er wird kein Mitleid fühlen. Er wird helfen, er wird Gutes tun, denn er ist dazu geboren, seinen Mitmenschen beizustehen, sich um das Wohl der Menschheit zu bemühen und jedem seinen Teil zu geben. ... Seine Haltung und seine Seele werden keine Emotion erkennenlassen, wenn er auf die verkrüppelten Beine, die zerfetzten Lupen, den gekrümmten und ausgezehrten Leib des Bettlers sieht. Doch er wird denen helfen, die es wert sind, und wie die Götter wird er sich den Elenden zuwenden. ... Nur kranke Augen werden feucht, wenn sie die Tränen in den Augen anderer sehen.⁴

Es trifft zu, daß der Stoizismus etwa zeitgleich mit der Entwicklung des Christentums einiges von seiner Schroffheit verlor. Kaum jemand wird die *Selbstbetrachtungen* des römischen Kaisers und stoischen Philosophen Marcus Aurelius aus dem 2. Jahrhundert lesen, ohne mit Staunen festzustellen, wie sehr das Denken dieses vornehmen Heiden dem Christentum ähnelt; und aus ebendiesem Grund konnte der heilige Justin der Märtyrer sich so positiv über die späte Stoa äußern. Doch die erbarmungslose Unterdrückung von Emotionen und Gefühlen, die diese Schule

---

3 Vincent Carroll und David Shiflett: Christianity on Trial, San Francisco 2002, S. 142.
4 William Edward Hartpole Lecky: History of European Morals From Augustus to Charlemagne, Bd. 1, New York 1870, S. 199f.

über weite Strecken geprägt hatte, hatte bereits ihren Tribut gefordert. Die Weigerung, eine so wichtige Dimension dessen anzuerkennen, was wirkliches Menschsein bedeutet, war der menschlichen Natur letztlich fremd. Aus dem Stoizismus sind Beispiele wie die des Anaxagoras überliefert, der, als er vom Tod seines Sohnes erfuhr, lediglich sagte: „Ich hatte nie angenommen, daß ich einen Unsterblichen gezeugt hätte." Und auch über die moralische Leere des Stilpo kann man nur staunen, der angesichts der Zerstörung seines Vaterlandes, der Eroberung seiner Heimatstadt und des Verlusts seiner Töchter, die zu Sklavinnen oder Konkubinen gemacht worden waren, verkündete, er habe letztlich nichts verloren, da der Weise über die Umstände erhaben sei.[5] Es war nur natürlich, daß Menschen, die sich so gegen die Realität des Bösen abschirmten, nicht mit letztem Einsatz darum bemüht waren, ihren Mitmenschen, die unter seinen Auswirkungen litten, Erleichterung zu bringen. „Menschen, die sich weigerten, Leid und Krankheit als ein Übel anzuerkennen", bemerkt ein Beobachter, „waren schwerlich sehr erpicht darauf, diese bei anderen zu lindern."[6]

Der Geist der katholischen Wohltätigkeit entstand nicht im luftleeren Raum, sondern war von der Lehre Christi inspiriert: „Ein neues Gebot gebe ich euch: Liebt einander! Wie ich euch geliebt habe, so sollt auch ihr einander lieben. Daran werden alle erkennen, daß ihr meine Jünger seid: wenn ihr einander liebt" (Joh 13, 34-35; vgl. Jak 4, 11). Der heilige Paulus erklärt, daß auch die, die nicht der Gemeinschaft der Gläubigen angehören, die Fürsorge und Nächstenliebe der Christen erfahren sollen, selbst wenn es sich um Feinde des Glaubens handelt (vgl. Röm

---

5 Ebd., S. 201.
6 Ebd., S. 202. Eine gute Diskussion über das Fehlen der christlichen Idee der Nächstenliebe in der antiken Welt findet sich bei Gerhard Uhlhorn: Die christliche Liebesthätigkeit in der alten Kirche, Stuttgart 1883, S. 3-39.

Kapitel 9

12, 14-20; Gal 6, 10). Das war für die antike Welt eine völlig neue Lehre.

Nach der Einschätzung von W. E. Lecky, der die Kirche oft scharf kritisiert, steht es „außer Frage, daß weder in der Praxis noch in der Theorie, weder in den Einrichtungen, die gegründet wurden, noch in dem Stellenwert, der ihr in der Skala der Pflichten eingeräumt wurde, die Wohltätigkeit in der Antike eine Position einnahm, die irgendwie mit dem Rang vergleichbar gewesen wäre, den sie im Christentum erhielt. Nahezu alle Hilfsmaßnahmen waren staatlich und in ihrer Zielsetzung eher politisch als karitativ, und die unzähligen Kinder, die verkauft oder ausgesetzt wurden, die Bereitwilligkeit, mit der die Armen sich als Gladiatoren verdingten, und die häufigen Hungersnöte zeigen, wie groß das Ausmaß der ungelinderten Not gewesen ist."[7]

Die Praxis, Gaben für die Armen darzubringen, entwickelte sich schon in einer frühen Phase der Kirchengeschichte. Im Rahmen der Messe wurden die Spenden der Gläubigen auf den Altar gelegt. Eine andere Form der Spende waren die *collecta*, bei denen die Gläubigen an bestimmten Fasttagen unmittelbar vor der Lesung einen Anteil der Früchte der Erde darbrachten. Darüber hinaus gab es finanzielle Beiträge aus dem Kirchenschatz und außerordentliche Sammlungen, die von den reicheren Mitgliedern der Gemeinde initiiert wurden. Häufig fasteten die frühen Christen auch und brachten das Geld, das sie normalerweise für Nahrungsmittel ausgegeben hätten, als Spende dar. Der heilige Justin der Märtyrer berichtet, daß viele Menschen, die vor ihrer Bekehrung sehr am Reichtum und an materiellen Dingen gehangen hatten, nun voller Freude ihren Besitz für die Armen opferten.[8]

---

[7] Lecky, a. a. O., S. 83.
[8] John A. Ryan: Art. „Charity and Charities", in: Catholic Encyclopedia ²1913; Charles Guillaume Adolphe Schmidt: The Social Results of Early Christianity, London 1907, S. 251.

Man könnte noch vieles über die guten Werke sagen, die nicht nur von den wohlhabenden, sondern auch von den einfachen Mitgliedern der frühchristlichen Gemeinden verrichtet wurden. Selbst die Kirchenväter, die der westlichen Zivilisation einen gewaltigen Bestand an literarischer und wissenschaftlicher Arbeit hinterlassen haben, fanden die Zeit, sich dem Dienst an ihren Mitmenschen zu widmen. Der heilige Augustinus richtete ein Pilgerhospiz ein, kaufte Sklaven frei und verschenkte Kleider an die Armen. (Er warnte die Leute davor, ihm teure Gewänder zu schenken, da er sie doch nur verkaufte und den Erlös den Armen gab.[9]) In Konstantinopel gründete der heilige Johannes Chrysostomos mehrere Krankenhäuser.[10] Der heilige Cyprian und der heilige Ephräm organisierten Hilfeleistungen in Zeiten von Seuchen und Hungersnöten.

Die frühe Kirche institutionalisierte auch die Betreuung von Witwen und Waisen und kümmerte sich insbesondere bei Epidemien um die Bedürfnisse der Kranken. Während der Pest in Karthago und Alexandria erwarben sich die Christen Respekt und Bewunderung, weil sie den Mut hatten, die Sterbenden zu trösten und die Toten zu begraben, während die Heiden sogar Freunde ihrem furchtbaren Schicksal überließen.[11] Im 3. Jahrhundert tadelte der heilige Bischof und Kirchenvater Cyprian die heidnischen Bewohner der nordafrikanischen Stadt Karthago, weil sie den Seuchenopfern nicht halfen, sondern sie stattdessen ausplünderten: „Den Kranken wird von euch keine Barmherzigkeit erwiesen, über den Verstorbenen öffnet nur die Hab- und Raubsucht ihren Rachen, dieselben, die zu furchtsam zu den Werken der Barmherzigkeit sind, sind verwegen zu fre-

---

9   Uhlhorn, a. a. O., S. 257.
10 Cajetan Baluffi: The Charity of the Church, Dublin 1885, 39; A. J. Schmidt, a. a. O., S. 157.
11 Lecky, a. a. O., 87; Baluffi, a. a. O., 14f.; C. G. A. Schmidt, a. a. O., S. 328.

velhaftem Gewinn. Die sich scheuen, die Toten zu beerdigen, begehren die Nachlassenschaft der Toten." Der heilige Cyprian rief die Nachfolger Christi zum Handeln auf und drängte sie, die Kranken zu pflegen und die Toten zu bestatten. Und dies alles in einer Zeit, in der es immer wieder zu Christenverfolgungen kam – das heißt, der große Bischof erwartete von seinen Gläubigen, daß sie denselben Menschen halfen, von denen sie zuvor verfolgt worden waren. Aber, so sagte er mit den Worten der Bibel, „wenn wir nur Gutes tun an denen, die uns Gutes erweisen, was tun wir dann mehr als die Heiden und die Zöllner? Sind wir Kinder des Gottes, der seine Sonne scheinen läßt über Gute und Böse und der regnen läßt über Gerechte und Ungerechte, so laßt es uns mit der Tat beweisen, indem wir segnen, die uns fluchen, und Gutes tun denen, die uns verfolgen."[12]

In Alexandria, das ebenfalls im 3. Jahrhundert von der Seuche heimgesucht wurde, ist es der christliche Bischof Dionysius, der uns überliefert, wie die Heiden „jeden, bei dem die Krankheit ausbrach, von sich stießen und sich sogar von ihren besten Freunden fernhielten und die Leidenden halbtot hinaus auf die öffentlichen Straßen warfen und sie unbeerdigt ließen und sie mit vollkommener Verachtung behandelten, wenn sie starben." Auf der anderen Seite kann er jedoch davon berichten, daß sehr viele Christen „sich selbst nicht schonten, sondern einander beistanden und die Kranken besuchten, ohne an die Gefahr zu denken, und sie sorgfältig pflegten…, wobei sie die Krankheiten ihrer Nächsten und die Last des Leidens derer, die um sie herum waren, bereitwillig auf sich nahmen."[13] (Martin Luther, der bekannte Reformator, der sich im 16. Jahrhundert mit der katholischen Kirche entzweite, zeigt denselben Geist der Selbstaufopferung in seiner berühmten Schrift über

---

12 Uhlhorn, a. a. O., S. 181f.
13 A. J. Schmidt, a. a. O., S. 152.

die Frage, ob ein christlicher Seelsorger moralisch gesehen das Recht habe, vor einer Seuche zu fliehen. Nein, sagte Luther, sein Platz sei bei seiner Herde, um deren spirituelle Bedürfnisse er sich bis zu ihrem Tod kümmern müsse.)

Der heilige Ephräm, ein Eremit aus Edessa, ist berühmt für das heldenhafte Verhalten, das er an den Tag legte, als diese unglückliche Stadt von Hunger und Pest heimgesucht wurde. Denn er koordinierte nicht nur das Sammeln und Verteilen von Almosen, sondern richtete überdies Hospitäler ein, pflegte die Kranken und kümmerte sich um die Toten.[14] Als in Armenien unter der Regierung von Kaiser Maximius eine Hungersnot ausbrach, standen Christen den Armen bei, ohne auf die Religionszugehörigkeit zu achten. Eusebius, der große Kirchenhistoriker des 4. Jahrhunderts, berichtet uns, daß aufgrund des guten Beispiels der Christen viele Heiden „Erkundigungen einzogen über eine Religion, deren Anhänger zu einer so selbstlosen Hingabe fähig sind."[15] Julian Apostata, der das Christentum verabscheute, beklagte sich über die Freundlichkeit der Christen gegenüber den heidnischen Armen: „Diese galiläischen Gotteslästerer speisen nicht nur ihre eigenen, sondern auch unsere Armen; indem sie sie zu ihren agapae zulassen, locken sie sie an, wie man Kinder mit Kuchen anlockt."[16]

Frühe Krankenhäuser und die Johanniter

Es ist eine strittige Frage, ob es im antiken Griechenland und Rom Einrichtungen gegeben hat, die sich mit unseren moder-

---

14 Baluffi, a. a. O., 42f.; C. G. A. Schmidt, a. a. O., S. 255f.
15 C. G. A. Schmidt, a. a. O., S. 328.
16 Ebd., S. 328.

nen Krankenhäusern vergleichen lassen. Viele Historiker haben dies bezweifelt, während andere auf die eine oder andere ungewöhnliche Ausnahme verweisen. Doch auch diese Ausnahmen betrafen eher die Pflege kranker oder verwundeter Soldaten als der allgemeinen Bevölkerung. Was die Einrichtung von Häusern anbetrifft, in denen Ärzte Diagnosen stellten und Medikamente verschrieben und auch pflegerische Vorkehrungen getroffen wurden, scheint die Kirche Pionierarbeit geleistet zu haben.[17]

Im 4. Jahrhundert begann die Kirche die Einrichtung von Hospitälern im großen Maßstab zu finanzieren, bis letztlich jede größere Stadt ein eigenes besaß. Diese Hospitäler sollten ursprünglich fremde Reisende beherbergen; wenn es nötig war, kümmerte man sich dort jedoch auch um die Kranken, Witwen, Waisen und um bedürftige Menschen im allgemeinen.[18] Wie Günter Risse es formuliert, gaben die Christen „die gegenseitige Gastfreundschaft, die im alten Griechenland vorgeherrscht hatte, und die familienorientierten Verpflichtungen der Römer auf", um „spezielle Gesellschaftsgruppen, die wegen Armut, Krankheit und Alter an den Rand gedrängt wurden", zu versorgen.[19] Ebenso bemerkt der Medizinhistoriker Fielding Garrison, daß vor der Geburt Christi „die Einstellung gegenüber Krankheit und Unglück nicht von Mitleid geprägt war und das Verdienst, sich in größerem Maßstab um menschliches Leid gekümmert zu haben, der Christenheit gebührt."[20]

Eine Frau namens Fabiola gründete in einem Akt christlicher Buße das erste große öffentliche Hospital in Rom und durch-

---

17 A. J. Schmidt, a. a. O., S. 153ff.
18 Ryan, a. a. O.; Guenter B. Risse: Mending Bodies, Saving Souls: A History of Hospitals, New York 1999, S. 79ff.
19 Risse, a. a. O., S. 73.
20 Fielding H. Garrison: An Introduction to the History of Medicine, Philadelphia 1914, 118, zitiert nach A. J. Schmidt, a. a. O., S. 131.

streifte die Straßen auf der Suche nach kranken und armen Männern und Frauen, die ihre Pflege brauchten.[21] Der heilige Basilius der Große, der unter seinen Zeitgenossen als der Apostel des Almosengebens bekannt war, richtete im Cäsarea des 4. Jahrhunderts ein Hospital ein. Er umarmte die Aussätzigen, die dort Hilfe suchten, und erwies somit diesen Ausgestoßenen einen Liebesdienst, für den der heilige Franz von Assisi später berühmt werden sollte. Es überrascht nicht, daß auch die Klöster bei der Betreuung der Kranken eine wichtige Rolle spielten.[22] In der umfassendsten Untersuchung zur Geschichte der Krankenhäuser lesen wir:

> Nach dem Zusammenbruch des römischen Reichs sorgten die Klöster nach und nach für eine organisierte medizinische Pflege, die andernorts in Europa mehrere Jahrhunderte lang nicht verfügbar war. Dank ihrer Organisation und ihrer Standorte waren diese Institutionen wahre Oasen der Ordnung, Frömmigkeit und Stabilität, in denen die Heilkunst gedeihen konnte. Um diese Pflegepraktiken ausüben zu können, wurden die Klöster zwischen dem 5. und dem 10. Jahrhundert, der klassischen Periode der sogenannten Klostermedizin, überdies zu medizinischen Bildungsstätten. Während der karolingischen Renaissance des 9. Jahrhunderts entwickelten sich die Klöster außerdem zu den wichtigsten Zentren des Studiums und der Weitergabe alter medizinischer Texte.[23]

Obwohl die Bedeutung der Krankenpflege in der Regel des heiligen Benedikt gebührend betont wird, gibt es keinen Hinweis darauf, daß der Vater des abendländischen Mönchtums geahnt hat, daß die Klöster einmal die medizinische Versorgung der Laien übernehmen könnten. Doch wie in so vielen anderen

---

21 Lecky, a. a. O., S. 85.
22 Roberto Margotta: The History of Medicine, hg. von Paul Lewis, New York 1996, S. 52.
23 Risse, a. a. O., S. 95.

Kapitel 9

Kapiteln der abenteuerlichen Geschichte des Mönchtums waren es auch hier die Umstände, die die Rolle der Klöster und die an sie gestellten Erwartungen entscheidend beeinflußt haben.

Die Ritterorden, die in der Zeit der Kreuzzüge aufkamen, unterhielten Krankenhäuser in ganz Europa. Einer dieser Orden, die Johanniter, aus denen später die Malteserritter werden sollten, drückten der Geschichte der europäischen Krankenhäuser vor allem mit ihrer ungewöhnlich großen Anlage in Jerusalem ihren ganz besonderen Stempel auf. Um das Jahr 1080 gegründet, diente dieses Hospiz dazu, die Bedürftigen zu versorgen und Pilgern, die in Jerusalem (insbesondere nach dem Sieg der Christen im ersten Kreuzzug am Ende des Jahrhunderts) sehr zahlreich waren, eine sichere Herberge zu bieten. Der Aktionsradius dieses Hospitals vergrößerte sich beträchtlich, nachdem Gottfried von Bouillon, der die Kreuzritter nach Jerusalem geführt hatte, die Einrichtung mit einer Anzahl von Besitztümern ausgestattet hatte. Und nun, da Jerusalem in christlicher Hand und die Wege in die Stadt offen waren, kamen weitere Stiftungen von anderen Wohltätern hinzu.

Johannes von Würzburg, ein deutscher Priester, war überwältigt von dem, was er während eines Besuchs im Hospital zu sehen bekam. Neben der Pflege, die die Menschen erhielten, wurde dort auch karitative Hilfe in beträchtlichem Umfang geleistet. Johannes berichtet: „Das Haus speist so viele Personen außerhalb und im Inneren, und es gibt eine so gewaltige Menge von Almosen an arme Menschen, die an die Tür kommen oder draußen bleiben, daß die Gesamtausgaben sicher gar nicht gezählt werden können, nicht einmal von den Leitern und Verwaltern dieses Hauses." Theoderich von Würzburg, ein anderer deutscher Pilger, schreibt voller Bewunderung: „Als wir durch den Palast hindurchgingen, konnten wir die Anzahl der Menschen, die dort lagen, unmöglich schätzen, aber wir sahen tausend Betten. Kein König und kein Tyrann wäre mächtig genug, um die große Zahl, die in diesem Haus gespeist wird, täglich zu unterhalten."[24]

1120 wählten die Johanniter Raymond du Puy anstelle des verstorbenen Bruders Gerard zum Verwalter des Hospitals. Der neue Verwalter legte allergrößten Wert auf die Pflege der Kranken, die der Fürsorge des Hospitals anvertraut worden waren, und erwartete, daß das Personal zu diesem Zweck heroische Opfer brachte. In „Wie unsere Herren, die Kranken, aufgenommen und bedient werden sollen", dem 16. Artikel von du Puys Regelwerk zur Verwaltung des Hospitals, lesen wir, daß „im Rahmen dessen, was der Leiter und das Kapitel des Krankenhauses erlauben, ein kranker Mensch, wenn er dorthin kommt, in dieser Weise aufgenommen werden soll: Er soll das Heilige Sakrament empfangen, nachdem er zunächst dem Priester seine Sünden gebeichtet hat, und dann soll er zu Bett gebracht werden, und dort [soll er behandelt werden], als wäre er ein Herr." „Als ein Musterbeispiel sowohl für den liebevollen Dienst als auch für die bedingungslose Hingabe an die Kranken", erklärt eine moderne Darstellung der Geschichte der Krankenhäuser, „wurde du Puys Erlaß zu einem Meilenstein in der Entwicklung des Krankenhauses."[25] Wie Guenter Risse schreibt:

> Erwartungsgemäß verbreiteten sich die neuen Ströme von Pilgern, die in das lateinische Königtum von Jerusalem gereist waren, und ihre Zeugnisse von der Nächstenliebe der Johanniter rasch in ganz Europa einschließlich Englands. Die Existenz eines religiösen Ordens, der sich den Kranken gegenüber als so loyal erwies, führte zur Schaffung eines Netzwerks von ähnlichen Einrichtungen vor allem an Einschiffungshäfen in Italien und Südfrankreich, wo sich die Pilger sammelten. Gleichzeitig nahmen dankbare ehemalige Patienten, wohltätige Adlige und Angehörige der Königshäuser von einem Ende Europas bis zum

---

24 Ebd., S. 138.
25 Ebd., S. 141.

Kapitel 9

anderen bedeutende Landschenkungen vor. 1131 hinterließ König Alfons von Aragon den Johannitern ein Drittel seines Reichs.[26]

Im Lauf des 12. Jahrhunderts wurden die Hospitäler modernen Krankenhäusern immer ähnlicher und Pilgerhospizen immer unähnlicher. Der Auftrag des Hospitals definierte sich nun stärker über die Krankenpflege als über die Beherbergung bedürftiger Reisender. Das Johanneshospital, das anfänglich eine den Christen vorbehaltene Einrichtung gewesen war, begann nun auch Muslime und Juden aufzunehmen.

Ebenso beeindruckend waren die professionelle Organisation und das straffe Regiment des Johanneshospitals. Hier wurden auch kleinere chirurgische Eingriffe vorgenommen. Die Kranken wurden zweimal täglich von Ärzten besucht, gebadet und erhielten zwei Hauptmahlzeiten am Tag. Das Krankenhauspersonal durfte erst essen, nachdem alle Patienten gespeist worden waren. Für andere Arbeiten stand ein Stab von weiblichen Mitarbeitern bereit, die auch dafür sorgten, daß die Kranken saubere Kleidung und Bettwäsche hatten.[27]

Die ausgeklügelte Organisation des Johanneshospitals und der ausgeprägte Geist des Dienstes an den Kranken war ein Vorbild für Europa, wo Einrichtungen, die sich am Beispiel des großen Hospitals von Jerusalem orientierten, überall, in kleinen Dörfern ebenso wie in größeren Städten, aus dem Boden zu sprießen begannen. Die Johanniter selbst betrieben im 13. Jahrhundert etwa 20 Hospize und Leprahäuser.[28]

Die karitative Arbeit der Kirche war so beeindruckend, daß selbst die Feinde des Christentums dies, wenn auch widerstrebend, zugeben mußten. Voller Verwunderung bemerkte der

---

26 Ebd., S. 141f.
27 Ebd., S. 147.
28 Ebd., S. 149.

heidnische Schriftsteller Lucian (130-200): „Die Ernsthaftigkeit, mit der die Angehörigen dieser Religion einander in ihren Nöten helfen, ist unglaublich. Sie schonen sich nicht. Ihr erster Gesetzgeber hat es ihnen in den Kopf gesetzt, daß sie alle Brüder seien!"[29] Julian Apostata, der römische Kaiser, der in den 60er Jahren des 4. Jahrhunderts einen zwar energischen, aber letztlich vergeblichen Versuch machte, im Reich das alte Heidentum wieder einzuführen, gab zu, daß die Christen die Heiden mit ihrer hingebungsvollen karitativen Arbeit in den Schatten stellten. „Während die heidnischen Priester die Armen vernachlässigen", schrieb er, „widmen sich die verhaßten Galiläer [also die Christen] den Werken der Wohltätigkeit und haben durch eine Zurschaustellung falschen Mitleids ihre unheilvollen Irrtümer auf wirkungsvolle Weise eingeführt. Sieh nur ihre Liebesfeste und ihre Armenspeisungen überall. Diese Praxis ist unter ihnen allgemein verbreitet und stellt eine Beleidigung für die Götter dar."[30] Und selbst ein so eingefleischter Kritiker der katholischen Kirche wie Martin Luther mußte zugeben: „Unter dem Papsttum waren die Menschen wenigstens wohltätig, und niemand mußte dazu gezwungen werden, Almosen zu geben. Heute, unter der Herrschaft des Evangeliums [damit meint er den Protestantismus], berauben sie einander, statt zu geben, und man kann sagen, daß niemand glaubt, etwas zu haben, bis er nicht das Eigentum seines Nachbarn besitzt."[31]

Simon Patten, ein Wirtschaftstheoretiker des 20. Jahrhunderts, schreibt über die Kirche: „Sie gab den Arbeitern Nahrung und Obdach und erwies den Unglücklichen Wohltaten und Hilfe in Krankheiten, Seuchen und Hungersnöten, die im Mittelalter nur allzu häufig waren. Wenn wir die Anzahl der

---

29 Carroll/Shiflett, a. a. O., S. 143.
30 Baluffi, a. a. O., S. 16.
31 Ebd., S. 185.

Kapitel 9

Hospitäler und Krankenstationen, die Freigebigkeit der Mönche und die Hingabe der Nonnen bedenken, dann können wir nicht daran zweifeln, daß die Unglücklichen zu jener Zeit nicht schlechter betreut waren als in der Gegenwart."[32] Frederick Hurter, der im 19. Jahrhundert eine Biographie über Papst Innozenz III. verfaßte, ging noch weiter: „Alle Einrichtungen der Wohltätigkeit, die die menschliche Rasse heutzutage besitzt, um das Schicksal der Unglücklichen zu lindern, alles, was zum Schutz der Bedürftigen und Betrübten in allen Wechselfällen ihres Lebens und in allen Arten des Leids getan worden ist, kam direkt oder indirekt von der römischen Kirche. Diese Kirche gab das Beispiel, brachte die Bewegung voran und stellte oft auch die Mittel bereit, um ihr zum Erfolg zu verhelfen."[33]

Das Ausmaß der karitativen Arbeit der Kirche wurde oft erst dann wirklich deutlich, wenn sie plötzlich wegbrach. So ließ König Heinrich VIII. im England des 16. Jahrhunderts die Klöster verbieten und ihr Eigentum konfiszieren und zu Niedrigstpreisen an wichtige Männer des Reichs verschleudern. Der Vorwand für diese Maßnahme war, daß die Klöster zu Brutstätten des Skandals und der Unsittlichkeit geworden seien, wobei allerdings wenig Zweifel daran bestehen kann, daß solche erfundene Vorwürfe nur die königliche Habgier verschleiern sollten. Die gesellschaftlichen Auswirkungen der Auflösung der Klöster müssen dramatisch gewesen sein. Als es 1536 unter der Bevölkerung im Norden zu jenem Aufstand kam, der auch unter dem Namen „Pilgrimage of Grace" (Gnadenwallfahrt) bekanntgeworden ist, hatte dieser Ausbruch des Volkszorns viel mit dem Verschwinden der klösterlichen Wohltätigkeit zu tun, und der Überbringer eines Bittgesuchs an den König bemerkte zwei Jahre später:

---

32 Zitiert nach Ryan, a. a. O.
33 Baluffi, S. 257.

> [D]ie Erfahrung, die wir mit diesen Häusern, die bereits verboten worden sind, gemacht haben, zeigt uns nun deutlich, daß dadurch ein großer Schaden und Niedergang für dieses euer Königreich entstanden ist und noch weiter entstehen wird und eine große Verarmung vieler eurer gehorsamen armen Untertanen, weil es an Gastfreundschaft und an guten Haushaltungen mangelt, die dort gewöhnlich herrschten zur großen Erleichterung der armen Menschen all der [Gebiete], die um die genannten Klöster herumlagen.[34]

Die Klöster waren als großzügige und umgängliche Grundbesitzer bekannt, die das Land für wenig Geld und lange Zeit verpachteten. „Das Kloster war ein Eigentümer, der niemals starb; seine Untertanen hatten es mit einem unsterblichen Gebieter zu tun; seine Ländereien und Gebäude wechselten niemals den Besitzer; seine Pächter waren keinen von den mannigfachen Ungewißheiten unterworfen, denen andere Pächter ausgesetzt sind."[35] Und so konnten die Auflösung der Klöster und die Neuverteilung ihrer Ländereien nichts anderes bedeuten als den „Ruin von Zehntausenden der Ärmsten der Landbevölkerung, den Zusammenbruch der kleinen Gemeinschaften, die ihre Welt waren, und eine Zukunft in wirklicher Bettelarmut."[36]

Die günstigen Bedingungen, unter denen die Menschen diese Ländereien einst bewirtschaftet hatten, gingen nun infolge der Auflösung der Klöster nach und nach verloren. Ein Historiker schreibt: „Die neuen Eigentümer [dieser Ländereien], Geschäftsleute, Banker oder verarmte Adlige, hatten keinen Bezug zu ih-

---

34 Neil S. Rushton: „Monastic Charitable Provision in Tudor England: Quantifying and Qualifying Poor Relief in the Early Sixteenth Century", in: „Continuity and Change" 16 (2001), S. 34. Ich habe diesen Teil der Bittschrift in modernes Englisch übertragen.
35 William Cobbett: Geschichte der protestantischen Reform in England und Irland, Mainz 1862, S. 164f.
36 Philip Hughes: A Popular History of the Reformation, Garden City (N. Y.) 1957, S. 205.

ren bäuerlichen Wurzeln und beuteten das Land in einer Weise aus, die nur auf Gewinn ausgerichtet war. Sie erhöhten die Pacht, wandelten gutes Ackerland in Weiden um und zäunten weite Flächen ein. Tausende arbeitsloser Landarbeiter wurden auf die Straße gesetzt. Soziale Unterschiede wurden verschärft, und die Massenarmut nahm in alarmierender Weise zu."[37]

Die Auflösung der Klöster wirkte sich auch auf die Wohltätigkeitsarbeit und die Versorgung der wirklich Bedürftigen aus. Noch bis vor verhältnismäßig kurzer Zeit galt eine von protestantischer Seite oft geäußerte Kritik hinsichtlich des karitativen Engagements der katholischen Kirche in England allgemein als historische Tatsache: daß nämlich die in den Klöstern geleistete Armenhilfe weder quantitativ so beträchtlich noch qualitativ so wohltätig gewesen sei, wie ihre katholischen Verteidiger dies behaupteten. Im Gegenteil, so die Argumentation, seien die karitativen Leistungen der Klöster recht begrenzt gewesen, und die wenigen milden Gaben, die sie ausgegeben hätten, seien achtlos verteilt worden, ohne mit ausreichender Sorgfalt zwischen den wirklich Bedürftigen und denen zu unterscheiden, die chronische Verschwender oder einfach faul gewesen seien. Auf diese Weise hätten die Klöster den Umstand, den sie zu lindern vorgaben, in Wirklichkeit noch belohnt (und damit die Zahl der Betroffenen sogar noch vergrößert).

Moderne Wissenschaftler haben inzwischen damit begonnen, diese grobe Entstellung der historischen Fakten zu überwinden, eine Entstellung, die bis zum späten 17. und frühen 18. Jahrhundert zurückverfolgt werden kann, als der Protestant Gilbert Burnet seine einseitige *Geschichte der Reformation der Kirche von England* verfaßte.[38] Paul Slack, ein moderner Wissenschaftler, schreibt:

---

[37] Henri Daniel-Rops: The Protestant Reformation, London 1961, S. 475 (Frz. Originalausgabe: L'Eglise de la Renaissance et de la Réforme, Bd. 1, Paris 1955).

[38] Rushton, a. a. O., S. 10.

„Die Auflösung der Klöster, Kantoreien, religiösen Gilden und Bruderschaften in den 30er und 40er Jahren des 16. Jahrhunderts reduzierte die Zahl der bestehenden Wohltätigkeitsquellen radikal. Die tatsächliche Hilfe, die diese den Armen erwiesen hatten, konzentrierte sich zweifellos auf bestimmte Orte, war aber bedeutender, als oft angenommen worden ist, so daß ihre Zerstörung eine wirkliche Lücke hinterließ."[39]

Ebenso führt Neil Rushton wichtige Beweise dafür an, daß die Klöster durchaus darauf achteten, ihre Hilfe den wahrhaft Bedürftigen zukommen zu lassen. Und wenn sie das nicht getan hätten, so erklärt Barbara Harvey in ihrer revisionistischen Untersuchung *Living and Dying in England, 1100-1540,* seien nicht der Konservatismus oder die Weichherzigkeit der Mönche dafür verantwortlich gewesen, sondern die Bedingungen, die die Wohltäter der Mönche an ihre Schenkungen und deren Verwendung geknüpft hätten. Harvey führt weiterhin folgendes aus: Manche Stifter sahen in ihrem Testament Almosenspenden vor, das heißt, sie stellten dem Kloster eine Geldsumme zur Verfügung, die als Almosen an die Bedürftigen ausgeteilt werden sollte. Doch während eine solche Stiftung einerseits darauf ausgerichtet war, die Not der Armen zu lindern, sollte sie andererseits doch auch sehr vielen Menschen zugute kommen, damit eine möglichst große Anzahl von Gebeten für die ewige Ruhe der Seele des Wohltäters gesprochen wurde. Auf diese Weise konnte es geschehen, daß solche Stiftungen einer zuwenig differenzierten Almosenpraxis Vorschub leisteten. Mit der Zeit wurden die Klöster jedoch vorsichtiger und gingen achtsamer mit ihren regelmäßigen Einkünften um.[40]

---

39 Ebd., S. 11.
40 Barbara Harvey: Living and Dying in England, 1100-1540: The Monastic Experience, Oxford 1993, S. 22, S. 33.

Kapitel 9

Während der Jahrhunderte nach dem Tod Karls des Großen 814 ging die Sorge um die Armen, die bis zu diesem Zeitpunkt meist bei den örtlichen Pfarrkirchen gelegen hatte, auf die Klöster über. Die Klöster waren, um es mit einem Wort des französischen Königs Ludwig IX. zu sagen, das *patrimonium pauperum* – das Vermögen der Armen; denn es war seit dem 4. Jahrhundert üblich, alle Besitztümer der Kirche als das *patrimonium pauperum* zu bezeichnen. Doch die Klöster taten sich in besonderer Weise hervor. „In jedem Bezirk", so ein Wissenschaftler, „auf hochragenden Bergen und in tiefen Tälern erhoben sich Klöster, die für das gesamte Umland den Mittelpunkt des organisierten religiösen Lebens bildeten, Schulen unterhielten, musterhafte Landwirtschafts-, Fertigungs-, Fischzucht- und Forstbetriebe führten, Reisende beherbergten, Armen halfen, Waisen aufzogen, Kranke pflegten und Zufluchtshäfen für alle waren, die geistiges oder leibliches Elend niederdrückte. Jahrhundertelang waren sie die Zentren jeglicher religiösen, karitativen und kulturellen Aktivität."[41] Täglich verteilten die Klöster Almosen an die Bedürftigen. W. E. H. Lecky schreibt über die klösterliche Wohltätigkeit: „Mit der Zeit nahm die Wohltätigkeit viele Formen an, und jedes Kloster wurde zu einem Zentrum, das sie ausstrahlte. Die Mönche flößten den Adligen Ehrfurcht ein, beschützten die Armen, pflegten die Kranken, beherbergten die Reisenden, kauften Gefangene frei und stiegen hinab in die Tiefen menschlichen Leidens. In der dunkelsten Periode des Mittelalters gründeten die Mönche ein Pilgerheim inmitten der schrecklichen Schneegipfel der Alpen."[42] Die Benediktiner, Zisterzienser und Prämonstratenser zeichneten sich ebenso wie später die Bettelorden der Franziskaner und Dominikaner durch ihr karitatives Engagement aus.

---

41 Georg Ratzinger, zitiert nach Ryan, a. a. O.
42 Lecky, a. a. O., S. 89.

Mittellose Reisende konnten sich auf die mönchische Gastfreundschaft verlassen, und die Berichte weisen darauf hin, daß auch gutsituierte Reisende häufig ebenso willkommen waren – entsprechend der Regel des heiligen Benedikt, in der es heißt, daß jeder Gast so aufgenommen werden soll, wie die Mönche Christus selbst aufnehmen würden. Doch die Mönche warteten nicht einfach darauf, daß die Bedürftigen den Weg zu ihnen fanden. Sie gingen auch zu den Armen, die in der Umgebung lebten. Lanfranc beispielsweise gab dem Almosenier (dem Verteiler von Almosen) den Auftrag, die Kranken und Armen in der Nähe des Klosters aufzusuchen und Almosen an sie zu verteilen. In manchen Fällen durften die Armen, zuweilen sogar auf unbestimmte Zeit, in der Almosenei des Klosters leben.[43]

Abgesehen von dieser institutionalisierten Wohltätigkeit ließen die Mönche auch von ihren eigenen Speisen etwas übrig, um es den Armen zu geben. Gilbert von Sempringham sammelte seine eigenen, nicht eben spärlichen Speisereste gut sichtbar für seine Mitbrüder und in der unverkennbaren Absicht, sie zu derselben Großzügigkeit zu veranlassen, auf einem Teller, den er den „Teller unseres Herrn Jesus" nannte. Daneben war die Tradition verbreitet, Speisen und Getränke an den Platz eines verstorbenen Mitbruders zu stellen und nach der Mahlzeit an die Armen zu verteilen. Diese Praxis wurde nach dem Tod eines Mönchs mindestens 30 Tage und zuweilen sogar ein volles Jahr lang gepflegt – und wenn ein Abt gestorben war, behielt man sie manchmal sogar für immer bei.[44]

Ebenso wie die Übergriffe der Krone im England des 16. Jahrhunderts das von diesen Einrichtungen geknüpfte Wohltätigkeitsnetzwerk geschwächt hatten, erschütterten auch die gegen die Kirche gerichteten Angriffe der Französischen Revolution das

---

43 Harvey, a. a. O., S. 18.
44 Ebd., S. 13.

Kapitel 9

Fundament so vieler guter Werke. Im November 1789 verstaatlichte (das heißt konfiszierte) die französische Revolutionsregierung das Eigentum der Kirche. Der Erzbischof von Aix en Provence warnte davor, daß ein solcher Diebstahl die Erziehungs- und Wohlfahrtsversorgung des französischen Volkes bedrohe. Natürlich hatte er recht. 1847 war die Anzahl der Krankenhäuser in Frankreich gegenüber dem Jahr der Konfiskation um 47 Prozent gesunken, und 1799 waren die 50.000 an den Universitäten eingeschriebenen Studenten auf 12.000 zusammengeschmolzen.[45]

Auch wenn sich in der gängigen Lektüre der westlichen Zivilisation nichts davon findet, hat die katholische Kirche die Wohltätigkeitspraxis in ihrem Geist und in ihrer Anwendung revolutioniert. Die Ergebnisse sprechen für sich: nie dagewesene Mengen karitativer Spenden und eine systematische, institutionalisierte Betreuung von Witwen, Waisen, Armen und Kranken.

---

45 Davies, a. a. O., S. 11.

Kapitel 10:

Die Kirche und das westliche Recht

In den meisten westlichen Ländern läßt man einen Menschen, der des Mordes überführt und zum Tode verurteilt worden ist, der zwischen dem Moment der Urteilssprechung und dem der Hinrichtung jedoch wahnsinnig wird, solange am Leben, bis er wieder gesund ist, und exekutiert ihn erst dann. Der Grund für diese ungewöhnliche Verfahrensweise ist rein theologischer Natur: Nur wenn der Verurteilte bei Verstand ist, kann er eine gute Beichte ablegen, Vergebung für seine Sünden erlangen und hoffen, seine Seele zu retten. Fälle wie dieser haben den Rechtswissenschaftler Harold Berman zu der Bemerkung veranlaßt, daß moderne westliche Rechtssysteme „ein säkulares Relikt religiöser Haltungen und Vorstellungen sind, die historisch ihren Ausdruck zunächst in Liturgie, Ritus und Lehre der Kirche und danach in den Rechtsinstitutionen, -begriffen und -werten fanden. Ohne Kenntnis dieser geschichtlichen Wurzeln erscheinen viele Bestandteile des Rechts als letzten Endes unbegründet."[1]

---

1 Harold J. Berman: Recht und Revolution. Die Bildung der westlichen Rechtstradition, Frankfurt 1991, S. 273.

Kapitel 10

Professor Bermans wissenschaftliches Werk, insbesondere sein richtungweisendes Buch *Recht und Revolution. Die Bildung der westlichen Rechtstradition* hat den Einfluß der Kirche auf die Entwicklung des westlichen Rechts dokumentiert. „Die westlichen Rechtsvorstellungen", so seine Argumentation, „sind in ihren Ursprüngen und daher in ihrer Beschaffenheit eng mit ausgesprochen westlichen theologischen und liturgischen Vorstellungen vom Sühneopfer und den Sakramenten verknüpft."[2]

Unsere Geschichte beginnt in den frühen Jahrhunderten der Kirche. Im ersten Jahrtausend nach dem von Kaiser Konstantin erlassenen Edikt von Mailand (das 313 die Toleranz gegenüber dem christlichen Glauben verfügte) kam es zu zahlreichen Überschneidungen der Rollen von Kirche und Staat, die sich häufig zuungunsten der Kirche auswirkten. Zwar hatte der heilige Ambrosius, der große Bischof von Mailand, im 4. Jahrhundert verkündet: „Paläste gehören dem Kaiser, Kirchen der Priesterschaft", und Papst Gelasius hatte das formuliert, was als die Zwei-Schwerter-Theorie berühmt werden sollte: daß die Welt von zwei Mächten, einer geistlichen und einer weltlichen, gelenkt sei. In der Praxis war diese Linie jedoch oft nicht klar gezogen, und die von der weltlichen Gewalt ausgeübte Autorität erstreckte sich zunehmend auch auf religiöse Dinge.

Schon das Konzil von Nizäa, das erste ökumenische Konzil der Kirchengeschichte, war im Jahr 325 auf die Initiative von Kaiser Konstantin hin zusammengetreten, um sich mit der Streitfrage des Arianismus zu befassen, jener Irrlehre, die die Gottheit Christi leugnete. In den nachfolgenden Jahrhunderten kam es zu weit schwerwiegenderen Eingriffen weltlicher Herrscher in kirchliche Angelegenheiten. Die Könige (und später die Kaiser) der Franken setzten kirchliche Würdenträger ein und instruierten sie sogar in Fragen der christlichen Lehre. Das-

---

2   Ebd., S. 321.

selbe galt auch in späterer Zeit für die französischen und englischen Monarchen sowie für andere Herrscher des nördlichen und östlichen Europa. Karl der Große selbst berief 794 in Frankfurt ein wichtiges Kirchenkonzil ein, bei dem er auch den Vorsitz führte. Bis zum 11. Jahrhundert ernannten die Könige oder Kaiser der deutschen Gebiete nicht nur Bischöfe, sondern auch Päpste.

Im 9. und 10. Jahrhundert verschärfte sich das Problem der von Laien über kirchliche Institutionen ausgeübten Kontrolle. Der Zusammenbruch der zentralen westeuropäischen Macht in der damaligen Zeit, als die Monarchen nicht in der Lage waren, die Wellen der wikingischen, magyarischen und muslimischen Invasionen einzudämmen, gab mächtigen Großgrundbesitzern die Gelegenheit, ihre Autorität über Kirchen, Klöster und sogar Bistümer auszudehnen. Äbte, Pfarrer und selbst Bischöfe wurden nicht von der Kirche, sondern von Laien ernannt.

Hildebrand, der spätere Papst und Heilige Gregor VII., war schon vor seiner Wahl zum Papst dafür bekannt, daß er einer radikalen Reformpartei angehörte, deren Mitglieder nicht nur versuchten, die weltlichen Herrscher dahingehend zu beeinflussen, daß sie gute Kandidaten ernannten, sondern sich prinzipiell dafür einsetzten, daß die Laien ganz von der Wahl kirchlicher Würdenträger ausgeschlossen wurden. Die gregorianische Reform, die einige Jahrzehnte vor dem Pontifikat des Mannes begann, nach dem sie benannt ist, erwuchs aus Bemühungen, die Moral des Klerus zu verbessern, indem man auf der Einhaltung des Priesterzölibats bestand und die Praxis der Simonie (des Kaufs und Verkaufs von kirchlichen Ämtern) abschaffte. Der Versuch, diese Aspekte des kirchlichen Lebens zu reformieren, stieß auf Schwierigkeiten, die der gregorianischen Partei deutlich machten, worin das eigentliche Problem bestand: in der Herrschaft der Laien über die Kirche. Papst Gregor hatte kaum eine Chance, die Dekadenz innerhalb der Kirche zu über-

Kapitel 10

winden, wenn er nicht die Macht hatte, die Bischöfe der Kirche zu ernennen – eine Macht, die im 11. Jahrhundert jedoch von den verschiedenen europäischen Monarchen ausgeübt wurde. Und solange auch die Priester in den Pfarreien und die Äbte in den Klöstern von Laien ernannt wurden, würde sich die Zahl der in geistlicher Hinsicht für diese Ämter ungeeigneten Kandidaten nur immer vervielfachen.

Die Trennung von Kirche und Staat

Papst Gregor entschied sich für einen dramatischen Schritt: Er definierte den König schlicht und einfach als Laien, der in religiöser Hinsicht nicht wichtiger sei als irgendeiner seiner Untertanen. In der Vergangenheit waren sogar die Reformer in der Kirche selbstverständlich davon ausgegangen, daß die Ernennung kirchlicher Würdenträger durch niedrigergestellte weltliche Herrscher zwar falsch, der König aber eine Ausnahme sei. Der König galt als geheiligte Persönlichkeit mit religiösen Rechten und Verantwortungen; einige waren sogar so weit gegangen, die Krönung eines Königs als Sakrament zu bezeichnen (das heißt als ein Ritual, das wie die Taufe oder die heilige Kommunion der Seele des Empfängers Gottes heiligmachende Gnade eingießt). Für Gregor dagegen war auch der König nur ein Laie, eine nicht geweihte Person, die kein Recht hatte, in die Angelegenheiten der Kirche einzugreifen. Und demzufolge besaß auch der Staat, an dessen Spitze der König stand, keine Macht über die Kirche.

Die gregorianische Reform schrieb die Grenzen fest, die zwischen Kirche und Staat bestehen müssen, damit die Kirche jene Freiheit hat, die sie braucht, um ihren Sendungsauftrag zu erfüllen. Kurze Zeit später wurden sowohl in der Kirche als auch im Staat Gesetzeswerke geschaffen, die die Macht und die Verantwortung jedes einzelnen im nachgregorianischen Europa festlegten und erklärten. Als das erste systematische Gesetzeswerk des mittelalterlichen Europa wurde das kanonische Recht (also das Kirchenrecht) zum Vorbild für die verschiedenen weltlichen Rechtssysteme, die nun entstanden.

Vor der Entwicklung des kanonischen Rechts im 12. und 13. Jahrhundert existierte nirgendwo in Westeuropa etwas, das mit einem modernen Rechtssystem vergleichbar gewesen wäre. Seitdem sich im weströmischen Reich barbarische Königtümer etabliert hatten, hatte das Recht viel mit Gewohnheit und Verwandtschaftsbeziehungen zu tun und galt nicht als eigener, unabhängiger Wissens- und Forschungszweig, in dem es allgemeine, für alle Menschen verbindliche Regeln zu entdecken gab. Das trifft bis zum 11. Jahrhundert auch für das Kirchenrecht zu, das nie systematisch kodifiziert worden war und stattdessen zusammengestoppelte Sätze aus Bußbüchern (Büchern, die bestimmten Sünden bestimmte Bußübungen zuwiesen) und der Bibel oder von Päpsten, einzelnen Bischöfen, ökumenischen Konzilien oder Kirchenvätern und dergleichen mehr enthielt. Große Teile des Kirchenrechts waren außerdem eher regionaler Natur und nicht auf die gesamte Christenheit anwendbar.

Im 12. Jahrhundert begann sich dies alles zu ändern. Eine Schlüsselrolle im Hinblick auf das kanonische Recht spielte die um 1140 verfaßte *Konkordanz abweichender Kanons* (auch bekannt als *Decretum Gratiani* oder einfach als *Decretum*), ein in Umfang und Zielsetzung gewaltiges Werk und ein historischer Meilenstein. Nach Berman war es „die erste umfassende und systematische juristische Abhandlung in der Geschichte des Westens und vielleicht der ganzen Menschheit – wenn man unter 'umfassend' den Versuch versteht, praktisch das gesamte Recht eines bestimmten Gemeinwesens zu erfassen, und unter 'systematisch' die ausdrückliche Absicht, das Recht als einen einzigen [sic] Korpus darzustellen, in dem alle Teile als zu einem Ganzen zusammenwirkend gesehen werden."³ In einer Welt, in der sowohl der kirchliche als auch der säkulare Bereich eher von Sitten und Gebräuchen als vom positiven Recht beherrscht war, erarbeiteten Gratian und andere Kirchenrechtler auf der Grundlage von Vernunft und Gewissen Kriterien, um die Gültigkeit bestehender Verfahrensweisen zu überprüfen, und verfochten die Idee eines präpolitischen Naturrechts, dem jede legitime Sitte zu entsprechen hatte. Gelehrte Kirchenrechtler zeigten dem barbarisierten Westen, wie man aus einem Flickwerk von Sitten, einzelnen Rechtsvorschriften und unzähligen anderen Quellen eine zusammenhängende Rechtsordnung mit einem schlüssigen Aufbau schaffen konnte, in der zuvor bestehende Widersprüche aufgehoben oder auf andere Art gelöst waren. Diese Ideen waren, wie auch Gratians eigene Arbeit, nicht nur für das Kirchenrecht, sondern auch für die weltlichen Rechtssysteme, die in der Folgezeit entstehen sollten, von größter Bedeutung. Katholische Rechtstheoretiker „nahmen eine Vielfalt von Texten – das Alte Testament, das Evangelium, 'Den Philosophen', nämlich Aristoteles, 'Den Juristen', nämlich Justinian, die Kirchenväter, den heiligen Augustinus, die Konzilien; und durch die Anwendung der scholastischen Methode und einer Naturrechtstheorie waren sie in der Lage, aus diesen verschiedenartigen Quellen sowie den bestehenden Gebräuchen ihrer zeitgenössischen weltlichen und geistlichen Gesellschaft eine schlüssige und vernünftige Rechtswissenschaft zu erschaffen."⁴

Die europäischen Juristen des 12. Jahrhunderts, die moderne Rechtssysteme für die entstehenden Staaten des westlichen Europa zusammenstellten, waren somit dem Vorbild des Kirchen-

---

3   Ebd., S. 234.
4   Harold J. Berman: „The Influence of Christianity Upon the Development of Law", in: „Oklahoma Law Review" 12 (1959), S. 93.

rechts verpflichtet. Ebensowichtig war der *Inhalt* des Kirchenrechts, dessen Rahmen so weit gespannt war, daß es selbst in Bereichen wie Ehe, Eigentum und Erbschaften zur Entwicklung des westlichen Rechts beitrug. Berman nennt in diesem Zusammenhang „die Einführung vernünftiger Gerichtsverfahren als Ersatz für magisch-automatische Beweismethoden wie Feuer- oder Wasserproben, Zweikämpfe und rituelle Eide [all das hatte im germanischen Volksrecht eine zentrale Rolle gespielt]; das Festhalten am Konsens als Grundlage einer Eheschließung und an der Böswilligkeit als Grundlage eines Verbrechens; die Entwicklung der Billigkeit zum Schutz der Armen und Hilflosen gegen die Reichen und Mächtigen."[5]

Als Kirchenrechtler und katholische Juristen an den mittelalterlichen Universitäten Rechtssysteme für Kirche und Staat zu schaffen versuchten, waren die Umstände, mit denen sie es zu tun hatten, nicht eben günstig: Noch im 11. Jahrhundert lebten die Völker Europas unter einer barbarischen Rechtsform. Die Gelehrten sahen sich einer Situation gegenüber, in der „das vorherrschende Recht nach wie vor das Recht der Blutfehde, des Gottesurteils durch Zweikämpfe, Feuer- und Wasserprobe und der Purgation war."[6] Wir haben schon darüber gesprochen, wie diese Gottesurteile in der Praxis aussahen: Menschen, die eines Verbrechens angeklagt waren, wurden Prüfungen unterzogen, die mit einer rationalen Beweisführung nicht das geringste zu tun hatten. Die vernünftigen Verfahrensweisen, die das Kirchenrecht forderte, beschleunigten das Ende dieser primitiven Methoden. Das Recht ist einer der bedeutenden Bereiche der westlichen Zivilisation, in denen wir dem antiken Rom vieles zu verdanken haben. Wo aber die Kirche nicht erneuerte, stellte sie – und das ist

---

5 Harold J. Berman: Faith and Order: The Reconciliation of Law and Religion, Atlanta 1993, S. 44.
6 Berman (1959), S. 93.

oft eine ebenso wichtige Leistung – das Alte wieder her, und ihr eigenes kanonisches Recht mit seinen Regeln der Beweisführung und rationalen Verfahrensweisen war inmitten einer Welt, in der allzuoft mit abergläubischen Mitteln über Schuld und Unschuld befunden wurde, eine Wiederbelebung des Besten, was die alte römische Rechtsordnung zu bieten hatte.

Das kanonische Eherecht legte fest, daß eine gültige Ehe die freie Zustimmung sowohl des Mannes als auch der Frau erforderte und daß eine Ehe als ungültig betrachtet werden konnte, wenn sie unter Zwang zustande kam oder eine der Parteien die Ehe aufgrund eines Irrtums hinsichtlich der Identität oder einer anderen wichtigen Eigenschaft des Ehepartners eingegangen war. „Hier", schreibt Berman, „lagen die Fundamente nicht nur des modernen Eherechts, sondern auch einiger Grundelemente des modernen Vertragsrechts, nämlich der Begriff des freien Willens und der damit zusammenhängende des Irrtums, des Zwanges und des Betruges."[7] Durch die Anwendung dieser entscheidenden Rechtsprinzipien waren die katholischen Juristen schließlich auch in der Lage, die übliche Praxis der Kinderehe zu überwinden, die in ihren Ursprüngen auf barbarische Gepflogenheiten zurückging.[8] Damit wich die barbarische Praxis dem katholischen Prinzip. Durch die Kodifizierung und Verkündung eines systematischen Gesetzeswerks fanden die heilsamen Grundsätze des Katholizismus Eingang in die alltägliche Praxis der europäischen Völker, die den katholischen Glauben zwar angenommen hatten, aber allzuoft daran gescheitert waren, ihn mit letzter Konsequenz zu leben. Diese Prinzipien sind in den modernen Rechtsordnungen, die das Leben der westlichen und immer größerer Teile der nichtwestlichen Welt regeln, noch heute von zentraler Bedeutung.

---

7 Berman (1991), S. 375.
8 Berman (1959), S. 93.

Wenn wir uns die Vorschriften ansehen, mit denen das Kirchenrecht den kriminellen Charakter einer bestimmten Handlung zu bestimmen versuchte, dann entdecken wir rechtliche Prinzipien, die seither in allen westlichen Rechtssystemen zum Standard geworden sind. Die Kirchenrechtler fragten nach der Absicht, die einer Handlung zugrunde lag, wobei sie mehrere Absichten und die moralischen Implikationen verschiedenartiger Kausalzusammenhänge unterschieden. Im Hinblick auf den letztgenannten Punkt untersuchten die kirchlichen Rechtsgelehrten Fallbeispiele wie dieses: Jemand wirft einen Stein, um seinen Gefährten zu erschrecken, der jedoch, als er dem Stein ausweicht, gegen einen Felsen stößt und sich dabei schwer verletzt. Er nimmt ärztliche Hilfe in Anspruch und stirbt aufgrund der Nachlässigkeit des Arztes. Bis zu welchem Grad war der Steinwurf die Ursache für den Tod des Mannes? Solche diffizilen Rechtsfragen versuchten die Kanonisten zu beantworten.[9]

Dieselben Kirchenrechtler führten das nicht weniger moderne Prinzip ein, wonach man aufgrund mildernder Umstände von der strafrechtlichen Verantwortung freigesprochen werden kann. Wenn also jemand unzurechnungsfähig, im Schlaf, irrtümlich oder unter Einwirkung von Gift eine dem Anschein nach kriminelle Handlung begangen hatte, war es möglich, daß diese nicht gerichtlich verfolgt werden konnte. Diese mildernden Umstände konnten die strafrechtliche Verantwortung jedoch nur dann aufheben, wenn der Angeklagte durch sie nicht hatte wissen können, daß er etwas Falsches tat, und wenn er sie nicht selbst wissentlich herbeigeführt hatte, wie es beispielsweise dann der Fall ist, wenn sich jemand vorsätzlich betrinkt.[10]

Zwar hatte das antike römische Recht zwischen absichtlichen und versehentlichen Handlungen unterschieden und so dazu

---

9 Berman (1991), S. 311.
10 Ebd., S. 314.

Kapitel 10

beigetragen, daß der Begriff der Absicht in die rechtstheoretischen Überlegungen miteinbezogen wurde, und die Kirchenrechtler des 11. und 12. Jahrhunderts bauten ebenso wie die zeitgenössischen Architekten des entstehenden Rechtssystems der weltlichen Staaten Westeuropas auf dem gerade neuentdeckten Gesetzeskodex auf, der im 6. Jahrhundert unter der Regierung des Kaisers Justinian erstellt worden war. Doch sie leisteten wichtige eigenständige Beiträge und Verfeinerungen und führten diese in die europäischen Gesellschaften ein, die während der langen Jahrhunderte unter barbarischem Einfluß nichts von diesen Differenzierungen gewußt hatten.

Die weltlichen Rechtssysteme, die wir bereits angesprochen haben, trugen ebenfalls den deutlichen Stempel der katholischen Theologie. Für diesen Teil unserer Geschichte müssen wir uns mit dem Werk des heiligen Anselm von Canterbury (1033-1109) befassen. Der heilige Anselm ist eine Persönlichkeit der frühen Scholastik, jenes ungeheuer bedeutenden und einflußreichen Kapitels der Geschichte westlicher Intellektualität, die im Werk des heiligen Thomas von Aquin (1225-1274) ihren Höhepunkt erreichte, doch auch noch im 16. und 17. Jahrhundert fortwirkte. In der kurzen Zusammenfassung seines ontologischen Gottesbeweises haben wir uns bereits ein Bild von dem hohen Stellenwert machen können, den das rationale Denken für den heiligen Anselm hatte. Dieser Gottesbeweis, ein a priori formuliertes Argument für die Existenz Gottes, stützte sich allein auf die Kraft des Verstandes, ohne die Bedeutung der göttlichen Offenbarung auch nur im geringsten zu schmälern.

Unsere Diskussion über die westliche Rechtstradition führt uns nun erneut zum heiligen Anselm und zu seiner Schrift *Cur Deus Homo*, denn diese Tradition war zutiefst von der klassischen Diskussion über den Sinn der Menschwerdung und Kreuzigung Christi beeinflußt. In diesem Buch setzt sich der heilige Anselm das Ziel, auf der Grundlage des menschlichen Verstandes zu beweisen, warum es für Gott angebracht war, in der Person Jesu Christi Mensch zu werden, und warum die Kreuzigung Christi – im Gegensatz zu anderen Möglichkeiten der Erlösung – nach dem Sündenfall und der Vertreibung Adams und Evas ein unverzichtbarer Bestandteil der Erlösung der Menschheit war. Der Autor wollte dabei in erster Linie auf die nächstliegenden Einwände eingehen: Warum konnte Gott der menschlichen Rasse diesen anfänglichen Fehltritt nicht einfach vergeben? Warum konnte er den Nachkommen Adams die Himmelstüren nicht mit einer schlichten Vergebung, einem ungeschuldeten Akt der Gnade wieder aufschließen? Warum, mit anderen Worten, war die Kreuzigung notwendig?[11]

Anselms Antwort lautete folgendermaßen:[12] Gott hatte den Menschen ursprünglich geschaffen, um ihn an der ewigen Seligkeit teilhaben zu lassen. Der Mensch hatte Gottes Absicht in gewisser Weise zunichte gemacht, indem er sich gegen ihn auflehnte und die Sünde in die Welt brachte. Damit der Gerechtigkeit Genüge getan wurde, mußte der Mensch für seine Sünde gegen Gott bestraft werden. Doch seine Beleidigung des allgütigen Gottes wog so schwer, daß keine Bestrafung, die der Mensch hätte erleiden können, eine angemessene Genugtuung gewesen wäre. Überdies wäre diese wie auch immer geartete Bestrafung so streng ausgefallen, daß er letztlich seine ewige Seligkeit verwirkt hätte; damit aber wären die Pläne Gottes, der ja für den Menschen vor allem die ewige Seligkeit wollte, abermals durchkreuzt worden.

Der Grund dafür, daß Gott die Sünde des Menschen nicht ohne irgendeine Form der Bestrafung vergeben konnte, ist der, daß der Mensch mit seiner Rebellion gegen Gott die moralische Ordnung des Universums gestört hatte. Diese moralische Ord-

---

11 Vgl. ebd., S. 297.
12 Eine Zusammenfassung findet sich bei Berman (1991), S. 293ff.

nung mußte repariert werden. Gottes Ehre mußte wiederhergestellt werden, und diese Wiederherstellung war nicht möglich, solange die Störung der moralischen Ordnung bestehen blieb, die eine Folge der Rebellion des Menschen war.

Da der Mensch Gott Wiedergutmachung schuldete, aber nicht in der Lage war, diese zu leisten, während Gott seine eigene Ehre durch einen Gnadenakt wiederherstellen konnte (aber nicht mußte), ist die Mittlerschaft eines Gott-Menschen die einzig mögliche Genugtuung für die Erbsünde. Auf diese Weise liefert Anselm eine rationale Erklärung für den Sühnetod Jesu Christi.

Das Strafrecht der westlichen Zivilisation entwickelte sich in einem religiösen Milieu, das zutiefst von der Wiedergutmachungslehre des heiligen Anselm geprägt war. Diese Lehre beruhte grundsätzlich auf der Vorstellung, daß eine Verletzung des Gesetzes eine Beleidigung gegen die Gerechtigkeit und die moralische Ordnung selbst darstellte, daß eine solche Verletzung eine Strafe erforderte, damit die moralische Ordnung wiederhergestellt werden konnte, und daß die Strafe der Natur und dem Ausmaß des Verbrechens angemessen sein mußte.

Die Sühne mußte dem heiligen Anselm zufolge in dieser Weise geleistet werden, weil der Mensch durch die Übertretung des göttlichen Gesetzes die Gerechtigkeit selbst gestört hatte und die Gerechtigkeit die Auferlegung einer Strafe erforderte, um die moralische Ordnung wiederherzustellen. Im Laufe der Zeit wurde es üblich, diese Vorstellung nicht nur auf Adam und Eva und die Ursünde, sondern auch auf den Verbrecher im Hier und Jetzt anzuwenden: Da er die Gerechtigkeit in ihrer Abstraktion verletzt hatte, mußte er bestraft werden, um die Ordnung der Gerechtigkeit wiederherzustellen. Das Verbrechen wurde weitgehend entpersönlicht, weil kriminelle Handlungen weniger als Handlungen betrachtet wurden, die sich gegen bestimmte Personen (Opfer) richteten, sondern eher als Verletzungen des abstrakten Prinzips der Gerechtigkeit und als

Störungen der moralischen Ordnung, die durch die Verhängung einer Strafe wiederhergestellt werden konnte.[13]

Verträge, so hieß es, müssen gehalten werden, bei Bruch muß ein Preis bezahlt werden. Schädigungen müssen voll ausgeglichen werden. Verletzte Eigentumsrechte müssen vom Verletzer wiederhergestellt werden. Diese und ähnliche Grundsätze drangen so tief in das Bewußtsein, ja auch in die religiösen Werte der westlichen Gesellschaft ein, daß man sich eine auf anderen Grundsätzen beruhende Rechtsordnung kaum noch vorstellen konnte. Doch die heutigen nichtwestlichen Kulturen haben solche Rechtsordnungen, ebenso die europäische Kultur vor dem 11. und 12. Jahrhundert. In einigen Rechtsordnungen stehen die Gedanken des Schicksals und der Ehre, der Rache und der Versöhnung im Mittelpunkt, in anderen die des Vertrags und der Gemeinschaft; in wieder anderen die der Abschreckung und Besserung.[14]

Die Ursprünge natürlicher Rechte

Der Einfluß der Kirche auf die Rechtssysteme und das rechtstheoretische Denken des Westens erstreckt sich auch auf die

---

13 Dieser uns nicht unbekannte Gedankengang birgt die potentielle Gefahr, daß das Strafrecht in seinem Bestreben, die Gerechtigkeit mit Hilfe einer vergeltenden Strafe wiederherzustellen, letztlich *nur* noch an der Vergeltung interessiert ist und alle Möglichkeiten einer wie auch immer gearteten Wiedergutmachung außer acht läßt. So haben wir heute die paradoxe Situation, daß ein Gewaltverbrecher, statt eine Wiedergutmachung an seinem Opfer oder dessen Erben wenigstens zu versuchen, auf Kosten der Steuerzahler, also auch des Opfers und seiner Familie, lebt. Die Betonung der Tatsache, daß der Straftäter *die Gerechtigkeit* selbst beleidigt hat und dafür Strafe verdient, hat also das frühere Verständnis, wonach der Straftäter *sein Opfer* geschädigt hat und diesem Wiedergutmachung schuldet, vollkommen verdrängt.
14 Berman (1991), S. 321.

Kapitel 10

Entwicklung des Naturrechtsbegriffs. Lange Zeit hatten die Wissenschaftler selbstverständlich angenommen, daß die Vorstellung von natürlichen Rechten, also allgemeingültigen, allen Individuen eigenen moralischen Ansprüchen, mehr oder weniger von selbst im 17. Jahrhundert aufgekommen sei. Dank der Arbeit von Brian Tierney, einem der weltweit größten Experten für mittelalterliches Denken, läßt sich diese These nicht länger aufrechterhalten. Als die Philosophen des 17. Jahrhunderts die Naturrechtstheorien formulierten, bauten sie auf einer bereits bestehenden Tradition auf, die sich bis zu den katholischen Gelehrten des 12. Jahrhunderts zurückverfolgen läßt.[15] Die Idee der Rechte ist eines der markantesten Merkmale der westlichen Zivilisation, und die Wissenschaftler neigen mehr und mehr zu der Ansicht, daß auch sie der Kirche zu verdanken ist. Vor Tierney hätten nur wenige Menschen, die Gelehrten miteingeschlossen, vermutet, daß die Vorstellung von den natürlichen Rechten in ihren Ursprüngen auf die im 12. Jahrhundert verfaßten Kommentare zum *Decretum* zurückgeht, Gratians berühmtem Kompendium des kanonischen Rechts der katholischen Kirche. Tatsächlich aber nimmt diese Tradition bei den Verfassern ebendieser Kommentare, den sogenannten Dekretisten, ihren Anfang.

Das 12. Jahrhundert legte große Aufmerksamkeit für die Rechte bestimmter Institutionen und bestimmter Personenkategorien an den Tag. Schon seit dem Investiturstreit des 11. Jahrhunderts waren die Könige und Päpste in einen lebhaften Schlagabtausch über ihre jeweiligen Rechte verwickelt, und diese

---

15   Brian Tierney, a. a. O.; vgl. auch Annabel S. Brett: Liberty, Right and Nature: Individual Rights in Later Scholastic Thought, Cambridge 1997; Charles J. Reid Jr.: „The Canonistic Contribution to the Western Rights Tradition: An Historical Inquiry", in: „Boston College Law Review" 33 (1991), S. 37-92; Kenneth Pennington: „The History of Rights in Western Thought", in: „Emory Law Journal" 47 (1998), S. 237-252.

Debatte war auch gut zwei Jahrhunderte später noch immer im Gang, als der Pamphletkrieg zwischen den Anhängern von Papst Bonifatius VIII. und Philipp dem Schönen im Zuge ihrer großen Auseinandersetzung um die Macht von Kirche und Staat entbrannte. Die Herren und Vasallen des feudalen Europa lebten in einem Beziehungsgefüge von Rechten und Pflichten. Die kleineren und größeren Städte, die mit der Erneuerung des urbanen Lebens im 11. Jahrhundert in immer größerer Zahl auf der europäischen Landkarte erschienen, bestanden gegenüber anderen politischen Autoritäten auf ihren Rechten.[16]

Gewiß waren dies keine Auseinandersetzungen um das, was wir als natürliche Rechte bezeichnen würden, denn in jedem dieser Fälle ging es eher um die Rechte bestimmter Gruppen als um Rechte, die alle Menschen von Natur aus besitzen. Doch die Kanonisten und andere Gesetzestheoretiker des 11. Jahrhunderts begannen die Terminologie und das konzeptionelle Gerüst dessen, was wir heute mit den Naturrechtstheorien in Verbindung bringen, im Kontext einer Kultur zu entwickeln, in der die Menschen es gewohnt waren, ihre Rechte geltend machen zu müssen.

Das Ganze spielte sich folgendermaßen ab. Die verschiedenen Quellen, die in den frühen Kapiteln von Gratians *Decretum* zitiert wurden – und die auf alle möglichen Autoritäten verwiesen, angefangen bei der Bibel über die Kirchenväter bis hin zu Konzilien von ganz unterschiedlicher Bedeutung, päpstlichen Verlautbarungen und dergleichen mehr – bezogen sich häufig auf den Begriff *ius naturale* oder Naturrecht, der jedoch je nach Quelle mit unterschiedlichen Definitionen belegt wurde, die einander zum Teil auch zu widersprechen schienen. So versuch-

---

16 Brian Tierney: „The Idea of Natural Rights: Origins and Persistence", in: „Northwestern University Journal of International Human Rights" 2 (April 2004), S. 5.

Kapitel 10

ten die Kommentatoren, die verschiedenen Bedeutungen des Begriffs herauszufiltern. Tierney schreibt hierzu:

> Der entscheidende Punkt für uns ist der, daß die Juristen bei ihrem Versuch, die verschiedenen Bedeutungen des *ius naturale* zu erklären, eine neue Bedeutung entdeckten, die in ihren alten Texten nicht wirklich enthalten war. Sie lasen die alten Texte mit einem von ihrer neuen, eher personalistischen und auf Rechten gründenden Kultur geschulten Geist und fügten eine neue Definition hinzu. Zuweilen definierten sie das Naturrecht im subjektiven Sinne als eine jeder menschlichen Person innewohnende Macht, Kraft, Fähigkeit oder Möglichkeit. ... [W]ar der alte Begriff des Naturrechts einmal auf diese subjektive Art definiert, dann konnte die Argumentation mühelos zu jenen vom Naturrecht vorgeschriebenen rechtmäßigen Verhaltensregeln *oder zu den berechtigten Ansprüchen und Vollmachten des Individuums weitergeführt werden, die wir als natürliche Rechte bezeichnen*.[17]

Die Kanonisten, so Tierney, „fanden heraus, daß ein angemessenes Konzept natürlicher Gerechtigkeit ein Konzept individueller Rechte enthalten mußte."[18]

Schon bald brachte man die ersten konkreten Beispiele für natürliche Rechte vor. Eines davon war etwa das Recht, selbst vor Gericht zu erscheinen und sich zu verteidigen. Mittelalterliche Juristen lehnten es ab, daß dieses Recht einzelnen durch einen Regierungsbeschluß zugesprochen werden konnte und vertraten stattdessen den Standpunkt, daß dies ein vom allgemeinen Sittengesetz abgeleitetes Recht jedes Individuums sei. Mehr und mehr setzte sich die Idee durch, daß Individuen einfach dadurch, daß sie Menschen waren, bestimmte subjektive Vollmachten oder natürliche Rechte besaßen, die ihnen kein Herrscher nehmen konnte. Die europäischen Juristen hatten, so erklärt der Historiker Kenneth Pennington, „eine tragfähige Ter-

---

17 Ebd., S. 6 (Hervorhebungen wurden hinzugefügt).
18 Ebd., S. 6.

minologie entwickelt, um über die vom Naturrecht abgeleiteten Rechte zu sprechen. In der Zeit zwischen 1150 und 1300 formulierten sie das Eigentumsrecht, die Rechte von Nichtchristen, das Eherecht und das Verfahrensrecht nicht auf der Grundlage des positiven, sondern des Naturrechts. Indem sie diese Rechte in den Rahmen des Naturrechts einbetteten, konnten die Juristen den Standpunkt vertreten und vertraten ihn auch, daß der menschliche Fürst diese Rechte nicht aufheben dürfe. Der Fürst hatte keine Jurisdiktion über Rechte, die auf dem Naturrecht basierten; demzufolge waren diese Rechte unveräußerlich."[19] Das alles hört sich nach durchaus modernen Prinzipien an – doch es stammt von mittelalterlichen katholischen Denkern, die damit einmal mehr die Fundamente für einen entscheidenden Bereich der westlichen Zivilisation, so wie wir sie kennen, gelegt haben.

Papst Innozenz IV. befaßte sich mit der Frage, ob grundlegende Rechte wie der Anspruch auf Eigentum oder auf die Einsetzung einer legitimen Regierung nur Christen eingeräumt werden sollten oder ob diese Dinge rechtmäßig allen Menschen zuständen. Zu seiner Zeit vertraten gewisse Kreise die übertrieben papstfreundliche Einstellung, daß der Papst als Stellvertreter Gottes auf Erden Herr über die ganze Welt sei und daß nur diejenigen, die die Autorität des Papstes anerkannten, einen rechtmäßigen Anspruch auf Macht und Eigentum hätten. Innozenz lehnte diese Ansicht ab und war der Meinung, daß „Eigentum, Besitz und Jurisdiktion Ungläubigen rechtmäßig gehören können..., denn diese Dinge sind nicht nur für die Gläubigen da, sondern für jedes vernunftbegabte Geschöpf."[20] Dieser Text sollte von späteren katholischen Rechtstheoretikern mit großem Erfolg zitiert werden.

---

19 Pennington, a. a. O.
20 Tierney (2004), S. 7.

Kapitel 10

Im Laufe der Zeit entwickelten sich die Sprache und die Philosophie des Rechts weiter. Von besonderer Bedeutung war eine Debatte, die sich im frühen 14. Jahrhundert an den Franziskanern entzündete, jenem im frühen 13. Jahrhundert gegründeten Orden von Bettelbrüdern, die weltliche Güter mieden und ein Leben in Armut führten. Nachdem der heilige Franziskus 1226 gestorben war und der Orden sich immer mehr ausbreitete, waren einige der Ansicht, daß die traditionelle franziskanische Forderung der absoluten Armut abgemildert werden müsse, da sie für einen so großen und weitverzweigten Orden nicht angemessen sei. Eine extreme Gruppierung innerhalb der Franziskaner, die sogenannten „Spiritualen", lehnte jeden Kompromiß ab und verwies darauf, daß das Leben in absoluter Armut als getreue Nachahmung des Lebens, das Christus und die Apostel geführt hatten, die höchste und vollkommenste christliche Lebensform darstelle. Was als Kontroverse darüber begann, ob Christus und die Apostel tatsächlich keinerlei Eigentum besessen hätten, mündete später in eine zutiefst fruchtbringende und wichtige Debatte über das Wesen des Eigentums an sich, in deren Verlauf einige der zentralen Fragen aufgeworfen wurden, die später die Abhandlungen der Rechtstheoretiker des 17. Jahrhunderts beherrschen sollten.[21]

Zu einer entscheidenden Festigung der westlichen Naturrechtstradition trug auch die bereits erwähnte Debatte bei, die nach der Entdeckung Amerikas von spanischen scholastischen Theologen über die Rechte der Bewohner der neuentdeckten Länder geführt wurde. (Diese Theologen nahmen übrigens auch häufig auf die oben erwähnte Position Innozenz' IV. Bezug.) Als sie die Idee entwickelten, daß die Ureinwohner Amerikas natürliche Rechte besäßen, die die Europäer zu respektieren hätten, konnten sich die Scholastiker des 16. Jahrhunderts auf eine sehr

---

21 Ebd., S. 8.

viel ältere Tradition stützen, deren Ursprünge in den Arbeiten der Kirchenrechtler des 12. Jahrhunderts zu suchen sind.

Somit besaß der Westen im kanonischen Recht der Kirche das erste Musterbeispiel eines modernen westlichen Rechtssystems, an dem sich die gesamte moderne Gesetzestradition des Abendlands orientieren konnte. Ebenso war das westliche Strafrecht nicht nur zutiefst von den im kanonischen Recht verankerten gesetzlichen Prinzipien, sondern auch von Vorstellungen der katholischen Theologie und insbesondere von der Wiedergutmachungslehre beeinflußt, die der heilige Anselm entwickelt hatte. Und schließlich stammt auch die eigentliche Idee des Naturrechts, von der man lange Zeit annahm, daß sie gänzlich von den liberalen Denkern des 17. und 18. Jahrhunderts entwickelt worden sei, tatsächlich von katholischen Kirchenrechtlern, Päpsten, Universitätsprofessoren und Philosophen. Je mehr die Wissenschaftler das westliche Recht erforschen, desto stärker erweist sich unsere Zivilisation als von der katholischen Kirche geprägt und desto überzeugender ist die These, daß der Katholizismus der eigentliche Baumeister unserer Kultur gewesen ist.

Kapitel 11:

Die Kirche und die westliche Moral

Daß die westlichen Moralvorstellungen entscheidend von der katholischen Kirche geprägt worden sind, ist nicht weiter überraschend. Viele der wichtigsten Grundsätze der moralischen Tradition des Westens sind aus der entschieden katholischen Idee von der Heiligkeit des menschlichen Lebens hervorgegangen. Der Gedanke, daß jede Person eine unsterbliche Seele hat und deshalb einzigartig und kostbar ist, war der antiken Welt unbekannt. Die Armen, Schwachen und Kranken wurden von Nichtkatholiken in aller Regel mit Verachtung behandelt und zuweilen auch ganz und gar sich selbst überlassen. Deswegen war die katholische Wohltätigkeit, wie wir gesehen haben, so neu und so wichtig für die westliche Welt.

Es waren die Katholiken, die sich gegen die Tötung von Kindern wandten und sie schließlich abschafften, eine Praxis, die selbst im antiken Griechenland und Rom als moralisch zulässig galt. Plato hatte beispielsweise gesagt, daß man einen armen und durch Krankheit arbeitsunfähigen Mann sterben lassen sollte. Seneca schrieb: „Wir ertränken Kinder, die bei ihrer Ge-

Kapitel 11

burt schwächlich und anormal sind."[1] Verwachsene Kinder männlichen Geschlechts und viele gesunde Mädchen (die in einer patriarchalischen Gesellschaft oft nur lästig waren) wurden einfach ausgesetzt. Dies führte dazu, daß im alten Rom die männliche Bevölkerung um ein rundes Drittel zahlreicher war als die weibliche.[2] Solche Verhaltensweisen konnte die Kirche nicht akzeptieren.

Die kirchliche Überzeugung von der Heiligkeit des menschlichen Lebens führte auch dazu, daß der Selbstmord, der im Altertum durchaus seine Befürworter hatte, in der westlichen Kultur verurteilt wurde. Aristoteles hatte die Praxis des Selbstmords kritisiert, doch andere antike Denker, namentlich die Stoiker, betrachteten den Selbstmord als zulässiges Mittel, um körperlichem Leid oder emotionaler Enttäuschung zu entfliehen. Eine Anzahl berühmter Stoiker hat Selbstmord begangen. Wie konnte man seine Loslösung von der Welt besser beweisen als dadurch, daß man den Moment, in dem man von ihr schied, selbst bestimmte? In *Der Gottesstaat* verwirft der heilige Augustinus diejenigen Vertreter der heidnischen Antike, die den Selbstmord als etwas Edles darstellten:

> Größe des Geistes ist nicht das richtige Wort für jemanden, der sich selbst getötet hat, weil ihm die Kraft fehlt, Not oder Unrecht von Seiten eines anderen zu erdulden. Tatsächlich entdecken wir Schwäche in einem Geist, der physische Bedrängnis oder die Dummheit der breiten Masse nicht ertragen kann; Größe sprechen wir zu Recht dem Geist zu, der die Stärke hat, ein Leben in Elend zu ertragen, statt davor zu fliehen, und das Urteil der Menschen..., verglichen mit dem reinen Licht eines guten Gewissens, geringzuschätzen.[3]

---

1   A. J. Schmidt, a. a. O., S. 128, S. 153.
2   Carroll/Shiflett, a. a. O., S. 7.
3   Aurelius Augustinus: Der Gottesstaat, Buch 1, Kap. 22.

Auch das Beispiel Christi, so fährt Augustinus fort, verbiete ein solches Verhalten. Christus hätte seine Anhänger zum Selbstmord drängen können, damit sie den Bestrafungen durch ihre Verfolger entgingen, aber er tat es nicht. „Wenn er ihnen nicht geraten hat, auf diese Weise aus dem Leben zu scheiden", so Augustinus' Argumentation, „obwohl er ihnen nach ihrem Tod ewige Wohnungen verheißen hat, dann steht fest, daß dieser Weg denen, die den einen wahren Gott anbeten, nicht erlaubt ist."[4]

Auch der heilige Thomas von Aquin griff in seiner *Summa Theologiae* in der Abhandlung über die Gerechtigkeit das Thema Selbstmord auf. Zwei seiner drei Hauptgründe gegen den Selbstmord stützen sich auf die Vernunft und lassen sich auch außerhalb des Offenbarungskontexts vertreten; im dritten Argument aber kommt er aus einem spezifisch katholischen Gedankengang heraus zu dem Schluß, daß der Selbstmord unter allen Umständen verboten sein müsse:

> Das Leben ist ein Geschenk Gottes an den Menschen und der Macht unterworfen, die das Leben gibt und nimmt. Deshalb sündigt jemand, der sich selbst das Leben nimmt, gegen Gott ebenso wie jemand, der den Knecht eines anderen tötet, gegen den Herrn dieses Knechts sündigt oder wie jemand sündigt, der sich ein Urteil in einer Sache anmaßt, für die er nicht zuständig ist. Das Urteil über Leben und Tod steht Gott alleine zu, denn so heißt es in Deuteronomium 32, 39: „Ich bin es, der tötet und der lebendig macht."[5]

Auch wenn solche Dinge schwerlich meßbar sind, gibt es statistische Hinweise darauf, daß die Kirche in ihren Bemühungen, den katholischen Gläubigen eine Abneigung gegen den Selbstmord einzuflößen, sehr erfolgreich gewesen ist. Im frühen 20. Jahrhundert hat ein Wissenschaftler auf den deutlichen

---

4 Ebd.
5 Summa Theologiae II-II, q. 64, art. 5.

Kapitel 11

Unterschied in den Selbstmordraten der katholischen und der protestantischen Kantone der Schweiz und auf die sehr niedrige Rate im überwiegend katholischen Irland hingewiesen, obwohl gerade dieses Land immer wieder von großem Leid und Unglück heimgesucht werde.[6]

Ebenso trugen die Kirche und die Lehren Christi zur Abschaffung der Gladiatorenkämpfe bei, einer Form der Unterhaltung, bei der Männer auf Leben und Tod miteinander kämpfen mußten. Nichts konnte der katholischen Lehre von der Würde und dem Wert jedes einzelnen mehr widersprechen als eine solche Trivialisierung des menschlichen Lebens. In seinem Buch *Das Alltagsleben im alten Rom zur Blütezeit des Kaisertums* stellt Jerome Carcopino lakonisch fest, daß „die Schlächtereien in der Arena auf den Befehl der christlichen Kaiser beendet wurden." Tatsächlich wurden sie in der westlichen Hälfte des Reichs im späten vierten und in der Osthälfte im frühen 5. Jahrhundert abgeschafft. W. E. H. Lecky ordnet diese Entwicklung in den Gesamtzusammenhang ein: „Es gibt in der Menschheitsgeschichte kaum eine einzelne Reform, die so wichtig ist wie die Abschaffung der Gladiatorenkämpfe, eine Großtat, die fast ausschließlich der christlichen Kirche zugeschrieben werden muß."[7]

Auch der später so weit verbreiteten Praxis der Duelle stand die Kirche kritisch gegenüber. Die Befürworter dieser Praxis führten an, daß sie die Gewalt letztlich eindämme, indem sie sie institutionalisiere, ihren rechten Gebrauch in einem Ehrenkodex festlege und für die Anwesenheit von Zeugen sorge. Dies sei besser als endlose, im Schutz der Nacht und ohne jede Rücksicht auf Menschenleben ausgefochtene Blutfehden. Da ohnehin nur Utopisten noch daran glaubten, daß die Gewalt gänzlich

---

6 James J. Walsh: The World's Debt to the Catholic Church, Boston 1924, S. 227.
7 Zu beiden Zitaten vgl. A. J. Schmidt, a. a. O., S. 63.

ausgerottet werden könne, hielt man es für besser, sie in einer Weise zu kanalisieren, die das geringste öffentliche Ärgernis erregte. Das waren die Argumente der Duellbefürworter.

Dennoch hatte die Vorstellung, daß Männer ihre Ehre mit Schwertern und Pistolen verteidigten, etwas Abstoßendes, und so ist es nicht verwunderlich, daß die Kirche Strafen gegen diejenigen verhängte, die diese Praxis ausübten. Das Konzil von Trient (1545-1563), das sich nach der protestantischen Reformation in erster Linie mit Fragen der Kirchenreform und der Präzisierung der katholischen Lehre befaßte, schloß Duellanten faktisch aus der Kirche aus, indem sie ihnen den Empfang der Sakramente und ein kirchliches Begräbnis verwehrte. Papst Benedikt XIV. bekräftigte diese Strafmaßnahmen in der Mitte des 18. Jahrhunderts, und Papst Pius IX. stellte klar, daß sie nicht nur für die Duellanten selbst, sondern auch für sämtliche Zeugen und Mitwisser zu gelten hätten.

Papst Leo XIII. hielt den kirchlichen Widerstand gegen diese Praxis in einer Zeit aufrecht, als die weltlichen Gesetze gegen Duelle von niemandem mehr beachtet wurden. Er faßte die religiösen Grundsätze zusammen, die die katholische Kirche seit Jahrhunderten dazu veranlaßt hatten, diese Zweikämpfe zu verurteilen:

> Beide göttlichen Gesetze, sowohl dasjenige, das durch das Licht der natürlichen Vernunft, als auch [jenes], das durch die unter göttlichem Anhauch verfaßte Schrift verkündet wurde, verbieten strikt, daß einer außerhalb eines öffentlichen Verfahrens einen Menschen tötet oder verwundet, es sei denn, durch Notwendigkeit gezwungen, um sein Leben zu verteidigen. Die aber zu privatem Kampfe aufrufen oder einen angebotenen annehmen, betreiben dieses, richten – durch keine Notwendigkeit gebunden – Sinn und Kräfte darauf, dem Gegner das Leben zu entreißen oder wenigstens eine Wunde beizubringen. Beide göttlichen Gesetze untersagen ferner, daß einer sein Leben leichtfertig preisgibt, indem er es schwerer und offenkundiger Gefahr aussetzt,

obwohl keine Spur von Pflicht oder großherziger Liebe dazu rät; diese blinde, lebensverachtende Leichtfertigkeit aber wohnt der Natur des Duells eindeutig inne. Daher kann es niemandem unklar oder zweifelhaft sein, daß auf diejenigen, die sich privat auf einen Einzelkampf einlassen, beides fällt, sowohl der Frevel des fremden Unglücks als auch die freiwillige Gefährdung des eigenen Lebens.

Die Gründe, die die Duellanten für ihre Zweikämpfe anführten, seien, so der Papst, haarsträubend und völlig unangemessen. Im Grunde wurzelten sie auf dem schlichten Verlangen nach Rache: „Es ist in der Tat der Wunsch nach Rache, der leidenschaftliche und anmaßende Menschen dazu treibt, Genugtuung zu suchen", schreibt Leo. „Gott gebietet allen Menschen, einander in brüderlicher Liebe zu lieben, und verbietet ihnen, jemals jemandem Gewalt anzutun; er verurteilt Rache als eine Todsünde und behält sich selbst das Recht der Sühne vor. Wenn die Menschen ihre Leidenschaft zügeln und Gott unterwerfen könnten, würden sie die ungeheuerliche Gepflogenheit des Duellierens rasch aufgeben."[8]

Ein anderer wichtiger Bereich, in dem die katholische Kirche die westlichen Moralvorstellungen geprägt hat, betrifft die Tradition des gerechten Krieges. Das klassische Altertum hatte sich zwar in der einen oder anderen Weise mit dieser Frage beschäftigt, und Cicero hatte über Recht und Unrecht des Krieges diskutiert, doch auch wenn die antiken Philosophen bestimmte Kriege als gerecht oder ungerecht klassifizierten, entwickelten sie keine ausgereifte Theorie des gerechten Krieges. „Weder bei Plato noch bei Aristoteles", so Ernest Fortin, „finden wir etwas, das sich, sagen wir, mit der berühmten Frage 'Über den Krieg' in der *Summa Theologiae* des Thomas von Aquin vergleichen ließe." Also war es die katholische Kirche, die im Westen eine kla-

---

8   Leo XIII.: Pastoralis Officii (1891), S. 2, S. 4.

re intellektuelle Tradition hervorgebracht hat, mit deren Hilfe die Rechtmäßigkeit eines Krieges anhand bestimmter festgelegter Prinzipien überprüft werden konnte. Zwar trifft es zu, daß Cicero in seiner Bewertung der römischen Kriegsgeschichte so etwas wie eine Theorie des gerechten Krieges entwickelt hat, doch die Kirchenväter, die diese Idee von ihm übernahmen, machten aus ihr ein Werkzeug der moralischen Urteilsbildung, das, was seine Anwendbarkeit betraf, sehr viel ambitionierter war. Fortin fügt hinzu, daß „man zugeben muß, daß das Problem der Kriegsführung für den christlichen Theologen immer sehr viel drängender war als für jeden der Philosophen des klassischen Altertums" – vor allem aufgrund der „Kraft der biblischen Lehre von der Heiligkeit des Lebens."[9]

Die bedeutendste frühe katholische Abhandlung über das Thema Krieg und über die moralischen Kriterien, die erforderlich waren, damit ein Krieg als gerecht angesehen werden konnte, findet sich in den Schriften des heiligen Augustinus. Seiner Ansicht nach war ein gerechter Krieg „nur durch die Ungerechtigkeit eines Angreifers gerechtfertigt, und diese Ungerechtigkeit sollte für jeden guten Menschen eine Quelle des Kummers sein, weil es eine menschliche Ungerechtigkeit ist." Obwohl Augustinus die Unversehrtheit der Nichtsoldaten in seiner Konzeption des gerechten Krieges nicht ausdrücklich erwähnt – wie es spätere Beiträge zu dieser Theorie tun –, scheint er doch selbstverständlich davon auszugehen, daß die Zivilisten von der Gewalttätigkeit einer kriegführenden Armee verschont bleiben müßten. So warnt er davor, sich von Rachsucht leiten zu lassen, betont, daß ein gerechter Krieg nicht auf der Grundlage bloßer menschlicher Leidenschaft geführt werden könne, und appelliert in diesem Zusammenhang an eine gewisse innere Haltung

---

9   Ernest L. Fortin: „Christianity and the Just War Theory, in: J. Brian Benestad (Hg.), a. a. O., S. 285f.

Kapitel 11

des Soldaten, die ihn von willkürlicher Gewaltanwendung abhalten solle.[10]

Der heilige Thomas von Aquin hat sich ebenfalls in einem bemerkenswerten Text mit diesem Thema befaßt, und er nennt drei Bedingungen, die gegeben sein müssen, damit ein Krieg als gerecht bezeichnet werden könne:

> Damit ein Krieg gerecht ist, sind drei Dinge notwendig. Erstens die Autorität des Herrschers, auf dessen Befehl der Krieg geführt werden soll. Denn es ist nicht Sache eines privaten Individuums, einen Krieg zu erklären.
>
> Zweitens ist eine gerechte Sache erforderlich, nämlich daß die, die angegriffen werden, angegriffen werden sollten, weil sie es aufgrund eines Fehlverhaltens verdienen. Deshalb sagt Augustinus: „Ein gerechter Krieg wird gewöhnlich als ein Krieg beschrieben, der Unrecht vergilt, wenn ein Volk oder ein Staat bestraft werden muß, weil er es ablehnt, Genugtuung für das von seinen Untertanen verübte Unrecht zu leisten oder das zurückzuerstatten, was unrechtmäßig genommen worden ist."
>
> Drittens ist es notwendig, daß die Kriegführenden eine gerechte Absicht verfolgen, das heißt, daß sie die Förderung des Guten oder die Verhinderung des Bösen anstreben. ... Denn es kann geschehen, daß der Krieg von der rechtmäßigen Autorität und aus einem gerechten Grund erklärt und doch durch eine böse Absicht unrechtmäßig gemacht wird. Daher sagt Augustinus: „Die Leidenschaft, Kummer zuzufügen, der grausame Durst nach Rache, ein unfriedfertiger und unversöhnlicher Geist, das aufrührerische Fieber, die Lust an der Macht und derartige Dinge werden alle im Krieg zu Recht verurteilt."[11]

---

10 John Langan S. J., „The Elements of St. Augustine's Just War Theory", in: „Journal of Religious Ethics" 12 (Frühjahr 1984), S. 32.
11 Summa Theologiae, II-II, q. 40, art. 1 (Verweise wurden weggelassen).

Im Spätmittelalter und in der Neuzeit wurde diese Tradition vor allem durch die Leistungen der spanischen Scholastiker des 16. Jahrhunderts weiterentwickelt. Pater Francisco de Vitoria, der bei der Erarbeitung der Grundlagen des internationalen Rechts eine zentrale Rolle spielte, hat sich auch mit der Frage des gerechten Kriegs befaßt. In *De Jure Belli* formuliert er drei wichtige Regeln des Kriegs, wie die katholischen Historiker Thomas A. Massaro und Thomas A. Shannon erklären:

> Erster Kanon: Angenommen, ein Fürst besitzt die Autorität, Krieg zu führen, dann sollte er zuallererst nicht nach Gelegenheiten und Gründen für einen Krieg suchen, sondern, wenn möglich, mit allen Menschen in Frieden leben, so, wie es uns der heilige Paulus gebietet.

> Zweiter Kanon: Wenn ein Krieg um einer gerechten Sache willen ausgebrochen ist, dann darf er nicht so geführt werden, daß er dem Volk, gegen das er sich richtet, den Untergang bringt, sondern nur zu dem Zweck, sich Recht zu verschaffen und das eigene Land zu verteidigen, und so, daß aus diesem Krieg auf Dauer Friede und Sicherheit erwachsen können.

> Dritter Kanon: Wenn der Sieg errungen ist, sollte er mit Mäßigung und christlicher Demut genutzt werden, und der Sieger sollte sich vorstellen, daß er als Richter zwischen zwei Staaten sitzt, dem einen, der Unrecht erlitten, und dem anderen, der Unrecht getan hat, so daß er als Richter und nicht als Kläger das Urteil spricht, das dem geschädigten Staat Genugtuung verschafft und das den schädigenden Staat sowenig wie möglich in Elend und Unglück stürzt und die schädigenden Individuen innerhalb der gesetzlichen Grenzen züchtigt.[12]

Pater Francisco Suárez faßt die Voraussetzungen eines gerechten Krieges in ähnlicher Weise zusammen:

---

12 Thomas A. Massaro S. J., und Thomas A. Shannon: Catholic Perspectives on Peace and War, Lanham (Md.) 2003, S. 17.

Kapitel 11

> Damit ein Krieg zu Recht geführt wird, müssen bestimmte Bedingungen eingehalten werden, und diese lassen sich auf drei Hauptpunkte bringen. Erstens muß er von einer rechtmäßigen Macht geführt werden. Zweitens muß sein Grund gerecht und richtig sein. Drittens sollten gerechte Methoden verwendet werden, das heißt Billigkeit zu Beginn und in der Fortsetzung des Krieges und im Sieg. ... Allgemein gilt aber, daß der Krieg, auch wenn er an sich nicht böse ist, doch aufgrund der vielen Übel, die er nach sich zieht, unter jene Unternehmungen zu zählen ist, die oft zu Unrecht getan werden. Und so bedarf es vieler Umstände, um ihn zu etwas Ehrenwertem zu machen.[13]

Niccolò Machiavellis Buch *Der Fürst* war eine rein weltliche Untersuchung über Politik.[14] Seine Sicht der Beziehung zwischen Moral und Staat, die das politische Denken des Westens noch immer beeinflußt, hilft uns, die Bedeutung und das Gewicht der Theorie des gerechten Krieges zu ermessen. Im Machiavellismus konnte der Staat durch nichts und niemanden verurteilt werden und war keiner höheren Autorität Rechenschaft schuldig. Kein Papst und kein Moralkodex durften über das Verhalten des Staates zu Gericht sitzen. Das war einer der Gründe dafür, daß Machiavelli den Katholizismus so wenig schätzte; denn der Katholizismus vertrat die Ansicht, daß nicht nur Individuen, sondern auch Staaten moralischer Zurechtweisung unterliegen müssen. Für Machiavelli war die Politik, wie ein Autor es formuliert, „ein Spiel, wie Schach, und die Beseitigung einer politischen Figur war, auch wenn es fünfzigtausend Menschenleben kostete, nicht beunruhigender als die Beseitigung eines Stück Elfenbeins von einem Spielbrett."[15]

Genau diese Denkweise sollte mit der Tradition des gerechten Krieges und insbesondere mit den Beiträgen der Scholasti-

---

13 Ebd., S. 18.
14 Vgl. Roland H. Bainton: Christian Attitudes Toward War and Peace, New York 1960, S. 123-126.
15 Ebd., S. 126.

ker des 16. Jahrhunderts in erster Linie bekämpft werden. Der katholischen Kirche zufolge war niemand, auch nicht der Staat, von den Forderungen der Moral ausgenommen. In den darauffolgenden Jahrhunderten erwies sich die Theorie des gerechten Krieges als unverzichtbares Instrument für eine angemessene moralische Reflexion, und noch heute stützen sich Philosophen auf diese traditionellen Grundsätze, um mit ihrer Hilfe den spezifischen Herausforderungen des 21. Jahrhunderts zu begegnen.

Aus unseren antiken Quellen wissen wir, daß die Sexualmoral zu der Zeit, als die Geschichte der Kirche begann, ihren Tiefpunkt erreicht hatte. Weit verbreitete Promiskuität, so schrieb der Satiriker Juvenal, habe dafür gesorgt, daß die Römer die Göttin der Keuschheit verloren hätten. Ovid bemerkte, daß die sexuellen Praktiken seiner Zeit besonders abartig und teilweise sogar sadistisch geworden seien. Ähnliche Zeugnisse zum Zustand der ehelichen Treue und zur sexuellen Amoralität finden sich bei Catull, Martial und Sueton. Kaiser Augustus versuchte, dieser Sittenlosigkeit durch Gesetze Herr zu werden, doch das Gesetz ist selten in der Lage, ein Volk zu reformieren, das bereits den Reizen unmittelbarer Befriedigung erlegen ist. Eine keusche Frau war nach der Einschätzung des Tacitus im frühen 2. Jahrhundert ein seltenes Phänomen.[16]

Die Kirche lehrte, daß intime Beziehungen sich auf die Eheleute beschränken sollten. Selbst Edward Gibbon, der dem Christentum die Schuld für den Untergang des weströmischen Reiches gibt, mußte zugeben: „Die Würde der Ehe wurde durch die Christen wiederhergestellt." Voller Bewunderung für die Ehrbarkeit ihres Sexualverhaltens beschreibt der griechische Arzt Galen die Christen im 2. Jahrhundert als „so weit fortgeschritten in der Selbstzucht und... dem dringenden Wunsch,

---

16 A. J. Schmidt, a. a. O., S. 80ff.

sich in moralischer Hinsicht auszuzeichnen, daß sie den wahren Philosophen in nichts nachstehen."[17]

Ehebruch lag nach der Lehre der Kirche nicht, wie es im Altertum häufig der Fall war, nur dann vor, wenn eine Frau ihrem Ehemann, sondern auch, wenn ein Mann seiner Ehefrau untreu wurde. Der Einfluß der Kirche auf diesem Gebiet war von großer historischer Bedeutung, und Edward Westermarck, ein Experte für die Geschichte der Institution der Ehe, spricht der Kirche das Verdienst zu, hinsichtlich des Ehebruchs die rechtliche Gleichstellung von Mann und Frau durchgesetzt zu haben.[18]

Diese Prinzipien erklären zum Teil, weshalb der Frauenanteil in der christlichen Bevölkerung in den ersten Jahrhunderten der Kirche so hoch gewesen ist. Die Christinnen waren so zahlreich, daß die Römer das Christentum als „Weiberreligion" verunglimpften. Ein Teil der Anziehungskraft, die diese Religion auf die Frauen ausübte, bestand darin, daß die Kirche die Ehe zu einem Sakrament erhob und somit heiligte und daß sie die Scheidung verbot (was in der Realität bedeutete, daß sie es den Männern verbot, ihre Frau unversorgt zurückzulassen und eine andere zu heiraten). Der Katholizismus gewährte den Frauen auch wesentlich mehr Selbständigkeit. „Die Frauen fanden Schutz in den Lehren der Kirche", schreibt der Philosoph Robert Phillips, „und durften religiöse Gemeinschaften bilden, die sich selbst verwalteten – etwas, das es in keiner Kultur der alten Welt gegeben hat. … Sehen Sie sich die Heiligenverzeichnisse an: Sie sind voller Frauen. Wo sonst auf der Welt konnten Frauen ihre eigenen Schulen, Klöster, Kollegs, Hospitäler und Waisenhäuser führen außer im Katholizismus?"[19]

---

17 Ebd., S. 84.
18 Ebd., S. 84.
19 Robert Phillips: *Last Things First*, Fort Collins (Colo.) 2004, S. 104.

Ein Aspekt der antiken griechischen Philosophie, der eine Brücke zum katholischen Denken schlägt, ist die Auffassung, daß es eine bestimmte Lebensweise gebe, die für einen Schimpansen, und eine andere, die für einen Menschen angemessen sei. Der mit Verstand begabte Mensch ist nicht dazu verurteilt, nur seinen Instinkten zu folgen. Er ist in der Lage, sein Tun moralisch zu reflektieren; eine Fähigkeit, die selbst den intelligentesten Arten des Tierreichs fehlt. Wenn er diese Fähigkeit nicht ausübt, lebt er nicht seiner eigenen Natur gemäß. Worin besteht sein Menschsein, wenn er sein eigenes Handeln nicht auf intellektuelle Aktivität und ernsthafte moralische Erwägungen gründet? Wer nach der Maxime lebt, nur das zu tun, was ihm unmittelbar Vergnügen bereitet, der unterscheidet sich in gewisser Hinsicht nicht von einem Tier.

Die Kirche lehrt, daß ein Leben, das unserer menschlichen Natur wirklich entspricht, auf die Hilfe der göttlichen Gnade angewiesen ist. Selbst heidnische Römer ahnten etwas von der degenerierten Verfassung des Menschen. „Was für ein verachtenswertes Ding ist der Mensch", schrieb Seneca, „wenn es ihm nicht gelingt, sich über sein Menschsein zu erheben!" Die Gnade Gottes konnte ihm dabei helfen. In diesem Zusammenhang verwies die Kirche auf das Vorbild der Heiligen, die zeigten, daß ein Leben heroischer Tugend möglich ist, wenn Menschen sich selbst kleinermachen, damit Christus wachsen kann.

Außerdem lehrt die Kirche, daß unser Leben nicht einfach nur dann gut ist, wenn unsere Handlungen nach außen hin nichts zu wünschen übriglassen. Christus betont, daß es nicht genügt, lediglich nicht zu töten oder nicht die Ehe zu brechen; nicht nur der Leib darf solchen Verbrechen nicht nachgeben, auch die Seele muß derartige Neigungen überwinden. Wir sollen unseren Nächsten nicht nur nicht bestehlen, wir sollen es uns auch nicht erlauben, voller Neid an seine Besitztümer zu denken. Obwohl wir das Böse natürlich hassen dürfen – die

Kapitel 11

Sünde beispielsweise oder Satan selbst –, müssen wir jene Art von Ärger oder Haß von uns fernhalten, die die Seele zerfrißt. Wir sollen nicht nur keinen Ehebruch begehen, wir sollen auch keine unreinen Gedanken haben, denn dann denken wir an einen unserer Mitmenschen wie an eine Sache, ein bloßes Objekt. Wer ein gutes Leben führen will, sollte nicht den Wunsch haben, in seinem Mitmenschen nur eine Sache zu sehen.

Jemand hat einmal gesagt, daß es schwierig sei, etwas gut zu machen, und daß die Forderung, nicht wie ein Tier, sondern wie ein Mensch zu leben, da keine Ausnahme bilde. Von Sokrates stammt der berühmte Satz, daß Wissen Tugend sei und daß das Gute zu kennen heiße, das Gute zu tun. Aristoteles und der heilige Paulus wußten es besser, denn wir alle erinnern uns an Augenblicke in unserem Leben, in denen wir das Gute genau erkannt und es doch nicht getan und das Böse ebenfalls erkannt und es doch getan haben. Deswegen geben katholische geistliche Leiter ihren Schützlingen den Rat, das nächste Mal, wenn sie Appetit auf ein Stück Kuchen haben, lieber eine Möhre zu essen; nicht weil es böse wäre, Kuchen zu essen, sondern weil wir auf diese Weise unseren Willen in einer moralisch unbedeutenden Situation an Disziplin gewöhnen können, damit wir im Moment der Versuchung besser vorbereitet sind, wenn es wirklich um eine Entscheidung zwischen Gut und Böse geht. Und ebenso wie jede weitere Sünde uns um so leichterfällt, je mehr wir uns an die Sünde gewöhnt haben, wird auch, wie Aristoteles bemerkt, das tugendhafte Leben um so leichter, je mehr wir uns darum bemühen und es uns zur Gewohnheit machen.

Dies sind einige der charakteristischen Ideen, die die Kirche in die westliche Zivilisation eingeführt hat. Heutzutage kennen allzu viele jüngere Menschen nur ein Zerrbild dessen, was die Kirche über die menschliche Intimität lehrt, und können angesichts der Kultur, in der sie leben, nicht verstehen, warum die Kirche eine solche Auffassung vertritt. Die Kirche hält jedoch getreu dem Sendungsauftrag, den sie seit über zwei Jahrtausenden erfüllt, eine moralische Alternative für junge Menschen bereit, die von der sie umgebenden Kultur dazu gedrängt werden, pausenlos der sofortigen Befriedigung ihrer Bedürfnisse nachzujagen. Die Kirche erinnert uns an die großen Gestalten der Christenheit – Karl den Großen, den heiligen Thomas von Aquin, den heiligen Franz von Assisi und den heiligen Franz Xaver, um nur einige zu nennen – und stellt sie uns als ein Beispiel dafür vor Augen, wie wahre Menschen leben. Ihre Botschaft? Im wesentlichen diese: Du kannst danach streben, einer von ihnen zu werden – ein Zivilisationsgründer, ein großer Geist, ein Diener Gottes und der Menschen oder ein heldenhafter Missionar – oder du kannst ein ichbezogener, auf Triebbefriedigung fixierter Niemand sein. Unsere Gesellschaft tut alles, um dich auf den letztgenannten Pfad zu führen. Sei du selbst. Lauf nicht mit der Herde, erkläre deine Unabhängigkeit von einer Kultur, die so wenig von dir hält, und zeige, daß du nicht wie ein Tier leben willst, sondern wie ein Mensch.

Schluß:

Eine Welt ohne Gott

Religion ist ein zentraler Bestandteil jeder Zivilisation. Seit mehr als zwei Jahrtausenden ist das, was der westliche Mensch typischerweise über Gott denkt, entscheidend von der katholischen Kirche geprägt.

Es sind vor allem vier Merkmale, die das Gottesbild der Kirche von dem unterscheiden, was die alten Kulturen des Nahen Ostens über das Göttliche gedacht haben.[1] Erstens: Es gibt nur einen Gott. Polytheistische Systeme, in denen nicht ganz allmächtige Gottheiten mit der Aufsicht über bestimmte Naturphänomene oder Örtlichkeiten betraut sind, sind dem westlichen Geist fremd, der Gott als ein einziges Wesen betrachtet, das die höchste Macht über alle Aspekte seiner Schöpfung ausübt.

Zweitens: Gott ist absolut unabhängig, das heißt, er leitet seine eigene Existenz von keiner Macht ab, die bereits vor ihm bestanden hat, und er ist keiner anderen Gewalt unterworfen. Im Unterschied zu den verschiedenen Gottheiten des Nahen Ostens

---

[1] Mit der Diskussion dieser vier Merkmale stehe ich in der Schuld von Martin Perry u. a.: Western Civilization: Ideas, Politics, and Society, Boston ⁶2000, S. 39f.

Schluß

herrschen über ihn weder Krankheit noch Hunger noch Durst noch das Schicksal.

Drittens: Gott ist transzendent, ganz und gar jenseits und anders als seine Schöpfung. Er befindet sich an keinem Ort in der Welt, und er beseelt auch keine geschaffenen Dinge, wie der Animismus es von seinen Naturgottheiten glaubte. Dadurch, daß man Gott diese Eigenschaft zuschrieb, wurde die Wissenschaft und die Idee von der Existenz verläßlicher berechenbarer Naturgesetze überhaupt erst möglich, denn nun hatte die stoffliche Natur keine göttlichen Attribute mehr. Da also die verschiedenen Dinge der geschaffenen Welt keinen eigenen Willen besaßen, war es nun denkbar geworden, daß sie regelmäßigen Verhaltensmustern folgten.

Und schließlich: Gott ist gut. Anders als die Götter der antiken Sumerer, die dem menschlichen Wohlergehen bestenfalls gleichgültig gegenüberstanden, oder die Götter des griechischen Altertums, die im Umgang mit der Menschheit zuweilen kleinlich und rachsüchtig waren, liebt der Gott des Katholizismus die Menschen und will nur ihr Bestes. Und obwohl er den heidnischen Gottheiten darin ähnelt, daß er sich rituelle Opfer – nämlich das heilige Meßopfer – darbringen läßt, unterscheidet er sich von vielen von ihnen darin, daß er sich auch darüber freut, wenn die Menschen gut sind.

Auch der Gott des alttestamentlichen Judentums weist alle diese Merkmale auf. Dennoch unterscheidet sich das katholische Gottesbild aufgrund der Menschwerdung Jesu Christi von dieser Tradition. Durch die Geburt Jesu Christi und sein Erdenleben erfahren wir, daß Gott nicht nur die Anbetung, sondern auch die Freundschaft des Menschen sucht. Deshalb konnte Robert Hugh Benson, der große katholische Schriftsteller des 20. Jahrhunderts, ein Buch mit dem Titel *The Friendship of Christ* („Die Freundschaft Christi", 1912) verfassen. Und Søren Kierkegaard vergleicht Gott in seinen *Philosophischen Fragmenten* mit einem König, der einst die Liebe einer einfachen Frau zu gewinnen suchte. Hätte er sich ihr in seiner königlichen Macht genähert, dann wäre sie zu sehr von Ehrfurcht erfüllt gewesen, um ihm mit jener Liebe zu begegnen, die Gleichgestellte spontan füreinander empfinden. Oder sie hätte sich von seinem Reichtum und seiner Macht angezogen gefühlt oder vielleicht auch einfach Angst davor gehabt, dem Wunsch des Königs nicht nachzugeben.

Aus diesen Gründen näherte sich der König der einfachen Frau in der Verkleidung eines gewöhnlichen Mannes, denn nur so würde er ihre wahre Liebe gewinnen und wissen können, ob ihre Liebe zu ihm aufrichtig war. Das, sagt Kierkegaard, tut Gott, als er in der zweiten Person der Heiligen Dreifaltigkeit als Jesus Christus zur Welt kommt. Er sucht unsere Liebe – nicht, indem er uns mit der ehrfurchtgebietenden Majestät der beseligenden Schau (die uns nicht in dieser Welt, sondern erst in der nächsten zuteil wird) überwältigt, sondern indem er sich dazu herabläßt, auf unserer Ebene mit uns in Beziehung zu treten, eine menschliche Natur und menschliches Fleisch anzunehmen.[2] Diese Vorstellung ist in der Religionsgeschichte einzigartig und doch für die westliche Kultur so selbstverständlich geworden, daß der Abendländer kaum einen zweiten Gedanken auf sie verwendet.

Die Vorstellungen, die der Katholizismus in die Welt eingeführt hat, sind oft so fest verankert, daß selbst gegen das Christentum gerichtete Bewegungen von christlichem Gedankengut geprägt sind. Murray Rothbard hat gezeigt, wieviel der Marxis-

---

2   Kierkegaard war Protestant, beschreibt hier aber einen Aspekt an Christus, der Katholiken und Protestanten gemeinsam ist. Interessanterweise stand Kierkegaard Luther durchaus kritisch gegenüber und beklagte den Verlust der monastischen Tradition, vgl. Alice Hildebrand, „Kierkegaard: A Critic of Luther", in: The Latin Mass, Frühjahr 2004, S. 10-14.

Schluß

mus, eine betont weltliche Ideologie, den religiösen Ideen christlicher Irrlehren des 16. Jahrhunderts zu verdanken hat.[3] Die amerikanischen Intellektuellen beglückwünschten einander in der fortschrittlichen Ära des frühen 20. Jahrhunderts dafür, daß sie ihren (weitgehend protestantischen) Glauben aufgegeben hatten, und doch war ihre Sprache nach wie vor mit typisch christlichen Wendungen durchsetzt.[4]

Diese Beispiele unterstreichen nur, was wir bereits gesehen haben: Die katholische Kirche hat nicht nur zur Entwicklung der westlichen Zivilisation beigetragen – sie hat diese Zivilisation geschaffen. Zwar hat die Kirche manches aus dem Altertum übernommen, doch das, was sie übernommen hat, hat sie in aller Regel zum Besseren hin verwandelt. Im frühen Mittelalter gab es kaum ein von Menschen in Angriff genommenes Projekt, zu dem die Klöster nicht ihren Beitrag leisteten. Die wissenschaftliche Revolution wurzelte in einem Westeuropa, dessen – in ihrem Kern katholische – theologische und philosophische Grundlagen sich als fruchtbarer Boden für das Unternehmen Wissenschaft erweisen sollten. Die ausgereifte Idee des internationalen Rechts ging auf die späten Scholastiker zurück, und dasselbe gilt für Konzepte, die im Hinblick auf die Entwicklung der Wirtschaftswissenschaften als einer eigenen Fachrichtung von zentraler Bedeutung gewesen sind.

Diese beiden letztgenannten Beiträge gingen aus den europäischen Universitäten hervor, einer von der Kirche geförderten Errungenschaft des Hochmittelalters. Anders als die Akademien des antiken Griechenland, die tendenziell jeweils von einer ein-

---

3   Murray N. Rothbard: „Karl Marx as Religious Eschatologist", in: Yuri N. Maltsev (Hg.): Requiem for Marx, Auburn (Ala.) 1993.
4   Murray N. Rothbard: „World War I as Fulfilment: Power and the Intellectuals", in: John V. Denson (Hg.): The Costs of War, New Brunswick (N.J.) 1997; jüngere Beispiele für dieses Phänomen finden sich bei Paul Gottfried: Multiculturalism and the Politics of Guilt, Columbia 2002.

zelnen philosophischen Schule beherrscht wurden, waren die Universitäten des mittelalterlichen Europa Stätten lebhafter Debatten und eines intensiven intellektuellen Austauschs. David Lindberg betont,

> daß der Magister des Mittelalters innerhalb dieses Bildungssystems umfassende Freiheiten genoß. Das Klischee zeichnet den mittelalterlichen Professor als eine unterwürfige Kreatur ohne Rückgrat, sklavischer Anhänger von Aristoteles und den Kirchenvätern (das Klischee erklärt allerdings nicht, wie es überhaupt möglich ist, gleichzeitig sklavischer Anhänger beider dieser Vorbilder zu sein), der sich scheut, auch nur einen Fingerbreit von den Forderungen der Obrigkeit abzuweichen. Natürlich setzte die Theologie Grenzen, weite Grenzen, aber innerhalb dieser Grenzen genoß der Lehrer im Mittelalter erstaunlich große Meinungsfreiheit. Es gab kaum eine philosophische oder theologische Doktrin, welche die Gelehrten der mittelalterlichen Universität nicht genauer Prüfung und Kritik unterwerfen durften.[5]

Die leidenschaftliche Wahrheitssuche der katholischen Scholastiker, die eine große Vielfalt von Quellen prüften und verwendeten und sich gründlich und sorgfältig mit Einwänden gegen ihre Position auseinandersetzten, verliehen der intellektuellen Tradition des Mittelalters – und damit auch den Universitäten, an denen diese Tradition heranreifte und sich entwickelte – eine Lebenskraft, auf die der Westen zu Recht stolz sein kann.

All diese Bereiche – Wirtschaftstheorie, internationales Recht, Wissenschaft, Universitätsleben, Wohltätigkeit, religiöse Vorstellungen, Kunst, Moral – sind die eigentlichen Grundlagen der Zivilisation, und jede einzelne von ihnen ist, was die abendländische Kultur betrifft, direkt am Herzen der katholischen Kirche entstanden.

---

5   David C. Lindberg, a. a. O., S. 222.

Schluß

Paradoxerweise ist die Bedeutung der Kirche für die westliche Zivilisation zuweilen erst zu einem Zeitpunkt deutlich geworden, als ihr Einfluß bereits dabei war zu schwinden. Während der Aufklärung des 18. Jahrhunderts wurde die privilegierte Stellung der Kirche und die Achtung, die man ihr traditionell entgegenbrachte, ernsthaft und in einem in der Geschichte des Katholizismus noch nicht dagewesenen Ausmaß in Frage gestellt. Das 19. Jahrhundert erlebte weitere Angriffe gegen den Katholizismus, insbesondere den deutschen Kulturkampf und den Antiklerikalismus der italienischen Nationalisten. 1905 wurde das französische Schulsystem säkularisiert. Obwohl die Kirche im späten 19. und frühen 20. Jahrhundert in den Vereinigten Staaten eine Blütezeit erlebte, richteten Attacken gegen die Freiheit der Kirche in anderen westlichen Nationen unsäglichen Schaden an.[6]

Die Kunstwelt liefert uns vielleicht den dramatischsten und greifbarsten Beweis für die Auswirkungen dieses Bedeutungsverlusts der Kirche in der modernen Welt. Jude Dougherty, emeritierter Dekan der *School of Philosophy* an der Katholischen Universität, sieht eine Verbindung „zwischen der verarmten, anti-metaphysischen Philosophie unserer Zeit und ihrer schwächenden Wirkung auf die Künste." Dougherty zufolge besteht ein Zusammenhang zwischen der Kunst einer Zivilisation und ihrem Glauben an sowie ihrem Wissen um das Transzendente. „Ohne eine metaphysische Anerkennung des Transzendenten, ohne die Anerkennung eines göttlichen Intellekts, der der Ursprung der natürlichen Ordnung und gleichzeitig die Erfüllung allen menschlichen Strebens ist, wird die Realität in rein materialistischen Begriffen gedeutet. Der Mensch wird selbst das

---

6 Zum Erfolg der Kirche in Amerika vgl. Thomas E. Woods Jr.: The Church Confronts Modernity: Catholic Intellectuals and the Progressive Era, New York 2004.

Maß und ist keiner objektiven Ordnung Rechenschaft schuldig. Das Leben selbst ist leer und ohne Sinn. Diese Trockenheit findet ihren Ausdruck in der Absurdität und Sterilität der modernen Kunst, vom Bauhaus über den Kubismus bis hin zur Postmoderne." Professor Doughertys These ist mehr als einleuchtend; sie ist geradezu zwingend. Wenn Menschen glauben, daß das Leben keinen Sinn habe, das Ergebnis eines willkürlichen Zufalls sei und von keiner übergeordneten Macht und keinem Prinzip gelenkt werde, dann ist es kaum verwunderlich, wenn sich diese Sinnlosigkeit in ihrer Kunst spiegelt.

Dieses Gefühl der Sinnlosigkeit und Unordnung griff seit dem 19. Jahrhundert um sich. Friedrich Nietzsche schrieb in *Die fröhliche Wissenschaft*: „[E]ndlich erscheint uns der Horizont wieder frei, gesetzt selbst, daß er nicht hell ist… das Meer, unser Meer liegt wieder offen da, vielleicht gab es noch niemals ein so 'offnes Meer'." Das heißt, daß es im Universum keine Ordnung und Bedeutung gibt außer der, die der Mensch selbst ihm im höchsten und uneingeschränktesten aller Willensakte zu verleihen wünscht. Frederick Copleston, der große Philosophiegeschichtler, faßt Nietzsches Auffassung so zusammen: „Die Ablehnung der Idee, daß die Welt zu einem bestimmten Zweck von Gott geschaffen worden ist oder daß sie die Selbstmanifestation der absoluten Idee oder des absoluten Geistes ist, stellt es dem Menschen frei, dem Leben die Bedeutung zu geben, die er ihm geben will. Und eine andere Bedeutung hat es nicht."[7]

Unterdessen war der Modernismus auch in der Literatur nicht untätig und forderte die Stützpfeiler der Ordnung im geschriebenen Wort heraus – etwa die Sitte, Geschichten und Romanen einen Anfang, eine Mitte und ein Ende zu geben. Bizarre Hand-

---

[7] Frederick Copleston S.J.: A History of Philsophy, Bd. 7: Modern Philosophy from the Post-Kantian-Idealists to Marx, Kierkegaard, and Nietzsche, New York 1994 (1963), S. 419.

Schluß

lungen wurden entworfen, in denen der Protagonist sich in einem chaotischen und irrationalen Universum behaupten mußte, das er nicht zu begreifen vermochte. So beginnt Franz Kafkas *Die Verwandlung* mit den Worten: „Als Gregor Samsa eines Morgens aus unruhigen Träumen erwachte, fand er sich in seinem Bett zu einem ungeheueren Ungeziefer verwandelt."

In der Musik manifestierte sich der Zeitgeist vor allem in der Atonalität eines Arnold Schönberg und den chaotischen Rhythmen eines Igor Strawinsky, insbesondere in seinem bekannten *Le sacre du printemps*, aber auch in einigen seiner späteren Werke wie der *Symphony in three movements* aus dem Jahr 1945. Auf den Formenwandel in der Architektur, der sich heute sogar an katholischen Kirchen zeigt, müssen wir wohl kaum eigens hinweisen.[8]

Es geht hier nicht unbedingt darum, diesen Arbeiten jeglichen Wert abzusprechen, sondern eher darum zu verdeutlichen, daß sich in ihnen ein intellektuelles und kulturelles Milieu spiegelt, das den katholischen Glauben an ein geordnetes, mit letzter Sinnhaftigkeit erfülltes Universum nicht teilt. Mitte des 20. Jahrhundert war die Zeit für den endgültigen und schicksalhaften Schritt gekommen: Jean-Paul Sartre (1905-1980) und seine existentialistische Schule erklärten, daß das Universum völlig absurd und das Leben selbst ohne jede Bedeutung sei. Wie also sollte man leben? Indem man sich mutig der Leere stellte und freimütig anerkannte, daß alles sinnlos sei und daß es so etwas wie absolute Werte nicht gebe. Und, natürlich, indem man sich seine eigenen Werte konstruierte und sein Leben nach ihnen ausrichtete (Nietzsche läßt grüßen).

Ein solches philosophisches Milieu konnte nicht ohne Auswirkung auf die bildenden Künste bleiben. Der mittelalterliche

---

8   Zum Schönen und Scheußlichen in der Architektur vgl. Michael S. Rose: In Tiers of Glory, Cincinnati (Ohio) 2004 und ders.: Ugly as Sin, Manchester (N.H.) 2001.

Künstler signierte sein Kunstwerk in der Regel nicht, denn ihm war bewußt, daß seine Rolle darin bestand, etwas mitzuteilen, das größer war als er selbst. Er wollte die Aufmerksamkeit nicht auf sich selbst, sondern auf das Thema seines Werkes lenken. Ein neueres Künstlerbild, das sich während der Renaissance herauszubilden begann, gelangte in der Romantik des 19. Jahrhunderts zu voller Reife. In Abgrenzung von der kühlen Wissenschaftlichkeit der Aufklärung betonten die Romantiker Gefühl, Emotion und Spontaneität. Nun brachte das Kunstwerk die Gefühle, Kämpfe, Emotionen und den Charakter des Künstlers selbst zum Ausdruck, die Kunst wurde zu einem Weg der Selbstdarstellung. Der Schwerpunkt des künstlerischen Schaffens verlagerte sich auf die Schilderung innerer Gemütszustände. Dieser Entwicklung gab die Erfindung der Photographie im späten 19. Jahrhundert neue Impulse, da die exakte Reproduktion der natürlichen Welt nun einfach geworden war und der Künstler sich ganz darauf konzentrieren konnte, sein Selbst zum Ausdruck zu bringen.

Im Laufe der Zeit wurde aus dieser romantischen Beschäftigung des Künstlers mit sich selbst der bloße Narzißmus und Nihilismus der modernen Kunst. 1917 schockierte der französische Künstler Marcel Duchamp die Kunstwelt: Er signierte ein Urinal und stellte es als Kunstwerk aus. Die Tatsache, daß bei einer Umfrage im Jahr 2004 die Mehrzahl der 500 befragten Kunstexperten Duchamps *Brunnen* als das einflußreichste Einzelwerk der modernen Kunst angaben, spricht für sich.[9]

Duchamp übte einen prägenden Einfluß auf die in London ansässige Künstlerin Tracey Emin aus. Emins *Mein Bett*, das für den renommierten Turner-Preis nominiert wurde, bestand aus

---

9 „Duchamp's Urinal Tops Art Survey", BBC News World Edition, http://news.bbc.co.uk/2/hi/entertainment/4059997.stm (1. Dezember 2004).

Schluß

einem ungemachten, mit Wodkaflaschen, benutzten Präservativen und blutiger Unterwäsche übersäten Bett. Als es 1999 in der Tate Gallery ausgestellt war, sprangen zwei nackte Männer darauf und tranken den Wodka. Und so, wie die Kunstwelt nun einmal ist, applaudierten sämtliche Besucher der Galerie, weil sie dachten, dieser Akt des Vandalismus sei Bestandteil des Kunstwerks. Zur Zeit lehrt Emin an der *European Graduate School*.

Diese Beispiele veranschaulichen die Abkehr von der Kirche, die viele Bewohner der westlichen Welt in den vergangenen Jahren vollzogen haben. Die Kirche, die ihre Kinder dazu aufruft, in der Weitergabe des Lebens großzügig zu sein, muß mitansehen, wie selbst diese so elementare Botschaft in Westeuropa auf taube Ohren stößt, wo nicht einmal genug Kinder geboren werden, um die Bevölkerungszahlen konstant zu halten. So weit ist Europa schon von dem Glauben, dem es seine kulturellen Grundlagen verdankt, abgerückt, daß die Europäische Union nicht einmal in der Lage war, den Hinweis auf das christliche Erbe des Kontinents in die Verfassung aufzunehmen. Viele der großen Kathedralen, die einst vom Glauben der Menschen Zeugnis ablegten, sind in unserer Zeit zu Museumsstücken geworden, interessante Kuriositäten für eine ungläubige Welt.

Doch auch die selbstauferlegte historische Amnesie des Westens kann die Vergangenheit und damit die zentrale Rolle der Kirche beim Aufbau der westlichen Zivilisation nicht ungeschehen machen. „Ich bin nicht katholisch", schreibt die französische Philosophin Simone Weil, „aber ich betrachte die christliche Idee, die im griechischen Denken wurzelt und aus der im Lauf der Jahrhunderte unsere gesamte europäische Zivilisation gespeist worden ist, als etwas, auf das man nicht verzichten kann, ohne herabzusinken." Die westliche Zivilisation, die sich mehr und mehr von ihren katholischen Grundlagen ablöst, ist gerade dabei, diese Lektion „auf die harte Tour" zu lernen.

Danksagungen

Während ich dieses Buch schrieb, habe ich von Herrn Dr. Michael Foley, Frau Dr. Diane Moczar, Herrn Dr. John Rao und Frau Professor Carol Long hilfreiche Anregungen erhalten. Danken möchte ich des weiteren Herrn Dr. Anthony Rizzi, dem Direktor des Instituts für Höhere Physik und Verfasser des wichtigen Buchs *The Science Before Science: A Guide to Thinking in the 21st Century*, der Kapitel 5 überarbeitet hat. Für eventuell dennoch verbliebene Irrtümer hinsichtlich der Fakten oder ihrer Interpretation bin ich natürlich ganz allein verantwortlich.

Besondere Erwähnung verdienen Frau Doreen Munna und Frau Marilyn Ventiere von der Fernleiheabteilung an meinem College, die meine Bestellungen alter, schwer auffindbarer oder längst vergessener Titel immer bereitwillig bearbeitet haben.

Wieder einmal war es mir ein Vergnügen, mit Regnery zusammenzuarbeiten. Das Buch hat zweifellos von den Kommentaren und Anregungen des leitenden Verlagsredakteurs Herrn Harry Crocker profitiert, und Frau Paula Decker, die Verlagsleiterin, hat das Manuskript mit der gewohnten Aufmerksamkeit für die Details durchgesehen.

Danksagungen

Als man mit der Idee für mein drittes Buch, *The Politically Incorrect Guide to American History*, an mich herantrat, hatte ich bereits mit der Arbeit an vorliegendem Buch begonnen, unterbrach sie dann aber vorübergehend, um die Termine für das neue Projekt einhalten zu können. Im letzten Jahr kehrte ich schließlich zu meinem Manuskript zurück und brachte es zwei Tage vor der Geburt unseres zweiten Kindes, Veronica Lynn, zum Abschluß. Meine liebe Frau Heather gewährte mir auch in diesen für sie nicht leichten neun Monaten die gewohnte Unterstützung, und ich bin ihr dafür zutiefst dankbar.

Das Buch ist unseren beiden Töchtern Veronica und Regina (geboren 2003) gewidmet. Ich hoffe, es ist eine Bekräftigung dessen, was wir ihnen beizubringen versuchen: daß sie mit ihrem katholischen Glauben eine kostbare Perle besitzen, die sie um nichts in der Welt hergeben sollten. Denn, wie der heilige Thomas Morus einmal gesagt hat: Auf seinem Sterbebett hat es noch nie jemand bereut, ein Katholik gewesen zu sein.

Thomas E. Woods Jr.
Coram, New York
März 2005

Stichwortverzeichnis

A History of Marginal Utility Theory (Kauder) 214f.
Abbo von Fleury 59, 61
Absalon 55, 57
Adelard von Bath 117
Ägypter 40, 105, 147
Ägyptologie 13, 145
Alarich 20
Albert der Große 127
Albertus Magnus s. *Albert der Große* 79, 100, 129f.
Alexander 43, 89
Alfano 60
Alfons von Aragon 234
Alhazen 77
Alkuin 28-34, 59, 89
Almagest (Ptolemäus) 77
Almagestum novum (Riccioli) 139f.
Ambrosius 244
Analytica priora (Aristoteles) 77
Anaxagoras 225

Angelsachsen 28
Animismus 23, 105, 280
Annalen und Historien des Tacitus 61
Anselm 60, 81f., 85f., 109, 252ff., 261
Antonius von Ägypten 40
Apuleius 60
Araber 26, 105
Archäologie 54, 146
Architektur 11, 155, 160-166, 286
Arianismus 23, 27, 244
Aristoteles 59f., 75, 77-80, 83ff., 95, 97, 108, 111-114, 118, 122-126, 130, 133, 189f., 216, 248, 264, 268, 276, 283
Arme *s. Wohltätigkeit* 16, 39, 56, 58, 224, 226f., 229, 231f., 235, 237-242, 249, 263, 269, 283
Ashworth, William 131, 136, 139

Stichwortverzeichnis

Astronomie 13, 29, 35, 61, 77, 95f., 117f., 137f., 142, 149f., 153, 204
Athanasius 13, 41, 139, 146
Athen, Griechenland 20, 31f., 89, 172
Attila, der Hunne 178
Aufklärung 13, 152, 169, 201, 284, 287
Augustinus 63, 104, 127, 160, 162f., 207, 227, 248, 264f., 269f.
Averroes 123
Avitus 24
Azpilcueta, Martín de 206

Babylonier 105, 107
Bacon, Roger 104, 128ff.
Baldigiani 102
Barbaren 17, 19-24, 26, 28, 33f., 52, 62, 198
Barberini, Maffeo s. *Urban VIII.* 97, 101
Basilius der Große 41, 127, 231
Beda 25, 28
Bellarmin, Robert 99
Benedikt von Nursia 41
Benedikt XIV. 143, 267
Benediktiner 14, 41-45, 53, 240
Benson, Robert Hugh 280
Bergpredigt 22
Berman, Harold 15, 243f., 247-251, 253, 255
Bernardin von Siena 208, 213

Bernini, Gian Loranzo 170
Bibel 28, 62, 83, 85, 99, 104, 207, 228, 247, 257
Biscop, Benedict 62
Boethius 77, 118
Böhm-Bawerk, Eugen von 203, 213
Bohr, Niels 145
Bonifatius VIII. 73, 257
Boscovich, Roger 13, 102, 142-146
Bossut, Charles 136
Boyle, Robert 146
Brahe, Tycho 98, 150
Bramante, Donato 170
Briefe über die Sonnenflecken (Galilei) 97
Brunnen (Duchamp) 287
Buridan, Jean 114-117, 126, 203f.
Burnet, Gilbert 238

Caesar Augustus 172, 224, 273
Cajetan, Kardinal 206f., 227
Calvin, Johannes 159, 214f.
Cantor, Norman 25
Carcopino, Jerome 266
Cassini, Giovanni 150f.
Cassiodor 58
Catholic Encyclopedia 43, 59, 69, 94, 143, 170f.
Catull 273

Chafuen, Alejandro 202, 206, 210, 218
Chardin, Jean Baptiste 174
Chartres, Schule von 117ff., 121f., 130, 160, 165
Chlodwig 23ff.
Chrodechilde 23
Cicero 59f., 62, 77, 118, 268f.
Cimabue 167
Clark, Kenneth 29, 169f.
Clausius, Rudolph 145
Clavius, Christoph 96
Clemens V. 73
Clemens VI. 73
Clemens VII. 94
Cölestin V. 41
Condillac, Etienne Bonnot de 218
Copleston, Frederick 285
Corpus Juris Civilis (Justinian) 75
Crombie, A. C. 13, 111, 115f., 125, 130
Cur Deus Homo (Anselm) 81, 252
Cyprian 43, 227f.

Da Vinci, Leonardo 146
Dales, Richard 68, 110, 124, 126f., 130
Daly, Lowrie 67f., 70-73, 78, 85
Daniel, Buch 58
Daniel-Rops, Henri 20, 36, 89, 238

Das Alltagsleben im alten Rom zur Blütezeit des Kaisertums (Carcopino) 266
Das Nordlicht (Boscovich) 143
Dawson, Christopher 22, 34, 90
De aquis (Frontinus) 61
De Cambiis (Cajetan) 207
De Interpretatione (Aristoteles) 77
De Jure Belli (de Vitoria) 271
De lingua latina (Varro) 61
De Mineralibus (Albert der Große) 129
De Musica (Augustinus) 162
De Natura Deorum (Cicero) 59
De Oratore (Cicero) 62
De re publica (Cicero) 62
De Rhetorica (Cicero) 62
De solido intra solidum naturaliter contento dissertationis prodromus (Steno) 132
De Soto, Domingo 184f.
De Vio, Thomas s. Cajetan, Kardinal 206
De Vitoria, Francisco 15, 182-186, 188f., 191, 194, 271
Decretum (Gratian) 247, 256f.
Demosthenes 62
Der Fürst (Machiavelli) 169, 197, 272
Der Goldene Esel (Apuleius) 61
Der Merkurtransit (Boscovich) 143

Stichwortverzeichnis

Der Traum (Kepler) 149
Der zweite Messias (Knight und Lomas) 11f.
Descartes, René 115f., 175
Desiderius s. *Victor III.* 59
Dialoge Senecas 59
Dictionary of Scientific Biography 129
Die Aberration der Fixsterne (Boscovich) 143
Die Bewegungen der Himmelskörper in einem widerstandsfreien Medium (Boscovich) 143
Die fröhliche Wissenschaft (Nietzsche) 285
Die industrielle Revolution des Mittelalters (Gimpel) 50
Die Sonnenflecken (Boscovich) 143
Die verschiedenen Auswirkungen der Gravitation an unterschiedlichen Punkten der Erde (Boscovich) 143
Die Verwandlung (Kafka) 286
Die Verwendung des Teleskops in der astronomischen Forschung (Boscovich) 143
Digesten (Justinian) 75
Dionysius 228
Dominikaner 129, 179ff.
Donatus 118
Dougherty, Jude 284f.

Drei Verteidigungsschriften gegen diejenigen, welche die heiligen Bilder verwerfen (Johannes von Damaskus) 157
Du Puy, Raymond 233
Duchamp, Marcel 287
Duell 266ff.
Duhem, Pierre 103, 124f.
Dunkles Zeitalter 19
Dunstan 35
Durant, Will 19, 171

Edgerton, Samuel 174f.
Ehe 250, 273ff.
Ehebruch 274, 276
Eilmer 53
Einführung in die theoretische Seismologie (Macelwane) 148
Einhard 31
Emin, Tracey 287f.
Encyclopédie 219
Ephräm 227, 229
Equitius 48
Erziehung *s. auch* Universitätssystem 36, 64, 80, 193, 242
Euklid 75, 77, 118, 137, 175f.
Eusebius 229
Evangeliar von Lindau 62
Evangeliar von Lindisfarne 62
Evangelium *s. auch* Bibel 22, 62, 186, 191, 235, 248

Fabiola 230
Faith and Liberty: The Economic Thought of the Late Scholastics (Chafuen) 218
Faraday 145
Fasten (Ovid) 59
Ferdinand 181, 217
Fermat, Pierre de 136
Flamsteed, John 139
Fortin, Ernest 268f.
Franken 23f., 26ff., 32, 89, 244
Franz von Assisi 164, 231, 277
Franz Xaver 277
Franziskaner 128, 181, 208, 240, 260
Französische Revolution 242
Freie Künste 29, 32, 74f., 77, 118, 182
Fridugisus 30
Frontinus 61
Fulbert 117

Galen 75, 273
Galiani, Ferdinando 217f.
Galilei, Galileo 93, 95-102, 174f.
Gallien 23
Garrison, Fielding 230
Gassendi, Pierre 102
Gelasius 244
Genesis 107
Genovesi, Antonio 217
Geologie 13, 131, 153

Geometrie 29, 75, 77, 118, 137, 153, 160ff., 175f.
Gerbert von Aurillac
s. *Silvester II*. 35f., 60ff., 117
Gerechter Krieg 269f.
Germanen 10, 25, 29
Geschichte der Franken (Gregor von Tours) 24
Geschichte der ökonomischen Analyse (Schumpeter) 201
Geschichte der Reformation der Kirche von England (Burnet) 238
Gesellschaft Jesu s. *Jesuiten* 135f., 139, 149
Gibbon, Edward 273
Gilbert von Sempringham 241
Gimpel, Jean 50ff.
Giornale de' Letterati 146
Giotto di Bondone 167, 174
Gladiatorenkämpfe 17, 266
Glaube 24, 112, 115, 124, 162
Gleichheit 184, 198
God and Reason in the Middle Ages (Grant) 79
Goldstein, Thomas 13, 121f.
Gonzaga, Valenti 143
Goodell, Henry 44
Goten 20ff.
Gott 16, 23f., 36, 39, 42, 47, 81f., 84-89, 103-107, 109ff., 114, 118ff., 122-128, 132, 156-163, 173, 175f., 183f., 188ff., 193f., 207, 214, 228f., 244, 246, 249,

295

Stichwortverzeichnis

252ff., 259, 264f., 268, 275, 277, 279ff., 285
Gottesstaat (Augustinus) 207, 264
Gottfried von Bouillon 205
Grant, Edward 13, 79, 90, 125
Gratian 247f., 256f.
Gregor der Große 48
Gregor IX. 69, 71, 73
Gregor VII. 245
Gregor von Nyssa 127
Gregor von Tours 24
Gregorianische Reform 245f.
Grice-Hutchinson, Marjorie 202
Griechen 21, 64, 67, 105, 108, 112, 229f., 263, 282
Grienberger, Christoph 96, 101
Grimaldi, Francesco Maria 140ff., 150
Grosseteste, Robert 126, 130
Grotius, Hugo 217
Grundsätze der Volkswirtschaftslehre (Menger) 210
Guercino 170
Guizot, François 44
Guldin, Paul 149

Halinard 62
Hanke, Lewis 179, 194, 200
Häresie 101f., 159
Hartley, Sir Harold 142
Harvey, Barbara 135, 239

Heidentum 23, 235
Heilbron, J. L. 13, 101, 152
Heilige Schrift *s. Bibel* 100, 157, 182
Heiligenleben für jeden Tag im Jahr 135
Heiliger Geist 10, 32
Heinrich VIII. 54f., 236
Heisenberg, Werner 145
Hieronymus 22, 58, 127
Hildebert 60
Hildebrand *s. Gregor VII.* 245
Hindus 105
Hinrichtung 243
Hobbes, Thomas 195f.
Honorius III. 71
Hooke, Robert 145
Horaz 59f.
Hrabanus Maurus 61
Hughes, Philip 39f., 237
Hugo von Lincoln 63
Hunnen 21, 178
Hurter, Frederick 236
Huygens, Christiaan 136

Ignatius von Loyola 135, 170
Ikonoklasmus 155f., 158f.
Industrielle Revolution 49f., 54
Innozenz III. 71, 236
Innozenz IV. 69, 89, 259
Institutiones (Quintilian) 62
Internationales Recht 195, 283
Irland 32, 47, 237, 266

Stichwortverzeichnis

Islam 23, 106, 109, 156, 159

Jaki, Stanley 13, 53, 103-106, 108ff., 112, 115f., 121, 127, 164, 207
Jefferson, Thomas 15
Jenkins, Philip 9
Jeremias 104
Jesuit Seismological Service 148
Jesuiten 13, 53, 96, 135-139, 142, 146ff., 150f., 217
Jesus Christus 156, 281
Johannes Cassian 41
Johannes Paul II. 135
Johannes von Damaskus 127, 156f., 159
Johannes XXI. 80
Johanniter 229, 232ff.
Julian Apostata 229, 235
Julius II. 170f.
Justin der Märtyrer 224, 226
Justinian 75, 248, 252
Juvenal 60f., 273

Kafka, Franz 286
Karl der Große 21, 28, 245
Karlmann 43
Karolingische Minuskel 30f.
Karolingische Renaissance 27f., 32
Katharer 157

Katholische Kirche 13, 17, 25, 63, 73, 91, 95, 152, 170, 172, 179, 200, 222, 242, 267f., 282
Kauder, Emil 214ff.
Kelvin, William Thomson 145
Kepler, Johannes 149ff., 175
Kierkegaard, Søren 280f., 285
Kirchengeschichte des englischen Volkes (Beda) 25
Kirchenrecht 247ff., 251f., 261
Kirchenväter 29, 61, 83, 126, 162, 166, 175, 227, 247f., 257, 269, 283
Kircher, Athanasius 13, 139, 146f.
Knight, Christopher 11f.
Knights of Columbus 177
Knowles, David 19, 32f., 84
Kolumbus, Christoph 177
Kolumbus, Diego 180
Konkordanz abweichender Kanons (Gratian) 247
Konstantin 221, 244
Kopernikus, Nikolaus 94f., 97f., 100, 102, 116, 145
Kreuzigung 24, 172, 252f.
Kunst 11, 47, 62, 118, 155-159, 166-171, 173-176, 212, 283ff., 287f.

Lalande, Jerôme 152
Landwirtschaft, Mönchtum und 44ff., 48, 52, 240

297

Stichwortverzeichnis

Langobarden 43
Las Casas, Bartolomé de 184, 189-194, 199
Le sacre du printemps (Strawinsky) 286
Leben der Cäsaren (Sueton) 31, 62
Lecky, W. E. H. 16, 224, 226f., 231, 240, 266
Leibniz, Gottfried Wilhelm 136
Leo III. 156
Leo X. 170f.
Leo XIII. 267f.
Lessius, Leonardus 217
Lindau, Evangeliar von 62
Lindberg, David 13, 84, 90, 100, 104, 119f., 125, 131, 283
Lindisfarne, Evangeliar von 62
Living and Dying in England, 1100-1540 (Harvey) 239
Locke, John 15, 215
Lomas, Robert 11f.
Lucian 235
Ludwig der Fromme 28
Lugo, Juan de 209, 217
Lukan 59f.
Lupus 59, 62
Luther, Martin 206, 228f., 235, 281
Lynch, Joseph 28, 30, 71

Macelwane 148

Machiavelli, Niccolò 169, 197, 272
Magyaren 32f.
Majolus von Cluny 62
Manichäismus 157
Marc Aurel 224
Martell, Karl 27
Martial 59, 273
Marx, Karl 211-214, 282, 285
Marxismus 281
Massaro, Thomas A. 271
Maximius 229
Maxwell, Clerk 145
Maya 105
McDonnell, Gerry 54f.
Mein Bett (Emin) 287
Mendelejew, Dmitrij Iwanowitsch 145
Menger, Carl 203, 210f.
Menschwerdung 85, 106, 156, 158f., 252, 280
Merowinger 25, 27f.
Metamorphosen (Ovid) 77
Metaphysik (Aristoteles) 75, 77f., 129
Meteorologica (Aristoteles) 78
Michelangelo 159, 170, 172f.
Mittelalter 11-15, 19f., 25, 44, 49f., 52, 57, 59, 65, 67f., 70f., 73f., 76, 79f., 89ff., 103, 108, 114ff., 118, 125, 129f., 152, 159, 162, 164, 166-169, 175, 201, 208,

235, 240, 247, 249, 256, 258f., 271, 282f., 286
Mohammed 156
Molina, Luis de 185, 210
Mönche s. Mönchtum 14, 31, 33ff., 39f., 42, 44-65, 222, 236, 239ff.
Mönchtum 14, 34f., 39ff., 45, 62, 64f., 231f.
Montalembert, Charles 45-48, 56-60, 62f., 65
Monte Cassino, Kloster 41, 43, 59ff.
Montesinos, Antonio de 179ff., 189
Moral 17, 26, 60, 78, 112, 169f., 178f., 183, 190f., 194, 197, 199f., 207, 211, 224f., 229, 245, 251, 253-256, 263, 268f., 272-277, 283
Mord 17, 22, 49, 177, 184, 243, 264ff.
Morison, Samuel Eliot 198
Musik 11, 29, 31, 35, 77, 104, 118, 159, 161f., 171, 286
Muslime 27, 32f., 122, 156, 234

Natürliche Rechte 187, 257f., 260
Naturphilosophie 74f., 77, 79f., 90, 111, 119, 144
Naturrecht 185ff., 197, 248, 256-261

Navier, Claude 145
Needham, Joseph 107f.
Neue Welt 15, 176, 179, 181ff., 185-188, 193, 199f., 205
Newman, John Henry Kardinal 44, 60, 62, 93
Newton, Isaac 114, 116f., 136, 141, 146, 175
Nietzsche, Friedrich 112, 285f.
Nikolaus V. 171
Nordafrika 20, 227
Normandie 35
Northumbrien 32
Nova Rhetorica (Cicero) 77

Odenbach, Frederick Louis 148
Oeconomica (Aristoteles) 78
Olivi, Pierre de Jean 208
Opus Maius (Bacon) 128
Opus Tertium (Bacon) 128
Orden des heiligen Remigius 35
Oresme, Nikolaus von 115f., 126, 204f.
Orientius 23
Otto III. 36
Ovid 59f., 77, 273
Oxford, Universität von 30, 58, 68ff., 77, 80, 124, 128, 130, 198, 202, 239

Pachomius 221
Padua, Universität von 74, 129

Panofsky, Erwin 165f.
Pantheismus 106, 116
Papsttum 26, 69, 72, 89, 235
Parens Scientiarum (Gregor IX.) 71
Paris, Universität von 68-72, 75, 77f., 89, 129, 182, 203
Parma 47
Parva Naturalia (Aristoteles) 77f.
Pasteur, Louis 128
Patrick 63
Patten, Simon 235
Paul V. 96
Paulos von Theben 40f.
Paulus 78, 84, 187, 225, 271, 276
Pennington, Kenneth 256, 258f.
Pérignon, Dom 48
Perser 26
Persius 60
Perspectiva (Vitellio) 77
Peter Abélard 83ff.
Petrus Hispanus s. *Johannes XXI.* 80
Petrus Lombardus 85
Philipp Augustus 71
Philipp der Schöne 257
Phillips, Robert 274
Philosophische Fragmente (Kierkegaard) 280
Physik (Aristoteles) 77, 122
Pietà (Michelangelo) 159, 172

Pippin der Kurze 27
Pius XI. 129, 135
Pius XII. 129
Plato 20, 32, 60, 160, 263, 268
Plinius 59, 222
Poetria Virgilii (Ovid) 77
Poisson, Siméon Denis 145
Politik (Aristoteles) 78
Pompeius Trogus 59
Prämonstratenser 240
Prodromo alla Arte Maestra (Lana-Terzi) 53
Protestantische Reformation 237f., 267
Protestantismus 172, 206, 235
Ptolemäus 77, 95, 118
Pythagoras 118, 160

Quesnay, François 218
Quintilian 62

Rafael 159, 170f.
Rashdall, Hastings 77
Ratchis 43
Recht und Revolution. Die Bildung der westlichen Rechtstradition (Berman) 243f.
Recht 9, 14ff.,68f., 72-75, 112, 147, 153, 166, 177-180, 182-187, 190, 192, 194-197, 199f., 229, 243f., 246-251, 255-261, 264, 268, 270ff., 282f.
Reden gegen Verres (Cicero) 62

Reformation s. *Protestantische Reformation* 12, 69, 237ff., 267
Regel des hl. Benedikt 41, 45, 48, 56, 231, 241
Relecciòn de los Indios (de Vitoria) 183
Remigius 23, 35
Renaissance 11, 19, 27-32, 35, 61, 67, 75, 118, 166-175, 179, 184, 231, 238, 287
Rhetorik (Aristoteles) 77
Riccioli, Giambattista 13, 102, 138ff. 150
Richard von Wallingford 53
Richer 35
Risse, Guenter 230-233
Robert Grosseteste and the Origins of Experimental Science (Crombie) 130
Robert von Sorbonne 90
Rom 14, 17, 20ff., 29, 41, 67, 72f., 96, 101, 142f., 150, 171f., 229f., 249, 263f., 266
Romantik 287
Römisches Reich 21, 26, 64, 231, 247, 273
Rondelet, Guillaume 131
Roover, Raymond de 202
Rothbard, Murray N. 202ff., 206f., 209, 213, 217ff., 281f.
Rushton, Neil 237ff.

Saint Albans, Abtei 53, 60

Saint Laurent, Kloster 47
Saint Martin, Kloster, Tours 29f.
Saint Pierre, Abtei 49
Säkularismus 166, 169
Sale, Kirkpatrick 177f.
Sallust 59, 62
Saravía de la Calle, Luis 208
Sarazenen 43
Sartre, Jean-Paul 286
Scholastik, Scholastiker 80f., 83, 85, 103, 165f., 185, 202, 205, 210, 214, 217f., 252, 260, 271f., 282f.
Schönberg, Arnold 286
Schöpfung 103, 105, 107, 114f., 120f., 127, 155, 170, 172, 175, 183, 189, 279f.
Schrift *s. Bibel* 30, 32, 41, 81, 83f., 95, 99f., 102, 115, 126f., 149, 157, 162, 182, 215, 217, 228, 252, 267, 269
Schumpeter, Joseph 16, 201f.
Schweden 47
Schweiz 28, 266
Science and Creation (Jaki) 104f.
Scott, Robert 160f., 164, 182, 186
Sechs Bücher über die Kreisbewegungen der Himmelskörper (Kopernikus) 95
Seismologie 13, 138, 147f., 153

Stichwortverzeichnis

Selbstbetrachtungen (Marc Aurel) 224
Selbstmord 264ff.
Seneca 59ff., 224, 263, 275
Sentenzen (Petrus Lombardus) 85
Sepúlveda, Juan Ginés de 190ff.
Shannon, Thomas A. 271
Sic et Non (Abélard) 83
Sigismund 94
Silvester II. 35, 53, 60f., 117
Slack, Paul 238
Smith, Adam 16, 201f., 213, 215
Sokrates 276
Spanien 117, 122, 178, 181, 186, 205f.
Spätscholastik *s. auch Scholastik, Scholastiker* 16, 201ff., 205, 207f., 212, 217f., 282
Stark, Rodney 106, 108, 223
Statius 59f.,
Steno, Nikolaus 13, 130-135
Stilpo 225
Stoizismus 224f.
Strawinsky, Igor 286
Suárez, Francisco 194, 271
Sueton 31, 59, 62, 273
Summa Contra Gentiles (Thomas von Aquin) 86
Summa Theologiae (Thomas von Aquin) 76, 85f., 186, 265, 268, 270
Summulae logicales (Johannes XXI.) 80
Sylla, Edith 80
Symphony in three movements (Strawinsky) 286

Tacitus 61, 273
Technologie 55, 65, 106, 151
Terenz 59f.
The Friendship of Christ (Benson) 280
The Heritage of Giotto's Geometry (Edgerton) 174
Theoderich von Würzburg 232
Theodulf 33
Theorica Planetarum 77
Theorie der Naturphilosophie (Boscovich) 144
Thierry von Chartres 118, 121f., 130
Thomas von Aquin 76, 78, 82, 85, 100, 110, 124, 129, 165, 184, 252, 265, 268, 270, 277
Thorfinn Schädelspalter 33
Tierney, Brian 189, 256-259
Timaios (Plato) 20
Topica (Aristoteles) 77
Topica (Boethius) 77
Tötung von Kindern 263
Toulouse, Universität von 69

Triumph (Crocker) 17, 99
Turgot, Robert Jacques 218

Über den Himmel (Aristoteles) 77, 122
Über die antike Sonnenuhr und bestimmte andere unter den Ruinen gefundene Schätze (Boscovich) 146
Über die Eigenschaften der Elemente (Aristoteles) 78
Über die in den Bergen von Tusculum entdeckte antike Villa (Boscovich) 146
Über die Länge und Kürze des Lebens (Aristoteles) 77
Über die Seele (Aristoteles) 78
Über die Tiere (Aristoteles) 78
Über Gedächtnis und Erinnerung (Aristoteles) 77
Über Gemüse und Pflanzen (Aristoteles) 78
Über Sinn und Empfinden (Aristoteles) 77
Über Ursprung, Wesen und Umlauf des Geldes (Oresme) 204
Über Wachen und Schlafen (Aristoteles) 77
Über Werden und Vergehen (Aristoteles) 77, 122
UN s. Vereinte Nationen 195

Universitätssystem *s. auch Erziehung* 9, 12, 37, 67f., 70, 73, 77, 89
Unterredungen über zwei neue Wissenszweige (Galilei) 101
Urban VIII. 97, 101

Vandalen 20
Vargas Llosa, Mario 199
Varro 60f.
Vereinte Nationen (UN) 195
Vergil 59
Vernunft 80f., 83f., 90f., 119, 123f., 180, 182ff., 188f., 248, 265, 267
Verurteilungen von 1277 124, 127
Victor III. 59f.
Vitellio 77
Vitruv 146
Völkerwanderungen 20
Voltaire 221
Von Babylon bis Bestiarium (Lindberg) 84, 90
Von Mises, Ludwig 203
Vorlesungen über die Indianer und über das Kriegsrecht (de Vitoria) 183

Waley, Arthur 174
Weil, Simone 288
Weisheit, Buch der 104
Westermarck, Edward 274

Stichwortverzeichnis

Westgoten 22
Westliche Zivilisation 9ff., 42, 63, 89f., 276, 284, 288
Westliches Recht 243f., 249, 251, 261
Widmanstadt, Johann Albert 94
Wikinger 32f.
Wilhelm von Conches 119
Wilhelm von Malmesbury 47, 53
Wilhelm von Ockham 110
Wilson, Christopher 30, 61, 162
Winslow, Jacob 135
Wirtschaft 16, 70, 107, 201-208, 210-218, 235, 282f.
Wissenschaft 9, 11-14, 16, 19, 44, 53, 58f., 73, 75, 79, 81, 84, 89f., 93, 97, 99, 101ff., 105-108, 110ff., 114-118, 120ff., 124-133, 135-144, 146-149, 152f., 168, 171, 173-176, 201-204, 208, 210f., 213f., 218, 227, 244, 248, 280, 282f., 285, 287
Wissenschaftliche Revolution 13, 176, 282
Wohltätigkeit 9, 222f., 225f., 235f., 238-242, 263, 283
Wolff, Philippe 30f., 33, 36
Wolfgang 61

Zacharias I. 27
Zisterzienser 49-52, 55, 240

Zivilisation (Clark) 29, 169f.
Zucchi, Nikolaus 149
Zweiter Weltkrieg 43